악인론

악인론

닥치고 성공해 누구에게도 지배받지 않는 삶

손수현 지음

성장하고 있다는
착각에 빠진 당신에게

나는 정신병자일지도 모른다.
당신은 지금 정신병자의 책을 읽고 있다.

어느 날 나는 영화를 보고 있었다.
그러다 숨을 헐떡이며 극장을 뛰쳐나왔다.
공황장애였냐고? 아니.

나는 「조커」라는 영화를 보고 있었다.
영화 속에서 조커의 담당 정신과 의사는
그에게 이런 대사를 한다.

"조커, 벌써 정신과 약이 일곱 알이에요.
더 이상은 위험해요."

나는 이 장면을 보자마자 영화관을 뛰쳐나왔다.
정신질환자의 대표 캐릭터인 조커도 일곱 알인데,
나는 이때 이미 열네 알의 정신과 약을 매일 먹고 있었다.

숨을 헐떡이며 지하 주차장에 세워둔 내 차로 돌아왔다.
그러곤 클래식을 틀었다.
패닉에 빠졌던 감정도 잠시,
나는 다시 기분이 좋아지기 시작했다.

'이 얼마나 환상적인 인생인가?
비록 항정신성 우울증 약 열네 알을 먹고 있지만
내 현실은 너무나 완벽하다.
또래 남자들보다 열 배는 더 벌고 있고,
나와 미팅을 잡기 위해 기다리는 사람이 수십 명이며,
모든 일이 잘 풀리고 있다.'

나는 실성한 사람처럼 히죽히죽 웃었다.

창밖에서 누군가 나를 본다면
아마 미친 사람이라고 생각할지도 모른다.

하지만 뭐 어떤가?
나는 이미 완벽한 삶을 살고 있고,
주변의 시선 따위는 아랑곳하지 않으니까.

이 책은 일반적인 자기계발서와는 다르다.
이 책에서 나는 인생을 갉아먹는 존재가 있다면
비록 그것이 부모일지라도 숙청하라고 서슴없이 말할 것이다.

가스라이팅을 당할 바에는
차라리 먼저 가스라이팅하라고 말할 것이다.
당신을 무시하는 사람이라면
가족이거나 친구일지라도 반드시 응징하라고 할 것이다.

아마 '선한 영향력' 운운하며
누구나 상식적인 방법으로 성공할 수 있다고 주장하는
사람들의 이야기를 믿어왔던 독자라면
내 이야기가 무척 불쾌하게 들릴 것이다.

내가 가장 좋아하는 말은 이것이다.

"인생을 망치는 가장 빠른 길은
성공할 수밖에 없게끔 태어난 사람들이
떠드는 말을 곧이곧대로 듣는 것이다."

스스로 성공했다고 자부하는 사람들 중에서
자신이 왜 성공했는지 정확히 인지하고 있는 이가 얼마나 될까?

어쩌면 그들이 성공한 이유는
단순히 부유한 가정에서 좋은 유전자를 물려받은 채로
태어난 것이 전부가 아닐까?

자신이 어떤 공식에 따라 꿈을 이뤘다고 말하지만
그저 선천적으로 높은 지능 덕분에
남들보다 우월한 삶을 살고 있는 것은 아닐까?

혹시 지금까지 이런 사람들을 쫓아다니며
감사일기를 적고, 긍정의 말 같은 것들을 외우고,
"할 수 있다!"라고 외치며 성공을 꿈꿨던 사람이라면

이제는 제발 끔찍한 자기위로를 중단하라고 말해주고 싶다.

자신을 불태울 각오로 노력하지 않는 한
성공한 사람들의 이야기만 백날 들어봤자
인생은 결코 변하지 않는다.

이 책을 읽은 당신이 더 이상 그들에게
단 1원의 돈도, 단 1초의 시간도 낭비하지 않기를 바란다.

물론 내게 이런 질문을 던질 수도 있을 것이다.

"그러면 당신의 『악인론』이라는 책도
쓸모가 없는 것 아닌가요?"

불평은 잠시 뒤로 미뤄두고,
속는 셈 치고 이 책을 조금만 더 읽어주기를 바란다.
그래봤자 지금까지 당신이 헛되이 보낸 시간에 비하면
새 발의 피에 불과할 테니까.

욕은 그다음에 해도 늦지 않다.

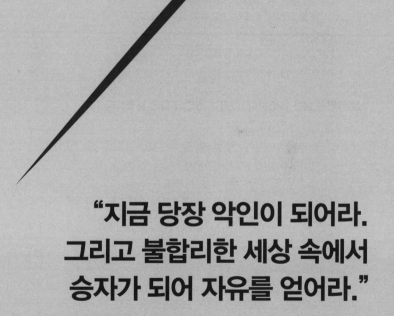

"지금 당장 악인이 되어라.
그리고 불합리한 세상 속에서
승자가 되어 자유를 얻어라."

차례

파트 1 **악인론**
인생의 주도권을 되찾고 싶은 당신에게

파트 2 악인의 무기
세상에 홀로 서고 싶은 당신에게

파트 3 악인의 쿠데타
더 큰 성공을 하고 싶은 당신에게

'내가 얘보단 잘살겠지'의 주인공이 대표가 됐다니 이상할 수밖에

10년 전의 나는 학사 경고를 세 번이나 받아 대학교에서 제적되었다. 10년 전의 나는 하나둘 사회로 진출하는 친구들을 그저 바라만 보며 축하만 건네던 존재감 없는 사람이었다. 10년 전의 나는 서서히 소원해지는 친구들에게 매달리듯 연락하여 애써 만든 술자리로 내일을 잊으며 살던 루저였다. 10년 전의 나는 부모님과의 지옥 같은 전쟁 끝에 결국 아버지에게 지독한 간경화를 선사한 불효자였다. 10년 전의 나는 한겨울에 가스 요금을 낼 돈이 없어서 수면 양말을 네 겹이나 신은 채 덜덜 떨며 잠들었던 빈털터리였다. 10년 전의 나는 고통 없이 단숨에 죽는 버튼이 있다면 그 위에서 탭댄스를 추고 싶다고 날마다 생각하는 정신병자였다. 10년 전의 나는 열등감에서 비롯한 지독한 스트레스에 시달리다 결국 조울증 진단을 받아 하루에 열네 알이 넘는 항정신성 의약품을 섭취하는 약물 의존증 환자였다.

내 인생은 정신병자라는 기분 나쁜 타이틀과 함께 끝이 보이지 않는 계곡 아래로 추락하는 듯했다. 하지만 10년 전 열패감에 찌들어 있던 내가 상상한 나의 모습과, 오늘 내가 실제로 누리고 있는 삶의 모습은 완전히 다르다.

오늘의 나는 아침에 스마트폰을 켜고 내가 쓴 29만 원짜리 전자책이 지난밤에 열여섯 건 판매되었다는 문자를 확인하며 눈을 뜬다. 오늘의 나는 법인 기업 대표로서 똑똑하고 매력적인 직원들에게 밝은 인사를 받으며 일과를 시작한다. 오늘의 나는 일주일에 하루만 출근하는데도 통장에는 매달 3500만 원이 자는 동안에도 입금된다. 오늘의 나는 비즈니스석을 타고 여행을 다니며 공항 프리미엄 전용 라운지에서 책을 쓴다. 오늘의 나는 그 어떤 사소한 인연조차 없었던 동창들에게 사업과 성공을 주제로 유료 강의를 해줄 수 있겠느냐는 연락을 하루걸러 받는다. 오늘의 나는 아버지에게 중형 벤츠를 선물하며 과거 내가 저질렀던 불효 때문에 발병한 아버지의 간경화를 단숨에 치료했다. 오늘의 나는 문득 차가 없어 출퇴근하기가 불편하다는 생각이 들어 다음 날 별다른 고민 없이 포르쉐를 계약했다.

잠시 혼자만의 생각에 잠긴 나를 누군가가 불렀다. "대표님, 직원들 다 모였습니다." 도산대로 한복판에 위치한 회사 사무실의 자동문이 열렸다. 처음 보는 직원이 나를 강연장으로 안내했다. 모르는 사이에 또 새로운 직원이 들어온 것 같다. 내가 입사할 때만 해도 직원이 네 명에 불과했던 회사가 급속도로 성장하면서 이제 모든 직원들의 얼굴을 외우기가 어려워졌다. 29만 원짜리 초고가 PDF 전자책이 대성공을 거두면서 사내에서의 내 입지는 크게 달라졌다. 그 결과 '가장 빠르게 경제적 자유를 얻는 법'을 주제로 직원들 앞에서 강연을 하게 되었고, 지금 내 앞에는 며칠 전에 입사한 인턴까지 수많은 직원들이 노트북을 켠 채 옹기종기 모여 앉아 있다.

죽음이 코앞에 닥치면 지난날들이 주마등처럼 스쳐 간다고들 하던가? 단상 위로 올라가는 고작 몇 발자국 동안 지난 10년의 삶이 파노라마처럼 머릿속에 펼쳐졌다. 이제야 당당히 마주볼 수 있게 된 오랜 절친들은 내게 종종 "인생이 묘하게 잘 풀렸다"라고 이야기한다. 맞는 말이다. 어떻게 이런 기적 같은 일들이 내게 벌어졌을까?

오래전부터 궁금했다. 왜 어떤 사람은 그 누구보다 열심히 노력하며 사는데 그럭저럭 평범한 삶을 살다 죽고, 왜 어떤 사람은 같은 노력을 하지만 그 누구보다 특별한 상위 1퍼센트의

골방에 틀어박혀 글만 쓰던 시절의 나　　　아트라상 대표로 일하는 지금의 나

삶을 누리게 되는 걸까? 나는 지금까지 7000명이 넘는 사람들을 상담했다. 그들 중에는 변호사, 의사 같은 전문직은 물론이고 일용직 근로자, 아르바이트생, 백수 등 다양한 삶을 살고 있는 사람들이 포함되어 있었다. 그러나 그들의 다채로운 삶의 양상은 딱 두 가지로 분류되었다.

하나, 악인의 삶을 사는 그룹.
둘, 악인이 아닌 삶을 사는 그룹.

나는 상담자로서 그들의 삶을 간접적으로 들여다보며 무엇이 악인과 악인이 아닌 삶을 가르는지 그 차이점을 더욱 입체적으로 확인했고, 내가 직접 경험한 것과 깨달은 것에 더해서 '인생을 주인으로 사는 법'에 관해 『악인론』이라는 한 권의 책으로 정리해야겠다고 마음먹었다. 이것이 바로 이 책을 쓰게 된 계기다.

책을 좀 읽어본 독자라면 벌써 피로감을 느끼고 있을지도 모르겠다. 참 재수 없는 도입부라고 생각했는가? 그래도 어쩔 수 없다. 나는 당신이 나의 이런 꼴도 보기 싫은 뻔뻔한 자랑으로 자극받기를 바란다. 이 책을 읽을 모든 사람이 나처럼 '솔직한 악인'이 되기를 바란다. 입으로는 인생의 목표는 돈이 아니라고 외치면서도 눈으로는 지나가는 외제 차를 흘깃거리며 스스로에게 거짓말을 하는 인생 따윈 이제 집어치워라. 돈을 원한다! 인기를 원한다! 권력을 원한다! 이렇게 솔직해져라. 착한 사람 코스프레 따윈 집어던지고, 자신의 뻔뻔스러운 욕망을 인정하는 것이 '악인'의 시작이다.

나는 이 책에서 '악인처럼 살라'는 메시지를 던질 것이다. 아마 조금 혼란스러울 테다. 이 책에서 정의하는 악인이란 다음과 같다.

· '당신은 당신의 인생을 사세요. 나는 내 인생을 살 테니'라고 뻔뻔하게 말하는 사람.
· 그 때문에 일시적으로 사람들에게 손가락질받더라도 비난을 기꺼이 감수하는 사람.

- 결국 '닥치고 성공'을 이루어 누구에게도 지배받지 않는 삶을 사는 사람.

'뭔가 쿨한데? 역시 빌런이 최고지. 한 번뿐인 인생 내 멋대로 살아봐라, 이거지?' 이렇게 생각했다면 오산이다. 분위기를 깨서 미안하지만 악인은 이런 단순한 결심만으로 완성되는 것이 아니다. 미리 경고하겠다. '악인의 삶'을 택한 당신은 불특정 다수에게 아무런 이유 없이 욕을 먹을 것이며, 당신의 이름은 늘 타인의 입방아에 오르내릴 것이다. 만약 당신이 어떤 도전을 하다 실패라도 하면 사람들은 기다렸다는 듯이 이렇게 말하며 자위할 것이다. "역시 사람은 착하게 살아야 해! 저 관종 결국 망할 줄 알았다!"

크고 작은 성공을 거두더라도 좋은 소리는 들리지 않을 것이다. "쟤는 진짜 운이 좋아서 성공한 것뿐이야!" 당신의 천재성을 알아보지 못한 사람들에게 열등감을 유발해 인간관계는 좁아질 것이며 이따금 '내가 정말로 그렇게 모난 사람인가?' 하는 의심에 사로잡히기도 할 것이다. 인간 본성상 어쩔 수 없이 피어오르는 죄책감 때문에 잠을 이루지 못하는 날도 찾아올 것이다.

하지만 단점은 딱 거기까지다. '악인의 삶'은 당신에게 중장기적으로 극한 쾌락이 반복되는 다음과 같은 삶을 선물할 것이다.

- '이 사람에겐 무언가 특별한 것이 있다'라고 느끼며 당신을 존경할 추종자들이 생길 삶.
- 당신에게 불만을 가졌던 사람들조차 당신의 '성공' 경험을 염탐하며 입 다물게 만들 삶.
- 당신에게 상처를 주며 떠나간 사람들이 결국은 다시 당신을 찾게 될 삶.
- 소수에겐 '재수 없는 인간'으로, 다수에겐 '파격적인 인간'으로 기억될 삶.

나는 이 책에서 악인의 삶의 태도와 악인이 문제를 해결하는 방법을 매우 구체적으로 다룰 것이다. 특히 방법에 관한 파트에서는 언제까지 실천으로 옮겨야 하는지 시간도 설정했다. 실천 목록은 지금 당장 실천해야 할 것, 1주일 안에 실천해야 할 것, 1개월 안에 실천해야 할 것, 3개월 안에 실천해야 할 것으로 분류했다.

단언컨대 아무리 좋은 방법론도 실천하지 않는다면 쓰레기가 될 뿐이다. 시간제한이 있어야 행동하게 된다. 이 점을 잊지 말고 책장을 넘기기 바란다.

당신은 지금 어떤 삶을 살고 있는가? 그리고 어떤 삶을 살고 싶은가? 이 책을 읽고 나에게 어떤 평가를 하든 나는 상관하지 않는다. 나는 이미 악인으로서 세상의 비평과 비난에 너무나 익숙해져 있고 그 어떤 스트레스도 받지 않는다. 악인은 세상 그 누구에게도 평가받지 않기 때문이다.

만약 당신이 '정의로운 삶'이나 '윤리적인 삶' 뭐 이런 것들을 추구하는 사람이라면 이 책은 불쏘시개만도 못할 것이다. 하지만 시간이 지나 당신이 한 번이라도 이 책을 집어 들고 내가 솔직하게 고백한 지난 과거를 편견 없이 대면해 준다면 나는 그것만으로도 만족할 것이다. 그리고 시간이 좀 걸리더라도 이 책이 당신의 삶을 둘러싸고 있던 좁은 세계를 끝장내고 그 안에 새로운 싹을 돋게 한다면, 나는 더 이상 바랄 것이 없을 것이다.

2023년 2월
손수현

악인론

인생의 주도권을
되찾고 싶은 당신에게

1장

감사일기가 내게 남긴 건
'노력하지 않아도 될
이유'뿐이었다

"오빠는
지난 1년간 변한 게 뭐야?"

2011년, 나는 그 1년 동안 다섯 번이나 졸업식에 가 친구들을 축하해 줬다. 그중 마지막 축하 파티가 있던 날이었다. 당시 나는 취업 같은 건 생각조차 하지 못했다. 나의 평균 학점은 0점대였기 때문이다. '언젠가 졸업을 할 수 있을까?'가 아니라 '졸업이란 걸 할 수는 있을까?'를 걱정할 정도였다. 그런 고민마저도 귀찮아서 종종 잊어버리고 살았다. 위태로운 삶이었다. 그럼에도 나는 친구들의 졸업식만큼은 꼬박꼬박 달려가 사진을 찍고 술을 마시며 진심을 다해 축하해 줬다.

그때 나와 어울렸던 대다수의 친구들이 나보다 나이가 몇 살 많았기 때문에 나는 늘 졸업식에서 축하를 해주는 입장이었고, 모두가 그런 상황을 너무나 당연하게 받아들였다. 다만 이번에는 도저히 믿기지 않았다! 늘 나와 술을 마시며 "우린 인생 어떻게 하냐"라며 한탄하던, 마치 경쟁하듯 수업을 빠지며 대책 없이 살던 친구 녀석마저 졸업을 해버린 것이다. 다른 친구들은 몰라도 적어도 우리 둘에겐 졸업이란 건 아주 먼 미래의 일, 어쩌면 영영 다가오지 않을 일이라고 생각했는데 말이다.

그러던 그 친구마저 어느새 정신을 차리고 학점을 관리해 졸업이라는 결승선을 통과해 버렸다. 소식을 듣자 거듭된 학사 경고로 완전히 꼬여버린 나의 학점과 인생이 스쳐 지나갔다. 하지만 단순했던 나는 그 순간에도 어떻게든 졸업을 할 것이라 낙관했고 그저 곧 벌어질 친구들과의 술자리에 대한 기대감에 들떠 있었다.

작은 꽃다발을 들고 친구를 기다렸다. 친구와 친구 부모님이 함께 왔다. 친구에게 "학사모를 쓴 모습이 썩 잘 어울려 보인다"라고 하며, "나 놔두고 졸업하니 좋냐"라고 농담을 던진 뒤 사진을 찍어줬다. 곧이어 친구들이 하나둘 등장하기 시작했다. 그때만 해도 어느새 번듯하게 졸업해서 사회로 첫발을 내딛는 친구들이 그저 자랑스러웠다. 한 친구가 사진을 찍자고 했다. 나는 맨 뒤에 섰다. 사진에 잘 나오고 싶어서 발뒤꿈치를 한껏 들어 올리고 방긋 웃어 보였다.

찰칵!

우리는 학교 근처 단골 식당으로 이동했다. 나는 술이 너무 좋았다. 구체적으로 말하자면 '술자리'가 좋았다. 친구들과 어울리는 순간만큼은 모든 고민이 다 잊히는 기분이었다. 오랜만에 만난 친구들에게 벌써 몇 년 전 이야기를 꺼냈다. "그때 기억나냐? 횟집에서 생일 파티 하다가 갑자기 누가 술 잘 마시는지 이야기가 나와서 내기했잖아!" 나는 신이 나서 말했다. 친구들은 "그때 우리 참 이상했다"라고 이야기하며 웃어젖혔다. 나는 더욱 들떴다. 친구들이 전부였던 그 시절엔 추억팔이만 해도 밤을 새울 수 있을 것만 같았다.

하지만 점차 대화는 다른 방향으로 흘러갔다. 친구들은 미래를 고민했다. 일찌감치 취업한 친구들은 회사에서 있었던 일을 한탄하거나 그것을 두고 왈가왈부했다. 인사팀에 배치되었는데 적성에 잘 맞지 않아서 고민이라느니, 회사 상사가 이런저런 이유로 마음에 안 든다느니 등 나와는 사뭇 다른 세계의 이야기들이었다. 어떤 적금을 들고 있는지, 펀드는 뭐가 괜찮은지 같은 주제도 나왔다. 나는 점점 소외되고 있다는 감정을 느끼면서도 태연하게 그들의 대화를 듣고 있었다. 수차례의 학사 경고로 언제 사라질지 모르는 '대학생'이라는 신분만 간신히 유지하고 있던 내겐 너무나 생소한 이야기들이었다.

오늘 졸업식의 주인공인 친구를 물끄러미 바라봤다. 친구는 이야기를 경청하고 있었다. 오랜만에 본 내 친구의 얼굴은 나와 함께 PC방에 출석 도장을 찍던 때보다 훨씬 더 진지해 보였다. 취업을 하지 못한 친구들도 모두 저마다 목표를 향해 달려가고 있었다. 한 친구는 통역 대학원에 진학하기 위해 여러 차례 도전하고 있었고, 다른 친구는 로스쿨에 들어가기 위해 학비를 벌며 과외와 공부를 병행하고 있다고 했다. '수현아, 너는 목표가 뭐야?'라는 질문이 나올까 봐 두려워졌다. 술잔을 연거푸 비우면서 기분이 들뜨기를 기원했다. 술값은 취업한 친구들이 나눠 계산했다. 참 착하고 멋진 친구들이었다.

새벽 3시가 넘어 비틀비틀 집으로 돌아오는 길에 '이렇게 사는 게 맞는 걸까' 하는 생각이 피어올랐다. 무슨 감정인지 알 수가 없었다. 카톡, 카톡. 단톡방에 오늘 함께 찍은 사진들이 연달아 올라왔다. 기분 탓인지 모두가 환하게 웃고 있는 사진 속에서 나 혼자만 흑백으로 존재하는 듯했다. 왈칵 질투하는 마음이 솟아올랐다. 하지만 이내 다시 생각했다. '술값까지 내준 친구들인데 얘들이 무슨 죄라고….' 좋게 생각하니 기분이 편해졌다. 나는 침대에 드러누워 한결 가벼운 마음으로 잠에 빠졌다.

다음 날, 나는 여느 때처럼 수업에 출석하지 않았다.

그 무렵 나는 당시 한창 유행하던 '감사일기'라는 것을 쓰고 있었다. 처음 그 존재를 알았을 때는 속으로 '이거다!' 하는 생각이 들었다. 친구들에게 느끼는 질투를 우정이라는 이름의 감사로, 고삐 풀린 채 살아가는 내 삶을 '한 번 사는 인생 즐기며 살자'는 이름의 감사로, 아무런 노력도 하지 않은 하루를 '나쁜 일 없이 소소하게 행복했던 하루'라는 이름의 감사로 치부하며 연명했다. 매일 감사할 일들을 찾아내고 기록하는 과정은 즐겁고 행복했다. 아주 가끔 들려오던, '이렇게 살면 안 된다'는 가슴 깊은 곳으로부터의 울림이 잦아드는 듯했다. 면죄부를 받은 기분이었다. 그때 나는 인생 최고의 도구를 얻었다고 기뻐했다. 그것이 지독한 내 인생의 눈가리개가 될 것이라곤 생각하지 못한 채로.

그렇게 내 삶은 순탄하게 이어졌다. 아니, 정확히 말하자면 내 눈에만 순탄해 보였다. 인생 그래프가 밑바닥을 찍고 있는 줄도 모르고 하루하루 그저 감사한 마음으로 살았다. 그리고 그것을 노트에 적으며 나는 내가 얼마나 행복하고 만족스러운 삶을 살고 있는지를 새삼 깨달았다. 약 1년간 하루도 빠짐없이 적은 감사일기는 나를 너무나도 따뜻하게 안아줬다.

최악의 인생을 살아도 내 곁에는 둘도 없는 친구들이 남아 있다는 것, 내 미래는 깜깜하지만 부모님이 공무원 연금을 받고 계시니 두 분을 부양할 부담이 없다는 것, 어쨌든 대학생이라는 허울 좋은 신분 덕에 당장 해야 할 것이 없다는 것, 나를 봐주는 여자친구가 있다는 것 등등 내겐 감사할 일이 넘쳐흘렀다.

이때는 몰랐다. 이 감사일기가 내 발목을 채운 족쇄였다는 사실을. 나는 감사일기를 쓰는 1년 동안 조금도 발전하지 못했다. 현재의 삶에 만족하고 안도했기 때문이다. 나는 하루하루 '노력하지 않아도 되는 이유'를 헤아리며 치열하게 살지 않아도 된다고 합리화하고 있을 뿐이었다.

운명의 그 날은 감사일기가 빼곡한 날이었다. C+로 예상했던 시험에서 B를 받은 일, 다른 모든 과목의 성적이 'F'였음에도 오랜만에 절친들을 만나 왁자지껄한 술자리를 즐겼던 일, 돌아오는 길에 마침 토종 순대 트럭이 집 앞에 와 있어서 행복한 야식을 먹을 수 있었던 일. 흐뭇하게 하루를 마무리하려던 찰나 여자친구에게서 전화가 왔다. 늘 만나던 장소에서 잠깐 보자고 했다. 서로의 자취방이 5분 거리에 있으니 중간에서 만나자는 이야기였다.

평소와는 다르게 표정 하나 없는 얼굴로 나를 맞이한 여자친구는 다짜고짜 말했다.

"오빠는 지난 1년간 변한 게 뭐야?"

"응? 그게 무슨 소리야 갑자기."

"처음엔 늘 긍정적이고 구김 없는 오빠의 모습이 편했어. 그런데 이제는 좀 지치네. 대책 없는 그 낙천주의가 말이야."

"…."

"1년간 오빠는 인생에서 나아진 게 있어? 있다면 하나만이라도 말해줄래?"

"…."

"그만하자."

그녀가 자리를 떠났다. 그렇게 우리는 1주년을 며칠 앞둔 어느 날 헤어졌다.

'내가 뭘 잘못한 거지? 나는 그저 하루하루를 감사하게 여기며 살았을 뿐인데…. 뭐지?'

모레면 함께 1주년 기념 여행을 떠나기로 했던 여자친구와 헤어졌다는 사실이 도무지 실감 나지 않았다. 여자친구가 떠나간 자리에서 그대로 한참을 넋을 놓고 멍하니 앉아 있었다. 몇 시간이 지나자 마음속에서 무언가 끓어오르는 것을 느꼈다.

분노였다. 그녀의 말이 맞았다. 1년간 나는 어설프게 자기위로만 했고, 노력하는 데 따르는 스트레스를 '워라밸'을 명분으로 삼아 회피했다. 경쟁에서 뒤처져도 '이럴 때일수록 먼저 축하해 주는 게 멋진 사람이야!'라는 말도 안 되는 합리화로 내면의 '너는 뭐하니?'라는 날카로운 비난을 애써 외면했다.

그 순간 지금까지 너무 당연하게 생각했던, 내 삶의 근간을 지탱했던 '감사하는 삶'이라는 세계관이 와르르 무너져 내렸다. 잔인하리만큼 냉정한 현실을 직시하게 된 것이다. 무언가에 씐 것처럼 집으로 달려가 감사일기를 펼쳤다. 이제야 제대로 보였다. 내 인생의 소중한 동반자였던 감사일기는 못난 사람의 못난 합리화 노트 그 이상도 이하도 아니었다. 몇 달 전에 쓴 한 구절이 눈에 들어왔다.

내일 죽을지도 모르는데 걱정하지 말고 오늘 하루 행복하게 살자! 모닝커피가 맛있는 하루였잖아.

역겨웠다. 아무리 20대 초반이라지만 이따위 일기를 써 놓은 스스로가 너무 부끄러워서 쥐구멍에 들어가 숨고 싶은 기분이었다. 이 문장이 얼마나 순진해 보였는지 헛웃음을 짓다가 나도 모르게 소리를 질렀다. 감사일기는 내 삶에서 아무것도 책임져 주지 않았다. 죽기는 뭘 죽는다는 건가? 나는 멀쩡히 살아 있었고 대학생도, 사회인도 아닌 어정쩡한 이방인으로 남아 있을 뿐이었다.

그날, 나는 1년 동안 쓴 감사일기를 그 자리에서 갈기갈기 찢어버렸다.

감사일기 대신
분노일기를 쓰다

그리고 쓰기 시작한 것이 '분노일기'였다. 이것이 바로 악인의 출발선이다. "번듯한 로스쿨에 들어간 친구가 너무나 부럽다", "유명 연예인들이 얼마나 스트레스를 받든 간에 수많은 사람에게 주목받는 삶이 부럽다", "성실히 학점을 쌓아 미래가 보장된 사람들이 부럽다" 등등 이들이 이렇게 열심히 사는 동안 '나'라는 머저리는 대체 무엇을 했는지, 그 참을 수 없는 분노를 토해내듯 쓰기 시작했다. 일기장은 순식간에 몇 장이 넘어갔다.

내면의 경쟁심을 있는 그대로 인정하게 된 때는 분노일기를 쓴 지 한 달 정도 지났을 무렵이었다. 나는 생각했다.

인정하자. 나는 끝내주는 독일산 외제 차를 원하고, 호텔급 인테리어로 치장한 고층 아파트에서 살길 바라며, 이성들에게 많은 인기를 얻는 매력적인 사람이 되고 싶고, 경제적 자유를 얻어 남들보다 앞서가고 싶다. 남들에게 나쁜 사람으로 보이기 싫어서 자기 밥그릇도 챙기지 못하는 위선자보다는 손가락질당하더라도 자기 욕망에 솔직한 사람이 훨씬 낫다고 생각했다. 이를 깨닫자 내 삶에 초고속 엔진이 달린 것처럼 박차가 가해지기 시작했다.

나는 지금도 하루를 마감할 때 반드시 그날 분노한 것을 적는다. 단 이때 분노의 저격 대상은 반드시 '나 자신'이어야 한다. 만약 타인에게 분노를 느꼈다면 '왜 나는 저 사람이 성취한 것을 성취하지 못했지?', '왜 나는 저 사람만큼 독하게 살지 않았지?' 같은 문제의식을 적어야 한다. 질투와 시기에서 비롯한 타인에 대한 분노나 적개심만 적는다면 열등감덩어리로 인생을 마감할 것이다.

며칠을 쓰다 보면 놀라운 경험을 하게 된다. 마치 게임처럼 '이 세계에서의 내 등수'가 머리 위에 둥둥 떠다니는 기분을 느끼게 된다. 그때 나는 주변 10킬로미터 안에서 꼴찌였다. 당연한 결과였다. 등수를 확인하고 나면 끝없이 갈망하고 분노하고 노력하게 된다. 하루에 책 한 글자라도 더 보게 되고, 강의 1분이라도 더 듣게 된다. 분노의 약발이 떨어지면 다시 세상으로 나가서 자신보다 뛰어난 사람들을 보고 분노의 에너지를 가득 채워서 돌아왔다. 그리고 그때 느낀 것을 반드시 기록했다.

그렇게 분노일기를 쓰고 3개월 정도가 지나자 내 속에 잠재하던 악인의 페르소나가 해방되는 기분을 느꼈다. 그는 내 머릿속에서 전권을 잡았다. 그러고는 쓸데없는 인간관계, 매사 적당히 만족하는 게으른 태도, 좋은 게 좋은 것이라며 문제를 회피하는 비겁한 습관 등 삶을 조용히 갉아먹는 바이러스들을 하나하나 깨부수기 시작했다. '다른 건 다 필요 없고 오직 성공'이라는 목표가 서자 내 인생에 '인간적이다'라는 표현으로 포장된 불필요한 감정들이 너무나 많이 개입되어 있음을 깨달았다. 죄책감, 동정심, 자기위안, 위선… 이것들 역시 차례대로 찢어 없애버렸다.

감사일기의 효용성을 완전히 부정하려는 것은 아니다. 사람에 따라 긍정적인 에너지로 인생을 바꾸는 도구로 활용할 수도 있다고 생각한다. 지금 되돌아 보면 그때의 나는 감사일기라는 개념을 제대로 이해하지 못했다. 언제나 최선을 다해 노력하다가 가끔 힘이 들 때 에너지를 얻고 자신감을 찾는 도구가 아니라 '노력하지 않아도 되는 이유'만 기록하는 도구로 감사일기를 이용했기 때문이다. 나는 감사일기라는 도구가 전혀 어울리지 않는 사람이었다. 스스로 판단하기에 자신이 감사일기를 그저 합리화하는 도구로만 활용하고 있다면 지금 당장 기록하기를 멈춰라. 당장은 마음의 평안을 얻을지 모르지만 당신 인생에 '극적인 변화'는 결코 일어나지 않을 것이다. 당신의 야망을 위안과 등가교환하지 마라. 굳이 감사일기를 쓰고 싶다면 그 대상은 '나를 둘러싼 환경'에 한정해야 한다.

· 수많은 책을 무료로 읽을 수 있는 도서관.
· 중세 시대였다면 살날이 10년밖에 남지 않았겠지만, 이젠 남은 수명을 50년은 거뜬하게 기대할 수 있을 만큼 발전한 현대 의학.
· 앉을 의자가 있고 책을 놓을 책상이 있는 공간.
· 추울 때 보일러를 틀어 방을 데울 수 있고, 더울 때 에어컨 바람을 쐴 수 있게 해주는 현대 기술.
· 새벽까지 도서관에 처박혀 있다가 돌아올 때도 죽임을 당할 걱정이 비교적 덜한 한국의 치안.

이렇게 써놓고 보면 얼마나 좋은 세상인가? 좌뇌로는 이런 세상에 살고 있음에 감사하고 우뇌로는 이런 좋은 환경에서 게으르게 살고 있는 자신을 냉철하게 비판하고 분노하라. 나는 10년째 이런 식으로 분노일기를 적고 있다. 아무리 바빠도 이틀에 하루는 쓴다. 같은 나이대 남자 중 상위 0.1퍼센트 수준의 경제력을 손에 쥐고 나니 이제는 나보다 높은 레벨에 있는 사람들이 보인다. 그리고 그들과 분명 같은 시간을 살아왔음에도 그들이 도달한 레벨에 진입하지 못한 스스로에게 격하게 분노한다. 그러니 당신도 지금 당장 '스스로에게' 분노하라.

지금 당장	일주일	1개월	3개월

작은 노트를 마련하거나 노트북에 '분노일기' 폴더를 만들어라. 손으로 쓰는 게 가장 좋지만 번거롭다면 컴퓨터를 활용해도 좋다. 길게 적을 것 없이 하루에 딱 다섯 문장만 써라. 1주일이 지나고 2주일이 지나면 의욕이 끝없이 불타오르는 놀라운 경험을 할 것이다.

"오늘은 카페에서 내 이상형에 가까운 사람을 봤다. 그러나 곧 연인으로 보이는 사람이 나타나 그(녀)를 데리고 갔다. 연인인 듯한 사람은 나와 비슷한 또래로 보였는데 멋진 외제 차를 끌고 왔다. 너무 부러웠다. 그 사람이 어떤 방법으로 성공했는지는 모른다. 다만 나 자신에게 너무나 화가 난다. 그 사람도 나와 비슷한 삶을 살았을 텐데 왜 나만 여기에 멈춰 있는가."

이런 식으로 짤막하게 한 구절, 한 구절을 적어나가라. 통찰력 있는 독자들은 이 예시가 '타인에 대한 분노'가 아님을 눈치챘을 테다. 타인으로 말미암아 내 '악인적 생각'이 자극되었을 뿐이다. 중요한 것은 타인이 아니라 자기 자신에게 화살을 쏴야 한다는 사실이다.

분노일기 2주 챌린지

복수는 화를 내는 것이 아니라
입증하는 것이다

한 번의 계기로 모든 위기를 극복하는, 전형적인 성장소설 속 주인공 같은 일화를 기대했다면 미안하다. 분노일기는 내 인생을 180도 바꿔놓았으나 효력은 하루아침에 나타나지 않았다. 하루하루 분노일기를 쓰면서도 나는 헤어진 여자친구의 마음을 돌려놓으려고 애쓰며 처참한 삶을 이어갔다. 나라는 사람의 본질을 바꿔 성장하는 것이 아니라 순간적으로 닥쳐온 불행한 감정에 휘둘리며 초조하게 살고 있었다.

그녀를 붙잡기 위해 끝없이 문자메시지를 보내고 전화를 걸었다. 결국 모든 연락 수단을 차단당하고도 못난 마음은 접힐 줄 몰랐다. 그래서 나는 좀 더 발전된(?) 못난 행동을 했다. 교보문고에 가서 전 재산 3만 원을 털어 한때 그녀가 읽고 싶다고 종종 말하던 책을 샀다. 집에 돌아와 예쁘게 포장도 했다. 그녀의 집 앞에서 4시간을 기다린 끝에 겨우 마주쳐 준비한 선물을 전했다. 그녀는 떨떠름한 표정을 지었다. 바라지도 않는 사람에게 억지를 부린 것이다. 이기적인 행동이었다. '서프라이즈를 해주면 마음이 달라지지 않을까?' 하고 생각했다.

그날 밤 나는 그녀 친구의 페이스북에서 보면 안 될 게시물을 보고 말았다. 그녀의 친구들이 내가 낮에 준 선물을 든 채 웃고 있는 사진이었다. 사진 아래로 나를 비꼬고 놀려대는 댓글이 넘쳐났다. 심지어 그들은 모두 내 후배들이었다. 나는 완전히 조롱거리가 되어 있었다. 나에겐 너무나도 처절하고 아픈 이별이 다른 누군가에겐 한낱 놀림감이었다. 그들이 왜 그렇게까지 행동했는지는 아직까지도 분명히 알지 못한다. 아마 인식하지는 못했지만 그들에게 나는 그리 좋은 사람이 아니었던 것 같다. 손이 덜덜 떨리고 가슴이 쿵쾅거려 쉽게 잠을 이루지 못했다. 몇 시간을 고민하던 나는 분노일기를 다시 펼쳐 들었다. 그리고 이렇게 썼다.

그녀의 친구들은 왜 그렇게까지 해야 했을까? 너무나 원망스럽다. 하지만 나도 안다. 그녀에겐 잘못이 없다. 그녀는 1년간 미래도 없고 비전도 없는 내 인생을 묵묵히 참으며 지켜보기만 했다. 그런 그녀에게 원하지도 않는 선물을 억지로 안겨준 내게 잘못이 있다. 그녀를 다시 만나고 싶다면 선물을 줄 것이 아니라 나라는 사람이 달라져야 했다. 이제 그만하자. 더 이상 불쑥 연락하고 그녀에게 남아 있지도 않은 애정을 강요하는 행위는 그만두자. 다른 방법을 찾거나 아니면 차라리 언젠가 대성공해서 그녀에게 내 소식이 들어가게끔 하자. 어쩌면 다시 만나는 건 불가능할지도 모른다. 그저 손수현이라는 사람이 그렇게까지 한심한 사람은 아니었다는 마음만 든다면 그것으로 족하다.

어디로 튈지 모를 나 자신을 억제해야 했다. 그녀의 연락처를 지우고 연락할 수 있는 모든 수단을 없애버렸다. 그러고도 마음은 쉬이 접히지 않아 재회 전문 상담을 받아보기도 했다. 어찌 되었든 어설프고 치기 어린 20대 초반의 악인은 그렇게 서투른 결심과 함께 첫 발을 내딛게 되었다. 분노일기는 날이 갈수록 길어졌다. 너무나 고통스러웠지만 '무언가 인생이 이제야 제대로 된 방향으로 가고 있다'는 어렴풋한 감정을 느끼는 순간도 조금씩 늘어갔다.

그로부터 4년이 흘렀다. '내가 자동차라는 것을 타고 다니는 날이 오기나 할까? 걸어만 다녀도 충분하지 뭐' 하고 합리화하던 나는 어느새 벤츠에 앉아 있었다. 4년 전 그날을 떠올린 나는 무언가에 홀린 듯이 내비게이션을 켜고 내가 다녔던 대학교를 도착지로 설정했다.

학교에 도착한 나는 카오디오 음량을 최고로 높인 뒤 자동차 창문을 죄다 끝까지 내리고는 빵빵대며 교정을 돌아다녔다. 영문을 모르는 사람들이 '저 병신은 뭐 하는 짓이지?' 하는 눈빛으로 쳐다봤다. 아무래도 상관없었다. 누구도 알아주지 않아도, 나는 나에게 일종의 보상을 해주고 싶었다. 이미 그녀는 졸업한 지 오래였고 그곳에 없다는 걸 똑똑히 알고 있었다. 그래도 그렇게 몇 시간을 보내고 나니 몇 년간 묵은 때가 말끔히 벗겨지는 듯했다.

그날, 나는 다시 한번 페이스북의 스타가 되었다. '○○대학교 대나무숲'에 나를 저격하는 글이 올라왔다. 도대체 무슨 민폐 짓거리인지, 람보르기니도 아닌 벤츠 주제에 무얼 그렇게 뻐기는지, 혹시 정신병자는 아닌지(정확하게 맞췄다!) 따위의 댓글이 끝없이 달렸다. 다 맞는 말이었다. 그때 나는 너무나 어렸다. 죄송하다고 정중하게 사과하는 댓글을 달았다. 학교 다닐 때 너무나 불행한 일을 겪어서, 열등감을 느끼며 살아서 한을 풀고 싶은 마음에 그런 미친 짓을 했다고 고백하고 사과했다. 댓글을 쓰고 나서야 사태는 잠잠해졌고 댓글에는 '좋아요'가 쏟아졌다.

부끄러움이 밀려왔다. 그러나 그와 동시에 이루 말할 수 없는 쾌감을 느꼈다. 나란 인간은 참 변태적인 사람이다.

그로부터 며칠이 흘러 그녀에게서 연락이 왔다. 소문을 들은 모양이었다. 이상한 짓거리 좀 그만하고 살라는 카톡이었다. 몇 년 전 그녀에게 주야장천 매달릴 때 받았던 문자메시지와 같은 내용이었다. 그때와는 달리 이상하게도 웃음이 나왔다. 그렇게 나는 내 인생을 바꿔준 지독하게도 고마운 그녀와 마침내 이별했다. 그날은 특이하게도 분노일기에 적을 것이 없었다. 오랜만에 쓰는 온전한 감사일기였다.

시궁창 속에서 꽃을 찾다

지금 나는 기묘한 회사의 대표다. 당신이 들으면 '이런 회사가 있다고? 이런 걸로 매달 3500만 원의 수입을 올린다고?' 하고 콧방귀를 뀔 법한 이야기일지 모른다.

2012년의 이별 후 나는 아직 날개를 펴지 못한 번데기 시절을 보내고 있었다. 분노일기라는 도구를 발견했으나 아직 내실이 부족했고 정확한 비전과 꿈도 없었다. 도대체 무엇으로 성공할 수 있을지 감을 잡지 못했다. 공무원 시험이나 고시도 생각해 봤으나 객관적으로 내 지능 수준이 초상위권은 아니라는 사실은 잘 알고 있었다. 가뜩이나 고시 경쟁률이 날로 치열해지는 마당인데 시간 낭비만 하고 낭패를 볼 것이 분명했다. 사업 쪽으로 눈을 돌려봤지만 아이디어도 자본금도 인맥도 없었다. 학사 경고를 세 번이나 받고 제적을 당한 이에게 믿고 투자할 투자자가 존재할 확률은 희박해 보였다. 과거로 돌아가 철없던 나를 쥐어박고 싶을 정도로 절망스러운 현실이었다. 방향성이 없었다.

위기가 곧 기회라는 뻔한 말이 있다. 한 서적에서 이 구절을 읽었을 때 운 좋게 성공한 사람이 하나 마나 한 말을 늘어놓는다고 생각했다. 죄 없는 책이 야속해 보였다. '내 상황을 알지도 못하면서….' 그때만 해도 그 말이 내 인생을 관통하는 화두가 되리라고는 상상도 하지 못했다. 내게는 여자친구와의 갑작스러운 이별이 삶의 거대한 위기였다. 분노일기를 쓰며 분투하면서도 그녀의 마음을 돌릴 분명한 방법이 어딘가에는 틀림없이 존재하리라는 생각을 지울 수 없었다. 그녀와 그녀의 친구들에게 페이스북에서 조롱거리가 된 뒤엔 모든 걸 때려치우려고도 했다. 그러나 며칠이 지나자 내 마음은 다시 요동쳤다. 또 한 번 그녀의 마음을 되돌리려고 했다. 미련했다. 이번에는 뭔가 새로운 방법이 필요했다. 다른 이들의 지혜를 빌려보기로 했다.

몇 날 며칠을 수소문하고 네이버 검색 결과를 20페이지 넘게 뒤진 끝에 한 요상한(?) 회사를 발견했다. 헤어진 연인을 다시 만나게 할 확률을 극대화하는 지침*을 심리학과 통계학을 기반으로 도출해 제시한다는 업체였다. 그들은 연애에도 확실한 방법과 공식이 있다고 주장했다. 처음에는 반신반의했다. 아마 지금 이 글을 읽는 당신도 그럴 테다. 더 정확하게 말하자면 사랑은 방법과 공식이 아니라, 진심으로 다가가야 한다는 내 철학을 정면으로 반박한다는 점에서 거부감을 지울 수 없었다. 어떤 점에서는 종교 집단 같은 느낌도 들었다. 또한 짧은 문자메시지 몇 통으로 사람의 마음이 뒤바뀐다는 것이 와닿지 않았다.

그러나 다른 업체들과는 무언가 달랐다. 며칠을 잠도 자지 않고 찾아낸 다른 업체들이 제시하는 해결책은 하나같이 수준이 낮았다. 뾰족한 전략이랄 것도 없이 그저 진심을 다해 다시 잡아보라는 실효성 없는 주장이나 늘어놨다. 이미 내가 수십 번 반복한 행동이었다. 지푸라기라도 잡는 심정으로 그 '요상한 회사'에 상담을 신청했다. 상담비가 문제였다. 남은 돈이 거의 없었고 부모님의 신뢰도 바닥난 지 오래였다. 어쩔 수 없이 지난 몇 년간 연락 한 번 하지 않았던 이모에게 철판을 깔고 전화를 걸어 우물쭈물하며 돈을 빌려 상담비를 충당했다. 다행히 이모는 이유를 묻지 않았다.

상담 예약을 하고 기다리는 동안 상담사들이 쓴 칼럼을 읽어봤다. 무언가 달랐다. 별자리별 여자 성격 특징, 혈액형별 여자

---

* 문자메시지 내용과 그 내용을 보낼 타이밍 등 헤어진 연인과 재회하기 위해 내담자가 따라야 할 방법을 정리한 가이드.

특징, 재회하기 위해 기도해야 할 것 등등 인터넷에 널린 비과학적이고 허술한 재회 상담 자료와는 차원이 달랐다. 심장이 뛰기 시작했다. 나는 순식간에 그 회사에 빠져들었다.

시간이 흐를수록 나의 관심사는 여자친구와의 재회라는 목표에서 다른 방향으로 돌아가기 시작했다. 바로 내가 직접 상담사가 되어, 나처럼 상처받은 사람들의 마음을 치유하고 그들에게 해결책을 제시하고 싶다는 마음이었다. 그 누구보다 이별한 이들이 느끼는 고통에 공감할 자신이 있었다. 오랜 시간을 기다린 끝에 상담을 받고 나자, 상담사가 되고 싶다는 바람이 더욱 확고해졌다. 자세히 밝힐 수는 없지만 상담사가 제시한 해결책이 너무나 획기적이었기 때문이다. 하지만 지침을 행동으로 옮기진 않았다. 이미 내 목표는 그녀와의 재회가 아니라 내 미래로 바뀌어 있었다. 새로운 노트를 하나 사서 분노일기 옆에 두었다. 새 노트에는 '분석 노트'라는 이름을 붙였다.

어설프지만 나름대로 회사를 분석해봤다. 홈페이지는 초라하기 짝이 없었고 트렌드에 한참 뒤떨어져 있었다. 문의 창구도 달랑 이메일 주소 하나가 전부였고 그마저도 메일을 보내봐야 감감무소식이었다. 소속 상담사는 단 두 명, 홍보나 마케팅도 거의 돌아가지 않고 있었다. 모르는 사람들이 본다면 사기 치는 회사라고 짐작하기 딱 좋아 보였다. 그나마 매우 논리적으로 쓴 연애 칼럼과 각종 재회 후기들로 회사의 명맥이 근근이 유지되고 있었다.

아무래도 이 회사가 많은 사람에게 선택받기엔 어려울 듯했다. 칼럼의 가치를 간파할 만한 매우 똑똑한 사람이나 하루라도 빨리 재회하기를 원하는 다급한 사람이 아니라면 굳이 이 업체를 선택할 것 같지 않았다. 손봐야 할 게 수두룩한 문제투성이 회사였다. 하지만 나는 이 회사가 앞으로 더 크게 성장하리라고 믿었다. 안 좋은 점이 훨씬 더 많지만 좋은 점 하나가 그 모든 약점을 압도했다. 그렇게 그곳에 푹 빠졌다.

내게 선택지가 주어졌다. 이 회사를 모방하여 새로운 사업체를 차려 직접 운영할 것인가, 아니면 이 회사에 입사 지원서를 낼 것인가.

내 주변에 남아 있던 몇 안 되는 친구들은 회사가 아직 유명하지 않은 데다가 이런 업종은 누구나 쉽게 진입할 수 있는 분야니 더 늦기 전에 직접 회사를 차리라고 조언했다. 남에게 돈을 빌려서라도 홈페이지를 구축해서 사업을 시작하라고 말하는 친구도 있었다. 나는 반대로 생각했다. 분노일기를 쓰면서 조금씩 성장하고 있던 내 악인으로서의 정체성은 '남의 것을 빼앗아 성공하는 것'과는 거리가 있었다. 그것은 비겁한 사람이지 악인은 아니었다. 또한 나는 평균 학점 0점대에 공인된 스펙은 하나도 없는 22살짜리 햇병아리에 불과했다. 이런 내가 사업체를 제대로 이끌 수 있을지 확신이 서지 않았다. 그 정도 주제 파악은 하고 있어서 다행이었다.

그렇다면 역시 입사 지원서를 내는 게 맞았을까? 안타깝게도 그 방법 역시 현실 가능성이 없었다. 나는 담당 상담사에게 연애를 지지리도 못하는 사람, 남자로서의 리드 능력이 없는 사람, 연애 센스가 전무한 사람 등의 냉혹한 평가를 받았다(지금 생각해 보면 다 팩트였다). 회사도 잠재력이 있는 사람을 뽑고 싶을 테다. 연애에 젬병인 사람이 연애 상담을 하겠답시고 지원서를 내밀어 봐야 반려당할 것이 자명했다. 소속 상담사가 수년째 둘뿐이라는 점에서 내부 사정도 썩 좋지 않은 듯했다.

혼자 끙끙거리며 기대와 포기 사이를 왕복했다. 이곳에 입사하면 안 되는 이유는 나날이 늘어갔다. 과연 보수는 합당할까? 미래 성장 가능성은 있을까? 다 떠나서 애초에 나를 뽑아주기나 할까? 갈대처럼 흔들리면서도 단 하나의 생각만은 군건했다. '나는 다른 사람들을 도와서 연애 문제를 해결해 주기를 어느 누구보다도 갈망한다!' 설령 한 달에 150만 원도 못 벌더라도 내가 좋아하는 일을 한다면 언젠가는 반드시 '덕업일치'를 이루리라고 확신했다(불행하게도 입사 후 2년간 월급 150만 원은 현실이 되었다). 결국 정공법으로 승부하기로 마음먹었다. 일단 능력을 키우자. 그리고 지원하자.

"저의 2년은 그렇게 쉽지 않았습니다"

평균 학점 0점대. 공인 영어 성적 또는 자격증 전무. 대외활동 경험 없음. 새 삶을 살기로 결심하고 냉철하게 바라본 나의 인생 성적표는 처참했다. 놀고 즐긴 만큼 참으로 정직한 결과였다. 아무리 머리를 굴려봐도 도저히 많은 경쟁자를 역전할 틈이 보이지 않았다. 이제 와서 스펙을 쌓자니 이미 뒤떨어졌고, 학점은 도저히 회복이 불가능한 상태였다. 분노일기의 수위만 날이 갈수록 높아질 뿐이었다. 심지어 내 주변엔 그 흔한 멘토조차 없었다. 멘토라는 것도 야망이 있고 성실한 사람에게 주어지는 선물이라는 것을 생각해 보면 당연한 이치였다.

종종 대성공한 사람들의 강의를 들어보기도 했지만 현실적으로 와닿지 않았다. 처절한 실패자에게 실리콘밸리의 사업가

들의 이야기가 귀에 들어올 리 만무했다. 게임으로 치면 레벨 1
짜리 초보자가 프로게이머의 강의를 듣는 기분이랄까? 이해도
가지 않았고, 애초에 출발선이 너무나 다르다는 생각뿐이었다.
하루하루 기가 더더욱 꺾여가는 기분이었다. 사람이라도 많이
만나둘걸, 배울 사람이라도 찾아둘걸 하는 생각이 나를 끝없이
괴롭혔다.

답이 없는 상태에서 나는 내 주변에서 유일하게 '답 없던 인
생'을 역전시킨 단 한 사람을 떠올렸다. 바로 내가 그토록 원망
하고 벗어나고 싶어 했던 나의 아버지였다. 참고로 나는 부모님
과의 관계가 매우 좋지 않았다. 이 이야기는 뒤에서 아주 자세히
들려줄 것이다. 어쨌든 나는 그 '원망스러운 롤모델'을 떠올리고
는 며칠간 방 안에 틀어박혀 생각에 잠겼다. 몇 날 며칠을 혼자
생각한 끝에 내 머릿속에는 유치원 시절의 기억이 떠올랐다.

내 어린 시절은 찢어지게 가난했다. 어머니, 아버지, 나, 이렇
게 세 식구는 고시텔만 한 크기의 원룸에 함께 살았다. 아버지
는 사범대학교 출신이었는데 그 시절의 사범대는 '신의 전공'과
같은 곳이었다. 입학이 어려웠지, 졸업만 하면 교사로 임용고
시 없이 부임할 수 있는 최고의 안정성을 지닌 학과였다. 그러
나 대학 시절 아버지는 학생 운동을 하다 교도소 신세를 졌고,
출소한 뒤에는 교사로 부임할 수 없게 되었다. 어머니가 간신히

생계를 꾸려갔다. 아무것도 몰랐던 어린 나는 그저 세 식구가 한 방에 옹기종기 모여 함께 잔다는 것이 그저 행복할 따름이었다. 가난이라는 개념조차 머릿속에 없었던 시절이었다.

그런데 몇 년이 지나가면서 우리 집은 점차 가세를 회복하기 시작했다. 원룸에서 투룸으로, 투룸에서 아파트로. 초등학교 3학년 때 나는 처음으로 내 방을 갖게 되었다. 어린 나는 '그저 살다 보니 어느샌가 우리 집이 넓어졌다'고 생각했던 것 같다. 문득 도대체 어떤 일이 있었길래 우리 집이 이렇게 순식간에 가세를 회복했는지 궁금해졌다. 나는 수수께끼를 풀기 위해 이미 많이 어색해진 어머니에게 전화를 걸어 아버지의 삶에 대해 물었다. 어머니는 천천히 이야기를 들려주셨다.

아버지의 나이 서른 살에 내가 세상에 나왔다. 자신만의 철학과 소신만을 따라 살던 한 남자에게 책임져야 할 핏덩이가 생긴 것이다. 교도소에서 나온 아버지는 손에 잡히는 일은 무엇이든 하기 시작했다. 가난한 농사꾼의 자식이었던 아버지는 직접 고추 농사를 짓다가 나이트클럽에서 웨이터 일을 시작하셨다. 그러나 몇 달을 일하고, 어느 날 술에 만취해 들어온 아버지는 그날부로 웨이터 일을 그만두었다고 한다. 어머니는 왜 일을 그만두었는지 물었지만 아버지는 침묵을 지켰다. 그 이유를 설명한 것은 몇 년이 지난 후였다. 해직되지 않은 다른 대학 동기와 현직 교사들이 아버지가 일하던 나이트클럽에 놀러왔다고 했다. 그들에게 서빙을 하러 들어가야 하는 아버지의 자존심은 산산이 부서졌을 것이다. 당시 아버지 옷에는 늘 짙은 담배 연기가 배어 있었다.

시간이 흘러 아버지는 사범대 출신 경력을 살려 한 작은 학원에서 일하기 시작했다. 그때부터였다. 집안의 가세는 빠르게 회복되었다. 아직도 기억이 난다. 집에 안 보이던 가구들이 하나둘 들어왔다. 그러다가 넓은 집으로 이사를 했다. 아버지는 족집게 강사로 이름을 날렸다. 말도 안될 정도로 놀라운 수준의 적중률을 자랑하는 강사였다고 한다. 점차 소문이 퍼져 아버지를 찾는 학원생들이 늘어났고, 아버지는 명성을 얻어 더 많은 수입을 얻게 되었다.

수많은 돈을 벌어들이던 아버지는 선택의 기로에 섰다. 시간이 흘러 무죄가 인정되고 명예가 회복된 것이다. 정식 교사로서 교편을 잡을 것인가, 아니면 훨씬 더 많은 돈을 버는 강사 일을 계속할 것인가. 아버지는 전자를 선택했다. 수입은 낮아졌지만 안정적인 삶으로 돌아간 것이다. 나의 아버지는 돈보다 명예를 중요하게 여기는 사람이었다.

이 이야기를 다 듣고 난 뒤 나는 그 시절의 아버지가 도대체 어떤 방법으로 학생들의 시험 문제를 그토록 귀신같이 예측할 수 있었는지가 궁금해졌다. 시대가 바뀌어 소위 스타 '인강' 강사들이 넘쳐나지만, 그들의 시험 문제 적중률은 전성기를 누리던 아버지의 적중률에 비하면 대단한 수준이 아닐 것이다. 대단한 인맥을 보유한 것도 아니었고, 시험 제도에 대해 그 어떤 정보력도 없던 아버지가 어떻게 그런 천재적인 통찰을 보여줬는지 도저히 이해가 되지 않았다. 당시 나와 아버지의 관계는 이미 벌어질 대로 벌어진 상태였지만, 나는 철판을 깔고 연락을 했다. 뜬금없지만 아버지에게 그 비법을 물었다.

아버지의 답은 간단했다. 모든 정답은 '읽기'에 있다고 했다. 아버지는 수많은 책에서 꾸준히 지식을 얻고 신문이나 뉴스 등을 통해 사회의 트렌드와 이슈를 파악한다고 말했다. 그것들에 최근 시험 출제 경향을 더하면 쉽게 문제를 예측할 수 있다고 설명했다. 물론 모든 문제를 정확하게 예측할 수는 없지만 확률을 높여가는 것이다. 어색하게 인사를 전한 뒤 전화를 끊었다.

아버지의 방법을 그대로 복제하기로 마음먹었다. 새벽녘부터 일어나 잠들기 전까지 책을 곁에 두던 아버지를 따라 하기로 결심했다. 아버지 역시 미래가 없는 '무(無)'의 상황에서 책으로 인생을 바꾸었다. 나도 가능할지도 모른다. 30년의 세월을 사이에 둔 우리 부자의 시간은 그렇게 비슷하게 흘러가기 시작했다.

내 인생에서 가장 잘한 선택이었다.

독서를 통해 인생을 변화시키겠다고 마음먹은 나는 '이 도서관에 있는 모든 책을 다 읽겠다'고 호기롭게 결심하고 하루 종일 도서관에 처박혀 살았다. 몇 년간을 대학에 다니면서도 도서관에 방문한 경험은 다섯 손가락 안에 꼽을 정도였다. 마음을 다잡은 나는 매일매일 출석 도장을 찍기 시작했다. 그렇게 내 인생이 조금씩 변화하는가 싶었다.

그러나 안타깝게도 나에게는 빌어먹을 만큼 천부적인 재능이 하나 있다. 바로 걸핏하면 부정적인 생각에 휩싸이는 것이다. 독자 여러분들께서 잊지 않았으면 한다. 나는 지금까지도 정신과 약 14알을 매일 먹는 정신병자다. 도저히 편안한 마음으로 책을 쭉쭉 읽을 수가 없었다. 책을 읽기로 마음먹고 10분 정도 읽고 있으면, 내 마음속의 부정적인 인간이 나에게 속삭이기 시작했다.

'지금 이 책을 읽는 게 너의 인생에 과연 큰 변화를 가져다줄까? 꿈도 크네.'

'설마 역전할 수 있다고 생각하는 건 아니지?'

'이 책이 진리인지 아닌지 어떻게 알아? 잘못된 학습은 인생을 더 꼬이게 만든다고.'

'이 시간에 차라리 PC방에 가라고. 스트레스 받지 말고!'

'남들은 학점이라도 있지. 아무것도 없는 네가 책을 읽으면 뭐가 달라지는데?'

미칠 것 같았다. 나는 거의 난독증 수준의 증상을 겪게 되었다. 도서관에 있으면 책을 읽는 시간보다 혼자만의 망상에 사로잡혀 괴로워하는 시간이 더 길었다. 엉덩이로 공부하자는 마음에 억지로 아침부터 저녁까지 책상 앞에 앉아 있어도 20페이지를 채 읽을 수가 없었다. 이대로 가면 나는 내 앞의 사람들을 절대 역전할 수 없을 것이 분명했다.

분명 아버지와 나의 삶은 한 발 떨어져서 보면 비슷해 보였다. 미래가 없는 상황에서 오직 책의 힘만으로 인생 역전을 시도하는 것. 그러나 아버지는 초인적인 집중력을 가진 사람이었다. 한번 책을 읽기 시작하면 누가 옆에서 소리쳐서 불러도 못 듣는 사람이었다. 안타깝게도 나에게는 그런 재능이 없었다.

나는 모든 의욕을 잃어버리고 가방을 싸서 집으로 돌아왔다. 그때 처음으로 책을 읽는 것이 무섭다는 감정을 느꼈다. 매번 책을 읽으려 시도할 때마다 내 이마에 '당신은 성공하기엔 집중력이 턱없이 부족합니다'라는 낙인이 찍히는 것 같았다. 마음 편히 포기하려니 분노일기가 나를 다시 채찍질했다. 멈출 수도 없고, 도전할 수도 없는 정말 괴롭기 짝이 없는 죽을 것만 같은 나날이었다. 어느 날 밤 나는 숨이 막혀 미칠 것 같은 감정에 사로잡혀 도서관을 뛰쳐나왔다.

그리고 가방을 맨 채로 숨이 차서 죽을 수도 있을 것 같다고 느낄 때까지 달리기 시작했다. 1시간 정도를 달렸던 것 같다. 온몸이 땀으로 흠뻑 젖었다. 그리고 집으로 돌아왔다. 분노일기가 시키는 대로 울며 겨자 먹기로 책상 앞에 앉아 다시 책을 폈다. 그러자 놀라운 경험을 했다. 내 마음속에서 늘 부정적인 말들을 외쳐대던 그놈이 사라진 것 같았다. 난생처음 평온한 감정을 느꼈다. '이거다!' 나는 엄청난 집중력으로 눈앞의 책을 읽어나갔다.

나는 아침에 일어남과 동시에 그날 하루에 대해 최악의 상황을 가정해 상상하는 재능이 있는 인간이다. '도저히 안 될 것 같다', '나는 자격이 없다', '우울하다' 등 수많은 부정적인 생각들이 내 앞을 가로막았다. 당시 나는 여자친구에게 이별을 통보받던 그 순간을 다양한 카메라 각도에서 찍은 듯한 꿈을 매일 밤 꾸곤 했다. 하루를 행복하게 시작할 리가 없었다.

그러나 해야만 했다. 아침에 일어나자마자 어젯밤 적은 분노일기를 읽은 뒤 바로 운동화 끈을 묶고 밖으로 나섰다. 40분 정도를 달리고 오면 기적 같은 시간이 주어진다. 단, 나는 타고난 부정형 인간이기 때문에 이 축복의 시간은 딱 3시간 정도다. 이 시간이 지나면 내 안의 비관론자가 고개를 들어 내 머릿속을 난도질하기 시작하는 것이다. 그래서 나는 이 3시간을 '기회의 창'

이라고 부른다. 근력 운동을 한 직후 단백질을 섭취하면 파괴된 근조직이 되살아나며 근성장을 하게 된다. 그래서 웨이트 트레이닝에서는 운동 직후의 이 시간을 기회의 창이라고 부른다. 하지만 내게 운동 직후의 시간은 근성장의 기회의 창이 아니라 학습의 기회의 창이었다.

그러나 3시간이 지나면 나는 어김없이 다시 원래의 부정적인 인간으로 돌아간다. 그때마다 빌어먹을 내 성격이 원망스러웠지만, 나는 다시 운동화를 신고 나간다. 40분을 다시 달린다. 죽을 것 같이 기진맥진해서 집으로 돌아오면 놀랍게도 다시 두 번째 기회의 창이 열린다. 이것을 하루에 세 번, 많으면 네 번 반복하며 무식하게 책을 읽어나갔다.

과거의 나는 억지로 마음을 먹으면 긍정적으로 세상을 바라볼 수 있다고 생각하는 사람이었다. 그러나 마음만 먹어서는 의식은 결코 변하지 않는다는 것을, 몸을 억지로 움직이고 땀을 흘리며 절실히 깨달았다. '마음먹기' 역시 결국은 몸의 의도적인 움직임에서 출발한다는 것을 확실히 알게 되었다. 저절로 되는 것은 아무것도 없었다. 자신감? 호연지기? 무한 긍정? 이런 것들이 천부적으로 몸과 마음에 장착된 인간이 아니라면, 억지로라도 몸을 움직여 획득해야 하는 것이다. '모든 일은 마음먹기 나름이다'라는 조언을 입에 올리기는 참 쉽지만, 나처럼 통제 불가능할 정도로 매사 부정적인 생각이 가득한 사람에겐 아무런 도움이 되지 않는 조언이다.

그래서 나는 다소 무식하지만 가장 확실하고 단순한 길을 택했다. 머리에 잡념이 가득해지면 그냥 아무런 고민 없이 밖으로 나가 냅다 달렸다. 이때부터 달리기 등을 비롯한 모든 운동은 내 일상에서 가장 중요한 영역으로 자리를 잡았다. 심지어 하루라도 운동을 하지 않으면 불안해서 견딜 수 없을 정도로 운동에 중독됐다. 좋아서 한 게 아니었다. 책을 읽고 공부를 하고 자기계발을 하려면 어쩔 수 없이 뛰어야만 했다. 하루는 무리하게 달리다가 발목을 삐어서 깁스를 했다. 나는 '제발 빨리 나아라. 달릴 수 없으면 나는 아무것도 하지 못한다'라고 생각하며 며칠째 초조한 마음만 갖고 살곤 했다.

그렇게 2년이 흘렀다. 글로 쓰니 단 한 문장이지만 끝이 없는 터널을 지나는 듯한 막막한 시절이었다. 심지어 내가 지원하고자 했던 회사의 사람들은 나의 존재조차 모른다는 생각에 종종 밤잠을 이루지 못하곤 했다. '내가 준비하는 사이에 회사가 망해서 사라지면 어떡하나?' 하는 생각까지 들었다. 너무 무모하게 결정한 것은 아닌지 머리가 아팠다. 하루하루를 이길 확률 없는 도박판에서 살아가는 심정이었다. 플랜 B를 세워둬야 마땅했지만 아무리 머리를 굴려도 뾰족한 방법이 없었다.

끝없이 공부하고 익히는 막막한 2년이 지났다. 다행히 회사는 살아 있었고 마침 상담을 신청할 수 있는 좋은 계기가 찾아왔다. 그즈음 새롭게 마음이 가는 이성이 생겼고 그분과 만남을 이어가며 중간 점검을 받고자 상담을 신청했다. 그런데 스케줄 문제로 2년 전 나를 담당했던 상담사가 아닌 새로운 상담사가 내게 배정되었다. 이 인물의 코드 네임은 앞으로 '박쥐'라고 통칭하겠다. 이때까지만 해도 박쥐와 8년을 함께 일하게 될 것이라고는 상상조차 하지 못했다.

상담 결과는 성공 확률 100퍼센트였다. 2년 전만 해도 나의 재회 성공 확률은 고작 10퍼센트에 그쳤다. 진단 결과지를 바라보며 여러 생각이 스쳤다. 박쥐는 내게 이런 평가를 남겼다.

최근 몇 년간 상담한 내담자 중에서 가장 연애 지능이 뛰어남. 연애 센스, 주도권 관리 능력이 모든 면에서 완벽함.

그리고 그는 상담이 끝나갈 무렵 내게 "직접 상담사를 해보셔도 좋겠네요"라고 말했다. 꿈같은 시간이었다. 몇 달이 지나 나는 그가 새롭게 만든 연애 심리 상담 회사에 말단 직원으로 정식 입사했다. 입사 후 몇 달 뒤 그는 나를 불러 장난스럽게 이야기했다.

"너는 참 운이 좋았어. 마침 기존 회사를 싹 갈아엎고 새 회사를 창립하려던 참이라 사람이 필요했거든."

나는 대답했다. "지금 한 말은 당신이 한 말 중에 처음이자 마지막으로 틀린 말이 되겠네요. 제 2년은 그렇게 쉽지 않았습니다."

박쥐와 나는 동전의 서로 다른 면에 돈을 걸었다. 그는 앞면, 내 운이 작용했다는 데 걸었다. 나는 뒷면, 내 능력이 어느 정도는 작용했다는 데 걸었다. 그와 내가 동시에 던진 동전은 몇 년이 흐르도록 팽팽 돌아가고 있다. 앞면이 나올지 뒷면이 나올지 모르는 채로. 마치 영화 「인셉션」의 팽이가 빙빙 돌아가듯이 말이다. 이후에 펼쳐질 일들은 지금부터 천천히 이야기할 것이다.

말단 직원에서 대표가 되기까지

아무런 스펙도 없는 나에게 덜컥 함께하자고 이야기했던 박쥐의 말대로 나는 정말 억세게 운이 좋은 사람이었을까? 2014년, 꿈에 그리던 회사에 말단 직원으로 들어갔다. 입사와 함께 동기이자 경쟁자가 여럿 생겼다. 모두 무시무시한 스펙을 자랑하는 이들이었다. Y대 경영학과, 도쿄대 출신 대학원생, 회계사, 서울대학교 박사 출신 등 그야말로 슈퍼 엘리트 집단이었다. 한편 대학에서 제적된 나는 엄밀히 말하면 대학생이라고 할 수도 없었다. 동그란 테이블에 앉아 있으면 모두가 웃고 있어도 아무 이유 없이 자꾸만 작아지는 기분이었다. 거기다 회사에서 막내였다. 가장 어렸다. 밤마다 경쟁에서 밀려 회사에서 해고당하고 다시 반지하 원룸으로 돌아가는 악몽을 꿨다.

운이 좋았던 걸까? 10주에 걸친 경쟁 끝에 나는 그들 중 가장 먼저 정식 상담사로 합격했다. 하지만 나를 스카우트한 박쥐는 4개월 만에 군대로 떠나버렸다. 그와 함께 회사를 공동 경영했던 상사(여기서는 '빌런'이라고 부르겠다)는 무모한 투자로 4억 원의 빚을 졌다. 결국 인생 마지막 기회라고 생각하며 입사한 회사는 심각한 경영난에 빠졌고 직원들은 줄줄이 퇴사했다. 빌런은 극심한 정신질환을 얻었고 회삿돈을 유흥비로 흥청망청 써버리기 일쑤였다. 빚은 고스란히 회사에 부담으로 돌아왔고 결국 내 급여에까지 타격을 가했다.

당시 월급으로 120만 원 정도를 받았는데 그마저도 제날짜에 받는 일이 드물었다. 2주는 기본이었고 한 달을 건너뛰는 날도 있었다. 빌런은 군대에 손발이 묶인 박쥐의 경영권을 강제로 박탈하기까지 했다. 나는 회사에서 홀로 박쥐를 옹호하다가 역적으로 낙인찍혔고 빌런 편에 섰던 모든 회사 사람들과 척지고 외톨이가 되었다.

운이 좋았던 걸까? 빌런은 술에 취해 들어오면 대뜸 나에게 욕부터 지껄였다. 비전을 잃고 떠난 직원들을 욕하면서 모든 원망을 나에게 전가하고 뺨을 때렸다. 모든 직원이 한집에서 먹고 자며 일하던 시절이라 아침부터 밤까지 내내 하릴없이 그를 마주쳐야 했다. 저녁 8시만 넘어가면 두려움으로 심장이 쿵쿵거렸다. 그저 이 미친 경영자가 제발 오늘만큼은 술을 마시지 않았기를 간절히 기도했다.

운이 좋았던 걸까? 수많은 동료가 퇴사의 길을 밟았지만 나는 끝까지 회사에 남아 내 자리를 지켰다. 하지만 퇴사자들이 남긴 잡무도 모두 내 몫이었다. 한 달에 100건이 넘는 상담을 소화해야 했고 마케팅에 관해 아무것도 모르면서 회사를 홍보해야 했다. 악전고투했다. 추가 수당은 물론 없었다. 월급이 밀리는 건 어느새 익숙한 일이 되어가고 있었다. '적어도 뺨만 안 맞고 일하고 싶다'는 것이 작은 소망이었다. 그 와중에 빌런은 자신이 총애하던 직원과 함께 필리핀 세부로 2주간 여행을 떠났다. 일이 더 늘어났지만 원망스럽지 않았다. 2주 동안은 뺨을 맞지 않겠다는 생각에 차라리 기뻤으니까.

이 회사를 내 손으로 번성시키겠다던 새파란 어린놈의 패기도 그렇게 서서히 꺾여갔다. 그러나 나는 역전의 순간을 기다렸다. 몸과 마음이 피폐해져도 내면의 눈을 감지 않으며 기회를 탐색했다. 강태공의 마음으로 기회를 포착하고자 기다리는 건 내가 제일 잘하는 일이었다. 이 회사에 들어오기 위해 바친 2년의 시간 동안 기른 인내력이 나를 지탱했다. 군대에 있는 박쥐와 나는 몰래 통화하며 힘없이 서로를 위로할 뿐이었다.

이 이야기의 끝은 어떻게 되었을까? 결국 군대에서 병을 얻어 예상보다 빠르게 돌아온 박쥐와 나는 힘을 합쳐 다시 한번 새로운 회사를 만들었다. 이 회사가 바로 지금의 '아트라상'이다. 시간이 흘러 나는 2016년 정식으로 대표에 취임했고 현재는 회사의 모든 운영을 맡고 있다.

다시 첫 질문으로 돌아가자. 나는 정말 운이 억세게 좋은 사람이었을까? 이렇게만 써놓고 보니 나는 정말 운이 억세게 좋은 사람 같다. 라인을 잘 탄 뒤 가만히 있음으로써 시간이 대표 자리를 만들어 준 케이스 말이다. 1에서 9까지 가는 과정은 생략하고 0에서 곧장 10으로 점프한 인생처럼 보이기도 한다. 분노일기라는 키워드 하나만 툭 던지고는 '나 이렇게 성공했어요!' 하고 주장하는 이 인간이 도대체 뭐가 악인이라는 건지 모르겠다고?

지금부터 1에서 9에 해당하는 이야기를 들려주고자 한다. 내가 어떤 도구를 활용해 실력을 갈고닦고 어떻게 최선의 의사결정을 하며 10을 향해 최단 거리로 질주했는지 말이다.

2장

악인의 삶은 불편하다,
그러나 선인의 삶은 불행하다

악인이 늘 승리하는 이유

혹시 이 글을 읽고 있는 당신은 '악인론'이라는 책의 제목만 보고 '이 구역의 미친놈은 나야!' 전략으로 사는 삶을 권하는 책이라고 생각하진 않았는가? 침착해라. 아직 본격적인 이야기는 시작도 하지 않았다. 지금은 준비운동 단계다. 악인으로 살아가는 것이 성공의 지름길이라는 사실을 마음으로 받아들였다면 이제는 원리를 머리로 이해해야 한다.

악인이 늘 승리하는 데는 매우 과학적인 이유가 있다. 뇌과학과 심리학을 들여다보면 그 이유가 보인다.

어떤 현상을 쉽게 분석하려면 그 반대를 관찰하라고 했다. '악인이 성공하는 이유'를 분석하려면 '악인이 되지 못한 평범한 사람들이 실패하는 이유'를 들여다보면 된다. 잠깐 가상의 회사 하나를 그려보자.

A와 B가 이 회사에 사원으로 입사했다. 둘은 동등한 출발선에서 시작했다. A는 매우 성실하고 착한 사람이다. 나쁘게 말하자면 그저 그런 평범한 사람으로 언제나 상사가 시키는 일을 기계처럼 처리한다. A는 그러면서도 늘 노심초사한다. 상사가 내능력을 나쁘게 보면 어떡하지? 쓸데없는 아이디어라고 면박을 주면 어떡하지? 내가 프로젝트를 진행해 보겠다고 해도 될까? 혹시 혼자 나댄다고 지적하면 어떡하지? 온갖 잡념이 그를 괴롭힌다. 결국 A는 완벽주의의 늪에 빠져 완성한 제안서마저 다 뒤엎어 버린다. 그렇게 반복하기를 몇 달, 결국 어떠한 것도 시도하지 않은 사람이 되어버린다. 여전히 수동적으로 상사가 시킨 업무만 꾸역꾸역 처리할 뿐이다. 새로운 제안서 따윈 제출하지 않는다. 누군가에게 비판받고 지적받으면 삶이 무너져 내리는 듯한 혼란에 빠질 테니까.

B의 성격은 정반대다. 그는 상사의 지적을 '당연한 것'이라고 여긴다. "살아가면서 욕 한 번 안 듣는 게 가능해? 신경 꺼!"라는 내면의 목소리를 경청한다. 사원 B도 인간인 이상 상처를 받지 않는 것은 아니다. 그러나 적어도 상사에게 아이디어를 제안하고 불완전하게나마 결과물을 제출해 피드백을 받는다. 호되게 혼나고 반려당하기 일쑤지만 오히려 그 과정에서 자극을

받아 하루를 마감하며 분노일기를 쓴다. 더더욱 야망이 커지고 욕심이 쌓인다. 입사 당시엔 A보다 실력이 떨어졌을지언정 시간이 흐를수록 두 사람의 성공 그래프는 다른 양상을 보인다. 두 사람은 '사원'이라는 같은 직급을 공유하지만 삶은 완전히 달라진다.

어떤 직원이 더 유능한지 또 상사에게 좋은 평가를 받는지는 알 수 없다. 회사마다 분위기에 따라 두 캐릭터에 대한 평가는 다를 수 있다. 다만 이것만은 확실하다. 우리에게 주어진 시간은 무한하지 않으며 일에 쏟아낼 수 있는 에너지 또한 한계가 있다는 사실이다.

A는 늘 최선을 다한다고는 하지만 상사나 타인에게 지적받을지도 모른다는 두려움을 비롯해 수많은 무의미한 감정들, 이를테면 죄책감과 후회와 걱정과 동정심 등이 자신의 소중한 시간과 에너지를 갉아먹는 걸 방치한다. 성공을 향해 뇌가 마라톤을 해야 하는데 온갖 모래주머니를 제 손으로 발목에 주렁주렁 매다는 셈이다. 뇌는 찌들어가고 총기는 흐릿해진다. 에너지는 금세 바닥난다.

B는 반대다. 실패? 뭐가 어떤가? 그것마저도 악인은 분노일기의 한 꼭지로 이용한다. '까짓것 망하면 분노일기에 적지 뭐!' 일단 닥치고 시도한다는 점에서 A를 제치고 압도적인 우위를

점한다. 성공의 가장 큰 장애물인 '완벽주의'와 타인이 보내는 '평가'에서 자유로워지는 것이다. 실패하면 배움으로, 성공하면 자축으로 자신을 다스린다. '일단 시도한다'라는 마인드를 장착하면 그때부터 능동적으로 회사 일을 주도하게 되고 끝없는 피드백으로 남들보다 훨씬 더 빠르게 성장하는 선순환에 접어든다. 무엇을 하든 소중한 경험을 얻음으로써 실패에서도 작은 성공을 이룬다.

이처럼 악인의 뇌는 '완벽해야 한다'는 스트레스에서 자유로워진 B의 뇌를 닮았다. 남들 눈치 보지 않고 일과 삶의 당당한 주인으로 살아가며 어수선한 뇌 구조는 깔끔하게 정리되고, 완벽주의의 늪에 빠져 앞으로 한 발짝도 나아가지 못하던 뇌는 성공을 향해 질주하기 시작한다.

그래서 종종 악인들은 오해를 받기도 한다. 무례하고 눈치가 없다고 욕을 먹는다. 실력도 부족한데 자꾸 쓸모도 없는 아이디어를 낸다고 주변에서 흉을 본다. 너무 튀는 데다가 조직 생활에 어울리지 않는 부적응자라고 비난하는 소리도 들린다. 하지만 그게 뭐 대수란 말인가? 남들에게 잠시 이상한 사람 취급을 받을지언정 회사에서 몇 년을 보내도 배운 것 하나 없이 무능하고 무책임한 사람으로 낙인찍히는 것보다는 낫지 않을까? 지금껏 남들 눈치를 보느라 속에 있는 자신의 진짜 목소리를 외면해

왔다면, 자기 멋대로 화끈하게 무언가를 해보지 못했다면, 그런 삶이야말로 진짜 '악한 삶'이 아닐까?

억지로 처음부터 삶의 태도를 바꾸기는 어렵다. 하지만 의식적으로 조금씩 바꿔나갈 수는 있다. 이 글을 쓰는 지난 1년간 수많은 유명인들의 성공 사례를 연구한 결과 그들 역시 처음엔 직원 A처럼 그저 성실하고 평범한 인간이었다. 상사가 지적할까 봐 두려워하고 주변 사람들이 자신을 어떻게 평가할지 전전긍긍하고 모난 사람처럼 보이는 것을 그 무엇보다 무서워하는 평범한 사람들 말이다. 하지만 그중에서 성공한 사람들에게는 인생의 어느 지점을 통과하며 자기 내면의 스위치에 불을 켜는 순간이 있었다. '악인 모드'로 전환하는 스위치 말이다. 그게 언제인지는 사람마다 다르다. 당신에게도 인생에서 쓸데없는 것을 남김없이 청산해 버리는 시기가 필요하다. 오로지 성공만을 향해 질주하는 '악인 모드'로 전환하는 순간이 언젠가는 반드시 찾아올 것이다.

주변의 시선 따위 아랑곳하지 않고 오직 자신의 목표 달성에만 집중한, 가장 위대한 악인의 사례가 있다. 당신이 전쟁 중인 조선시대의 한 병사로 태어났다고 가정하자. 당신은 병사 생활이 고달팠던 나머지 딱 하루 훈련에 빠지고 술을 진탕 마신 채 잠이 들었다. 정신을 차려 보니 포승줄에 묶여 한 장군 앞에 무릎을 꿇고 있었다. 그 장군이 당신에게 말한다.

"군령을 바로 세우고자 너를 사형에 처한다."

그렇다. 당신에게 사형 선고를 내린 그 장군의 이름은 대한민국에서 절대 건드릴 수 없는 성역, 위대한 성웅 이순신 장군이다.

극한의 환경에서 숱한 훈련을 반복하다 전쟁으로 피폐해진 마음을 잠시 달래려고 딱 한 번 술에 취해 훈련에 불참한 것이 목숨을 빼앗길 만큼 잘못한 일일까? 당신은 이 상황에서 "군율을 따르는 일이니 충분히 이해합니다. 당신은 영웅 중 영웅입니다"라고 말할 수 있을까? 아마 그러기는 어려울 테다. 그러나 이순신 장군의 일시적인 '악인적 행동'으로 조선 수군은 어떻게 되었는가? 정신을 재무장하고 군율을 바로 세운 결과 압도적인 전력의 왜군에 맞서 연전연승하여 끝내 조국을 지켰다. 이순신 장군은 찰나의 인간적인 감정에 휘둘리지 않았고 엄청난 비난을 받을 것을 각오한 채 자신이 해야 할 일을 해냈다. 결국 그는 목적을 달성했다.

이 글을 읽으며 당신의 서로 다른 자아가 격렬하게 충돌하고 있음을 안다. 당신이 가면처럼 쓰고 다닌 '착하기만 한 사람'의 페르소나와 일상 속에서 늘 '대체 왜 그따위로 살고 있는데?'라며 당신을 꼬집는 '악인'의 페르소나가 그것이다. 후자가 바로 성공의 문을 여는 가장 확실한 열쇠다. 지금부터라도 당신 내면에서 들려오는 불편한 목소리에 귀를 열어라.

이제 준비운동이 좀 되었는가? 악인의 시작은 자신의 성공을 방해하는 모든 것을 없애는 것이다. 그래야만 뇌는 최적화된 상태로 돌아가기 시작한다. 나는 하루하루 나에게 주어지는 일을 수행하기에도 바쁘다. 세상 사람들의 부정적인 조언이나 슬픔, 죄책감 같은 감정 따위에 낭비할 시간이 없다. 안 그래도 바쁜 인생에 쓸모없는 스트레스를 주는 '간섭자들'을 숙청하는 것, 이것이 바로 분노일기 작성 다음에 해야 할 악인의 두 번째 스텝이다.

당신이 하는 효도는 자위일 뿐이다

당신은 보이지 않는 고무줄에 묶여 있다. 악인의 삶으로 전진하려고 할 때마다 그 고무줄은 당신을 잡아끌어 평범한 삶으로 복귀시킨다. 당신의 '야망'을 '그릇된 욕심'으로, '창의성'을 '허황된 망상'으로, '합리적 개인주의'를 '비윤리적 이기주의'로 왜곡시킨다. 이 고무줄은 워낙 튼튼해서 늘 당신의 능력이 절반 정도밖에 발휘하지 못하게 만들어버린다.

다시, 분노일기를 쓰던 외로운 2년의 시간으로 돌아가보자. 내 안에는 달성하지 못한 욕망에 대한 분노가 차곡차곡 쌓여갔다. 그놈의 돈부터 타인의 인정과 존경 그리고 내면의 자아실현…. 하루빨리 이 모든 것을 손에 쥐어야 했다. 한시가 급했다. 책을 읽고, 무료 강의를 찾아 듣고, 미친 듯이 달리고, 번아웃이

악인론

올 때마다 마음을 다잡고 분노일기를 썼다. 그러나 나는 시시때 때로 찾아오는 마음속의 불편함을 지울 수 없었다. 눈앞의 욕망을 받아들였지만 여전히 일은 쉽게 풀리지 않았다. 바로 '보이지 않는 고무줄' 때문이었다. 그 고무줄은 다름 아닌 나의 가족이었다.

누군가에겐 아주 불편하겠지만 이쯤에서 이 말을 꼭 해야만 하겠다.

나는 인간의 앞길을 막는 가장 큰 장애물이 '부모'라고 생각한다.

악인은 자유로워야 한다. 누군가에게 저당을 잡혀 살아서는 안 된다. 자신의 판단과 소신을 방해하는 요소가 있다면 뭐든지 날려버려야 한다는 뜻이다. 그것이 설령 부모일지라도 말이다.

나는 외국어고등학교라는, 소위 상위권 학생들이 모여 있는 학교를 다녔다. 지능이 뛰어나진 않았다. 당시 입학제도에 따라 중학교마다 상위권 학교에 입학할 수 있는 인원이 골고루 배정되어 있었는데, 그 덕분에 그 지역에서 공부를 못하기로 유명한 중학교를 다녔던 나는 상대적으로 부족한 성적에도 외고에 진학할 수 있었다.

하지만 이때부터 불행이 본격적으로 시작된다. 내가 진학한 외고에 아버지가 교사로 근무하고 계셨던 것이다. 부정행위를 막고자 마련된 교칙에 따라 다행히 아버지는 다른 학년을 맡으셨지만 아버지가 계신 공간에서 공부를 해야 한다는 사실만으로도 숨통이 막혔다. 사실 아버지는 다른 학생들에겐 '천사'로 불리는 선생님이었다. 성적으로 학생을 차별하지 않으며 누구에게나 골고루 사랑을 베푸는 천사. 한 학생이 고민 상담을 신청하면 몇 시간이 걸리더라도 절대 먼저 자리를 뜨지 않는 참스승.

그러나 안타깝게도 그도 한 인간이었다. '내 아들'에게는 동일한 잣대를 들이대지 못했다.

끝없는 스트레스가 나를 짓눌렀다. 그의 논리는 '잘하던 놈이 왜 여기선 성적이 그 모양이냐'는 것이었다. 열일곱 살의 나는 그저 '나 잘되라고 하시는 말씀이겠지'라고 합리화하며 아버지를 이해하려 애썼다. 그렇게 아버지의 기대를 끊어내지 못한 채 1년을 보냈다. 이미 마음속은 반항심과 함께 스스로에 대한 열등감으로 뜨겁게 달아올랐다. 서서히 '악인 모드' 스위치가 켜지기 시작했다.

아버지의 잔소리는 물론이고 버럭 내지르는 화가 내 공부와 미래에 도움이 될 리 없었다. 그런 생각이 더욱 견고해지던 어느 날, 여느 때와 마찬가지로 아버지가 운전하는 차를 타고 귀가하던 길이었다. 적색 신호등이 바뀌기를 기다리면서 아버지는 옆에 앉은 나에게 20분이 넘도록 잔소리를 하셨다. 가만히 듣고만 있었다. "옆 반 누구는 쉬는 시간에도 영어 단어를 외운다는데 성적도 낮은 너는 엎드려 자기만 하는 거냐"라며 나를 게으르고 한심하다고 꾸중했다. 어서 대답하라고 호통치는 아버지를 쳐다보며 말했다.

"다른 학생들에게 하시는 말과 행동의 반만이라도 저를 칭찬해 주셨으면 합니다."

아버지는 되받아쳤다.

"내가 무슨 예수냐? 내 아들한테 어떻게 다른 아이들을 대할 때와 똑같은 잣대를 들이댈 수 있겠냐?"

"그럼 학교에서만큼은 예수인 척하지 마셔야죠. 사랑하는 제자들 사이에서 행복하게 사시길 바랄게요. 난 자격이 없는 것 같으니까."

나는 신호를 기다리며 멈춰 있던 차의 문을 열고 무작정 내렸다. 당황하는 아버지를 뒤로한 채 뛰기 시작했다. 이것이 아마 내 첫 번째 악인의 스텝이었을 것이다. 나는 극도의 죄책감과 극한의 해방감을 동시에 느끼며 달렸다. 부모의 압력은 '자식이 어느 정도는 말을 듣는 것 같다'고 느낄 때 가능하다.

악인이라는 개념을 인식하지도 않았던 시기였다. 충동적인 행동이었지만, 이날의 경험은 먼 훗날 악인으로서 과감한 의사결정을 내리게 해준 일종의 자양분이 되었다.

예상했던 대로 휴대전화가 미친 듯이 울리기 시작했다. 1시간이 지나자 부재중 전화는 20통이 넘어갔다. 마음속에서 그 망할 놈의 '착한 아들' 자아가 외쳐댔다. '아버지에게 미안하지도 않냐? 네가 조금만 더 열심히 노력하면 아버지는 널 인정하실 텐데? 일단 사과부터 드리고 집으로 돌아가! 이렇게 전화기가 계속 울리는 것을 보면 아버지가 널 얼마나 사랑하는지 알 수 있잖아!' 정신이 복잡했다. 하지만 곧 마음을 다잡았다.

어느새 밤이 훌쩍 지나 새벽 6시가 가까워지고 있었다. 아버지는 한숨도 주무시지 못한 것 같았다. 그때까지도 1시간에 한 번씩 전화가 오고 있었다. 아침이 되면 아버지 성격상 경찰에 실종 신고를 할지도 모른다. 이쯤 하면 그가 다시는 삶에 함부로 간섭하지 않으리라고 추측한 나는 아무렇지 않게 다음 날 학교에 나갔다. 이 사건 후 성적은 우리 부자 사이에서 금기어가 됐다. 그날 이후로도 아버지가 변하지 않았더라면 나는 보란 듯이 일주일 아니 한 달 이상 가출할 준비까지 되어 있었다.

깨끗하게 아버지의 간섭을 뿌리친 결과 학년이 올라갈수록 석차가 빠르게 높아졌다. 고등학교 1학년 입학 당시에 나는 전교생 120명 중 119등이었다. 3학년이 되어 10등 안에 들었을 때 나는 '부모와의 단절'이 오히려 내 능력을 자신 있게 펼칠 마음의 평안을 가져다줬음을 깨달았다.

오해하지 않기를 바란다. 나는 결코 타고난 천재가 아니었다. 그저 부모에게 독립을 선언한 뒤로 타인의 기대에 어긋나면 어쩌나 하는 쓸데없는 걱정은 내려놓고 깔끔하게 정리된 뇌로 하루 12시간씩 공부했을 뿐이다. 수능까지 잘 보았다면 얼마나 완벽하고 멋진 스토리가 되었을까. 아직 신은 나에게 완벽한 성공을 가져다주지 않았다.

최고의 효도란
끝내 부모를 감탄하게 만드는 것이다

평소 실력에 비해 수능을 잘 치지 못했다. 그래도 우리나라에서 열 손가락 안에 드는, 나름대로 이름 있는 대학에 들어가서 인생을 즐겼다. 자유로운 삶이라는 명분 아래 고삐 풀린 망아지처럼 살았다. 운 좋게 단과대 부학생회장을 맡기도 했는데 1년간 술에 취하지 않은 날을 손에 꼽기가 어려웠다.

어느새 동기들이 모두 졸업을 앞둔 시점, 나는 졸업하는 데 필요한 학점이 아직 50학점이나 남았음을 알아차렸다. 믿기 어려운 이야기라는 걸 안다. 전공 필수 과목이나 최소 학점 따위는 무시하고 내가 듣고 싶은 수업들만 골라 들은 탓이었다. 모름지기 대학이란 학위를 따려고 다니는 곳이 아니라 성공하는 데 필요한 지혜를 얻고자 다니는 공간이라는 나만의 논리가 크

악인론

게 작용했다. 돌이켜 보면 알량한 지적 우월감 그 이상도 이하도 아니었다. 성적표에는 졸업하는 데 필요 없는 온갖 교양 수업 학점들만 잔뜩 묻어 있었다. 하루하루를 이토록 태평하게 보내는 동안 동기들은 차근차근 무언가를 하나씩 준비해 나갔다. 지금 돌이켜 봐도 황당하리만큼 미래를 대비한 계산을 조금도 하지 않았다.

그로부터 2년이 흘러 우여곡절 끝에 내 인생을 바꿔놓은 현재의 회사에 입사했다. 이제야 인생이 제대로 흘러간다는 생각에 들떠 어머니에게 전화를 걸었다. 그때만 해도 큰 착각에 빠져 있었다. 어머니가 이 소식을 들으면 얼마나 기뻐할지 생각하니 가슴이 쿵쾅거렸다. 아들의 전화를 받은 어머니는 통화가 끝날 때까지 "여보세요" 이후 단 한마디도 없으셨다. 아들의 '결과 없는 2년'을 지켜본 부모님에게 시간은 더디게 흘러갔을 것이다. 하지만 나는 너무 신이 난 나머지 어머니의 그런 감정을 눈치채지 못했다. 그저 나를 믿으시라고, 아버지에게는 따로 얘기할 테니 일단 어머니만 알고 계시라고 말씀드렸다.

바로 다음 날 아버지에게 전화가 걸려 왔다. 아버지는 불만이 가득한 목소리로 입사하려는 회사가 대체 뭘 하는 회사인지, 어떤 가능성을 보고 그 업계에 인생을 올인하려는 것인지 캐물으셨다. "네가 학벌도 나쁘지 않고 외국어 재능도 없는 편은 아니니까 이모부가 다니는 외국계 회사에 들어가거라." 한마디로 낙하산으로 취업해 돈을 벌라는 말씀이었다. 전화를 끊고 그날 밤 바로 어머니와 아버지에게 문자메시지를 보냈다.

"제 인생은 제가 개척하는 겁니다. 대학 시절을 성실하게 보냈다고 말하기는 어렵다는 사실을 인정합니다. 그러나 어느 순간 정신을 차려 저만의 칼을 부지런히 갈고닦았습니다. 하루하루 글을 썼고, 책 읽기를 멈춘 적이 없습니다. 그리고 마침내 제 능력을 발휘할 최적의 회사를 찾았습니다. 물론 제 판단이 틀릴 수도 있습니다. 미래는 아무도 모르지요. 그러나 아버지에게 제 꿈을 말씀드릴 기회마저 박탈하셨기에 이런 문자를 보낼 수밖에 없습니다. 전화번호는 바꿀 겁니다. 반년 정도는 부모님께 연락을 드리기 어려울지도 모릅니다. 그때도 제 선택이 실패였음이 분명하다면 집으로 돌아가겠습니다. 제 인생에서 잠시만 비켜주세요. 죄송합니다."

문자를 보낸 그날 바로 연락처를 바꾸고 잠수를 탔다. 호기롭게 선언했지만 나 역시도 두 번 다시 부모님을 당당하게 볼 수 없을지도 모른다는 불안감에 엄청난 절망감과 두려움을 느꼈다. 그날 밤엔 한숨도 자지 못했다. 살면서 가장 많이 눈물을 흘린 하루였다.

그러나 악인의 원칙 중 가장 중요한 것은 '타인의 간섭이 내 인생을 방해하지 않게 한다'이다. 설령 그 타인이 자신을 가장 사랑하는 부모라 할지라도 이 규칙을 어겨선 안 된다. 부모라는 가장 큰 간섭꾼들을 제쳐버리고 나면 놀랍게도 인생은 매 순간 설레고 떨리는 것이라는 사실을 느끼게 된다. 비단 부모뿐만이 아니다. 단순히 자기위로를 받기 위해서 또는 미안한 마음에 억지로 유지하고 있는 관계가 있다면 잠시 멀어질 필요가 있다. 먼 훗날 당신의 인생이 날개를 달고 순항할 때 다시 연락해도 전혀 늦지 않다. 악인으로 질주할 준비를 마치려면 주변의 소중한 사람들과 잠깐 이별해야 하는 순간이 찾아올지도 모른다.

그때 아버지 말씀을 따랐다면 내 인생은 어떻게 흘러갔을까 종종 생각한다. 아버지가 권유한 대로 이모부 회사에 낙하산으로 입사해 살아갔다면? 뭐, 적당한 성공을 거두었을지도 모르겠다. 남은 평생을 불행하게 살았겠지만 말이다. 진정으로 하고 싶은 일을 외면한 채 그저 부모님을 안심시키며 사는 삶을 효도라는 이름으로 포장하고서 자위하며 살아갔을 테다. 진정한 효도란 그 행동의 주체가 부모여서는 안 된다. 부모의 기대에 부응하여 '안심'하게 만드는 것이 아니라 자식인 내가 주체적으로 행동하여 부모를 '감탄'하게 만들어야 한다.

'내 유전자가 섞인 녀석이 저런 삶을 살다니!'

'자유로운 악인'으로 살기 위해서 '부모로부터의 독립'은 선택이 아니라 필수다. 실제로 큰 성공을 거둔 저명한 사람들의 인터뷰나 성공 사례를 보면 대체로 어린 나이에 부모로부터 심리적으로 독립했음을 알 수 있다. 처음엔 불안하겠지만 '나를 챙겨줄 사람이 이제 없다'는 생각에 배수진을 치고 목숨을 걸게 되는 것이다. 그러면 성공은 저절로 뒤따라온다.

사랑하는 부모님에게 상처를 주고 싶지 않다고? 자식에게서 자기 인생은 자신이 책임지고 살아가겠다고 하는 선언을 듣고서 멘털이 무너질 부모라면, 어차피 자식을 품속에 끌어안고서 늘 불안하게 여길 것이 분명하다. 그들의 인생이 있고 나의 인생이 있는 것이다. 잠깐 상처를 몰아서 주더라도 먼 훗날 갚아나가면 된다. 부모에게 미안한 마음이 든다면 그것을 동력으로 활용하라. 어서 빨리 장원급제해 성공의 마차를 타고 부모님에게 돌아가야 하지 않겠는가?

이를 이루려면 먼저 최소한의 경제적인 준비를 마쳐야 한다. 나는 부모로부터 독립을 선언한 뒤 과외 자리를 간신히 찾아 적어도 3개월은 버틸 수 있는 자금을 확보했다. 반지하 원룸의 몇 달 치 월세와 회사에 들어가 최소한의 생계는 유지할 정도의 환경을 갖춘 것이다. 절대 호락호락하지 않았다. 나보다 학벌이 뛰어난 사람들이 우리 지역에 깔려 있었기 때문이었다. 최소한의 경제력을 확보해야만 부모님이 모든 경제적 지원을 끊겠다고 역공해도 자기 소신을 유지할 수 있다.

　지금 나와 부모님의 관계는 어떨까? 나에 대한 부모님의 시선은 이전과 180도 달라졌다. 하루에도 여러 차례 전화를 걸어 안부를 묻고 수시로 걱정과 우려로 가득한 문자메시지를 보내는 것도 모자라 주기적으로 불쑥 집에 찾아와 잔소리를 쏟아내시던 부모님은 이제 내 삶에 조금도 간섭하지 않으신다. 골프에 푹 빠진 아버지는 내가 드린 외제 차를 타고 필드에 나가신다. 어머니는 코로나19가 터지기 전에 내가 선물한 비즈니스 클래스 항공권으로 한 달간 스페인 산티아고 순례길을 다녀오셨다. 우리는 지금 그 어느 때보다 사이가 좋다.

　누군가는 부모님과의 단절을 일컬어 '숙청'이라는 자극적인 단어를 쓴 데 큰 거부감을 느낄 것이다. 나는 사이코패스가 아니다. 가능한 한 확실하게 메시지를 전달하고 싶었을 뿐이다. 심지어 아버지와 어머니는 내가 쓴 이 글을 보고 이렇게 말씀하셨다. "너답게 썼네. 잘해봐라."

지금 당장	일주일	1개월	**3개월**

잠시 잠깐의 이별을 암시하는 문자를 보내라. 간섭하지 말라고 크게 소리치고 집을 뛰쳐나오라. 현실적으로 불가능한 상황이라면 적절한 디데이를 설정하라. 3개월은 내가 임의로 정한 최소한의 조건이다. "3개월 안에 나는 부모에게서 완전히 독립한다. 내 인생은 내가 책임지는 것이다!"라고 분노일기에 적어라. 디데이를 정하면, 사람은 움직이게 된다.

나와 너 모두를 죽이는 최악의 감정

부모와의 관계 단절로 첫 분기점을 통과하며 악인으로서의 첫걸음을 뗐다. 이어서 외부에서 오는 간섭, 적을 모두 제거했다. 하지만 여정은 끝나지 않았다. 적은 내부에도 있다. 성공을 거두기 위해 전력질주하는 데 방해가 되는 '감정'들 말이다.

어디 한번 제대로 당신의 뇌를 들여다보자. 이런, 역시나 하루빨리 정리해고해야 할 직원들이 보인다. 하나하나 이야기해보자. 첫 번째 해고 대상은 '죄책감'이다. 죄책감은 당신의 머릿속에서 잔뼈가 굵은 본능이다. 아주 오래전 당신이 어릴 적부터 당신의 뇌에 입사해 꾸준히 그 영향력을 행사하고 있다.

"친구를 괴롭히면 안 돼!"

"식당에서 떠들면 넌 나쁜 아이야."

"타인에 대한 배려가 세상에서 가장 중요하단다."

이런 조언을 들을 때부터 말이다. 실제로도 신입 사원 시절 죄책감은 나름대로 유능한 존재였다. 그 덕분에 인간으로서 지녀야 할 최소한의 공감 능력을 키웠고, 정과 사랑 같은 감정을 느끼게 해줬다. 사회적인 시선에 따라 해서는 안 되는 행동이 무엇인지도 자연스레 깨치게 해주었다. 당신을 그저 그런 평범한 인생에 머물게 한 공신이기도 하다.

사람마다 다르겠지만 뇌 구조상 인간이라면 누구나 어느 정도는 죄책감을 느낀다. 이러지도 못하고 저러지도 못한 채 질질 끄는 연인 관계에서 상대에게 먼저 이별을 통보할 때, 당신을 언제나 믿어준 직장 상사에게 사표를 낼 때, 지하철에서 몸이 불편한 할머니를 보고도 피곤함에 억지로 눈을 감고 못 본 척할 때 우리는 죄책감을 느낀다. 이는 매우 자연스러운 현상이다. 죄책감은 타인에 대한 최소한의 공감 능력을 보여주는 증거이기도 하다. 죄책감을 느낀 순간이 많다면 스스로를 어느 정도 칭찬해 주어도 된다. 그런 당신은 참 따뜻하고 좋은 사람이다.

다시 '악인론'으로 모드를 전환해 보자. 죄책감이라는 명찰을 단 그의 영향력이 지나치게 강해졌다. 점점 자신의 직무가 아닌 것에도 간섭하고 서슴없이 월권한다. 부모님으로부터의 독립을 예로 들어보자. 합리적인 악인의 사고는 이렇게 말할 것

　　　　　　　　　　　　　　　　　　　　악인론

이다. "당장은 힘들겠지만 내 인생을 개척하려면 부모님의 간섭과 지원을 끊어야 해." 이때 죄책감이 월권행위를 한다. "이봐요! 어머니가 얼마나 슬퍼하실지 모르겠어요? 이미 몇 년째 부모님 속을 후벼 파고 있잖아요. 그런데 또 상처를 주겠다고요?" 결말은 이러하다. "어쩌면 어머니와 아버지가 간섭하는 게 문제가 아니라 나 자신에게 문제가 있을지 몰라. 이런, 또 전화가 오네. 그치만 잔소리를 듣는 것도 자식 된 도리 중에 하나야."

앞으로 어떤 미래가 펼쳐질까?

- 뫼비우스의 띠처럼 부모님이 조종하는 대로 살아감.
- 그럭저럭 부모님의 비위를 맞추며 살아가지만 진정한 자유를 만끽하거나 책임을 다하지는 못함.
- 늘 50퍼센트만 만족하며 살아감. 나머지 50퍼센트에 대한 갈증이 부모에 대한 원망으로 변함. 사이가 더 나빠짐.
- 불쑥불쑥 자유를 갈망하지만 영원히 독립하지 못함.

또 다른 사례를 살펴보자. 당신은 한 회사의 대표다. 오늘은 무능력한 직원에게 해고 통보를 해야 한다. 합리적인 악인의 사고는 말한다. "회사는 정으로 굴러가는 게 아니야. 해고할 사람은 해고해야 해." 죄책감의 월권이 다시 시작된다. "그 사람이 당신에게 웃으며 인사하는 걸 보고도 그런 생각이 드나요? 그가 처음 입사해 당신에게 감사 편지를 쓴 걸 잊었나요?" 이야기는 이렇게 귀결한다. "그래, 조금만 더 지켜보자. 사람은 괜찮으니까 나아질 수 있을 거야."

예정된 미래는 가혹하다.

· 그 사람을 해고할 기회는 영원히 다시 오지 않음.
· 1년이 흘러감. 그 사람에게는 인건비로 5000만 원 이상을 투자함. 그 사람을 결국 미워하게 됨.
· 이젠 정중하게 해고할 기분도 사라짐. 감정에 휘둘려 그 사람과 나쁘게 헤어질 확률이 커짐.

거대한 비효율이 발생한다. 그렇다면 어떻게 이 직원을 해고할 수 있을까? 죄책감의 가장 강력한 대응책은 바로 '논리적인 합리화'다. 현대 사회에서 '합리화'라는 단어는 패배자들과 비겁한 사람들의 전유물처럼 되어버렸지만, 사실 때에 따라서는 매우 효율적인 사고방식이다. 심리학적으로 살펴봐도 그러하다. 최소한의 합리화 능력이 없다면 인간은 스트레스 때문에 살아갈 수가 없다. 어떤 막막한 상황에 처했다고 가정해 보자. 그 상황을 100퍼센트 이해하거나 납득하지 못하더라도 어느 정도

선에서 타협하고 넘어가지 못한다면, 그것을 극복하지 못하고 최악의 수를 택하거나 더욱 파국적인 길을 걷게 될 것이다.

이를 위해서 우리는 '합리화 역시 능력이며 성장시켜야 한다'라는 사고 방식을 가질 필요가 있다. 죄책감이 찾아올 때 그것에 휩싸여 무력감에 빠지지 말고, 어느 정도 상황을 내 중심으로 해석함으로써(합리화) 유연하고 빠르게 문제에서 벗어나는 것이다. 따라서 죄책감이라는 직원을 무너뜨릴 가장 강력한 카운터펀치는 바로 '합리화'라는 개념이다.

다시 한번 악인의 관점으로 부모님으로부터의 독립이라는 상황을 분석해보자.

· 죄책감의 월권: "이봐요! 어머니가 얼마나 슬퍼하실지 모르겠어요? 이미 몇 년째 부모님 속을 후벼 파고 있잖아요. 그런데 또 상처를 주겠다고요?"

↓ ↓ ↓

· 논리적 합리화의 카운터펀치: "지금 당장 상처를 드리더라도 미래에 보답하면 돼요. 아무런 변화 없이 잔소리 듣고 생각 없이 죄송하다 말하는 게 더 무책임한 행동이에요. 묵묵히 잔소리를 듣고 반항하지 않으면 그게 효도인가요? 효도는 발전에서 오는 것입니다."

다음은 무능한 직원을 해고하는 상황이다.

· 죄책감의 월권: "그 사람이 당신에게 웃으며 인사하는 걸 보고도 그런 생각이 드나요? 그가 처음 입사해 당신에게 감사 편지를 쓴 걸 잊었나요?"

↓ ↓ ↓

· 논리적 합리화의 카운터펀치: "그 사람의 웃음 따위가 다른 모든 직원에게 야근과 추가 업무라는 피해를 주는 것보다 무겁나요? 영원히 그 사람을 안고 갈 게 아니라면 하루라도 빨리 해고하고 정확한 이유를 알려 스스로 발전할 계기를 찾게 해줘야 해요. 1년이나 2년 뒤에 해고하면 그동안 그 사람은 헛된 시간을 낭비할 뿐이에요."

논리적 합리화로 비효율적인 사고를 깨트려야 한다. 물론 심한 합리화는 좋지 않다. 중요한 점은 '논리적 합리화'지 '비논리적 합리화'나 '비윤리적 합리화'가 아니라는 사실이다. 자신이 실패한 이유를 합리화하거나, 게으른 것을 합리화하거나, 남의 사업을 베껴놓고는 자기가 창조했다고 합리화하는 행위는 죽음이다. 그러나 상황을 스스로 잘 판단할 수 있는 지혜를 갖추고 악인으로서의 삶을 충실히 살아가고 있을 때 죄책감이 고개를 들면 그때는 주저하지 말고 합리화 카드를 내밀어라.

아마 이 책을 여기까지 읽을 정도로 지혜로운 사람이라면 말도 안 되는 비도덕적인 짓을 저지르고서 '합리화 카드를 써야지' 하고 출판사와 작가에게 책임을 전가하는 미련한 짓은 하지 않으리라고 생각한다.

나는 얼마 전 친구 관계에서 죄책감과 맞서 싸웠다. 자영업을 하는 친구는 어느 날 뜬금없이 연락해 돈을 빌려달라고 했다. 돈이라면 얼마든지 빌려줄 수 있었다. 그러나 정중하게 거절했다. 친구의 슬픈 표정이 마음속 깊은 죄책감을 자극했지만 곧 논리적 합리화 메커니즘을 작동시켰다.

논리적(비윤리적·비논리적이 아님을 기억하라) 합리화는 다음과 같다. 자초지종을 들어보니 돈이 아주 시급한 상황은 아니었다. 당장 돈을 쓰지 않아도 가게는 나름대로 굴러가고 있었다. 그런데도 친구는 가게에 인테리어 소품 등을 대량으로 추가하고 싶어 했다. 나는 그게 답이 아니라고 판단했다. 자세히 들여다보니 인테리어가 아니라 마케팅에 심각한 문제가 있는 듯했다. 안타까운 친구의 상황을 보고 죄책감에 시달렸지만 끝내 돈을 빌려주지는 않았다.

그 대신 물고기를 잡는 방법을 알려줬다. 몇 시간을 들여 내가 아는 각종 마케팅 기법을 그에게 전수했다. 아마 친구는 썩 달갑지는 않았을 것이다. 그러나 지금도 내가 한 선택을 후회하지 않는다. 죄책감에 선뜻 돈을 빌려줬다면 친구는 영원히 자기 사업체에 어떤 문제가 있는지 몰랐을 테고 거기서 더 발전하지 못했을지도 모른다. 친구가 파산 직전에 나를 찾아왔다면 돈을 빌려줬을지도 모른다. 그러나 그 정도로 심각한 상황은 아닌 듯했다. 나는 내 판단대로 밀고 나갔다.

친구는 어떻게 되었을까? 그 후로 반년이 넘는 시간이 흘렀다. 그사이 친구는 내게 고마웠다는 내용을 담아 장문의 카톡을 보내왔고 이후로는 연락이 없었다. 친구가 운영하는 사업체 홈페이지를 보면 언제나 예약이 거의 가득 차 있다. 돈을 빌려주지 않은 것에 대한 악감정 때문이 아니라 사업이 잘 풀렸기 때문에 연락할 이유가 사라져서 소식이 없었던 것이다.

물론 나의 마케팅 조언만으로 승승장구하는 것은 아닐 테다. 친구도 나름대로 자신의 모든 능력을 발휘했고 최선을 다했기에 좋은 결과가 뒤따랐을 것이다. 이유야 무엇이든 죄책감을 이기고 좀 더 현명한 판단을 내린 덕분에 나는 친구도 돕고 우정도 지켰다.

앞서 이야기했듯이 나는 부모님과의 관계에서도 이러한 죄책감과 맞서 싸웠다. 효도라는 단어가 나를 지독하게도 괴롭힐 때마다 내가 품었던 논리적 합리화의 구조는 이랬다. '지금 일은 모르겠으니 어차피 상처받으신 김에 조금만 더 참아주세요.

성공하면 한 방에 효도하겠습니다!' 참 악마적인 생각이었지만 덕분에 내가 가진 시간과 에너지의 200퍼센트를 오직 성공을 향해 달려가는 데만 효율적으로 쏟아부을 수 있었다.

더 좋은 사람이 되어라, 그러면 더 나쁜놈이 될 것이다

좋은 사람 콤플렉스

두 번째로 정리해야 할 대상, '좋은 사람 콤플렉스'는 첫 번째 정리 대상인 죄책감과 닮았다. 정확히 말하자면 '좋은 사람 콤플렉스'는 '죄책감'의 자식이다. 타인을 불편하게 해선 안 된다는 일종의 죄책감이 발전하여 모든 사람에게 잘 보여야 한다는 생각으로 확장된 것이다.

두 번째 직원은 더 큰 문제를 초래한다. 더 꾸준하게, 더 자주 당신의 에너지를 소모하기 때문이다. 죄책감이 예측 불가능하게 불현듯 찾아오는 감정이라면 좋은 사람 콤플렉스는 황당하게도 인간관계를 좋게 유지하려고 노력하는 과정에서 발생한다. 이게 무슨 말일까?

바로 매몰비용의 오류 때문이다. 이는 자신이 그동안 투자해

악인론

온 것에 대한 미련이 남아 무언가를 끊어내지 못해 오히려 손해를 보는 현상을 의미하는 심리학 용어다. 이것이 인간관계에서도 발생하는 것이다.

누군가의 머릿속에 당신이 아주 좋은 이미지로 새겨지도록 부단히 노력했다고 해보자. 만약 그를 비판하거나 지적해야 하는 순간이 온다면? 그간 좋은 사람으로 보이고자 투자한 에너지나 이미 형성된 '겉보기에 좋은 관계'를 뒤집자니 심리적인 부담이 따른다. 인간은 자신이 그동안 투자한 것을 완벽히 배제하고 냉정한 판단을 내리기 어렵기 때문이다. 비판을 하거나 정당하게 화를 내기가 매우 난감해진다.

착각을 깨야 한다. 놀랍게도 좋은 사람 콤플렉스는 타인의 기억에 당신이 나쁜 사람으로 남을 확률을 때때로 높인다. 왜일까? 당신 스스로 타인이 당신을 평가하는 도덕적 잣대의 기준과 기대 심리를 한껏 높여버렸기 때문이다. 평소 도덕적인 행동으로 주변 사람들에게서 높은 도덕적 기대감을 품게 만든 사람은 '기부하지 않았다'는 사실만으로도 죄인으로 낙인찍혀 비난을 받을 수 있다. 자기 스스로 고고한 사람이라는 이미지를 다른 사람들 머릿속에 견고하게 새겼기 때문이다.

나 역시 좋은 사람 콤플렉스로 난관을 겪은 일이 많다. 종종 대학 동기들과 술자리를 갖는다. 경제적으로 좀 더 여유로운 나는 보통 거리낌 없이 술값을 지불한다. 그러던 어느 날 내가 계산을 하기도 전에 그 자리에 있던 모두가 가게에서 나가버리는 모습을 봤다. 고맙다는 말도 없었다. 이미 그들에게 나는 '그놈의 좋은 사람'이 되어버려서 내가 돈을 내는 것이 당연한 일이자 의무가 되어버린 것이었다. 한두 명은 술값을 나누어 내자고 얘기했지만 엄청난 충격을 받았다. 그날 이후로 무조건 돈을 내는 행위를 멈췄다. 계산을 할 땐 침묵을 지키다가 적어도 그들이 돈을 나누어 내려고 할 때 "됐다. 오늘 분위기도 좋은데 내가 낼게"라고 말을 꺼냈다. 때로는 '의도적 나쁜 사람'이 되어야 한다(물론 이 에피소드에서 내가 잘못한 건 없어 보이지만).

또 다른 예시도 있다. 1년 차 상담사였을 때 이야기다. 나는 전체 고객 중 1퍼센트가 될까 말까 한 공격적인 이들에게 날마다 고개를 숙이기 바빴다. 그들은 내가 제시한 지침을 어겨서 상황이 나빠졌음에도 "왜 나를 설득하지 못했냐"라고 따졌다. 나는 그럴 때마다 "제 상담 능력이 부족해서 그랬습니다"라고 고개 숙여 사과해야만 했다.

하루는 도저히 참을 수 없는 비판에 직면했다. 제시한 지침을 어긴 고객이 "손수현이 대충 상담했다"라고 하며 클레임을 제기한 것이었다. 극도로 분노했다. 첫날 상담을 하고 지침을 제시한 뒤에도 무언가 마음이 찜찜하여 다시 사연을 꺼내 읽고 전화까지 걸어 추가 상담을 해드린 고객이었기 때문이다. 따져 보면 나에겐 어떠한 이득도 없었지만 내 개인 시간까지 할애해 더 좋은 지침을 제안하며 최선을 다했다. 성의가 없다는 클레임은 도저히 받아들일 수 없었다. 그러한 특별 대우를 당연한 것으로 여겼기에 그는 감사하는 마음보다 원망이 커진 것이다. 좋은 사람으로 보이고 싶어서 했던 행동이 오히려 상대방이 나를 만만하게 보게 만들었음을 깨달았다.

나는 처음으로 강하게 비판했다. 나 자신을 지키기 위해서, 또한 고객 스스로 자신이 지침을 어긴 것이 문제였음을 깨우치게 하기 위해서였다. 그를 조종하기 위해서가 아니었다. 병원에서 수술 후에는 술, 담배를 금지해야 한다고 신신당부했는데 밤낮으로 흡연과 음주를 이어가다 건강이 악화된 채 찾아와 병원 탓을 하는 셈이었다. 고객 스스로 깨닫고 받아들여야만 다음 지침을 제시할 수 있었다.

고객은 그제야 자신이 저지른 실수를 인정하고 정중한 사과의 메일을 보내왔다. 이것이 일종의 충격요법이 되어, 고객은 새롭게 제시한 지침을 완벽하게 따랐다. 상황이 훨씬 더 어려워졌음에도 헤어진 전 연인에게 두 번 이상의 선(先) 연락을 받았으니 절반의 성공은 이뤄낸 셈이었다. 고객 역시 만족했을 것이다.

결국 내 안의 '좋은 사람 콤플렉스'을 억누를 맞대응 카드는

'당신을 믿었는데'이다. 이게 무슨 말이냐고? 사람들이 좋은 사람이 되려고 하는 이유는, 타인으로부터 호의를 얻기 위함이다. 이것을 역으로 뒤집어 이용하는 것이다. 즉, 상대방이 도리어 나에게 좋은 사람 콤플렉스를 갖게 만드는 것이다. '당신이 나의 호의를 배신했다'고 공격하면서 말이다.

A라는 직원이 있다. 나는 A에게 호의를 베풀었다. 먼저 다가가고 커피도 권하고 잦은 실수에도 너그럽게 반응하며 '좋은 사람'이 되었다. 재앙이 시작되었다. 어떤 행동을 하든 지적받지 않는다는 방심에 A는 고삐가 풀렸다. 회의에서는 내 권위를 존중하지 않고 비판했고, 최소한의 예의도 갖추지 않고 나에게 말을 하거나 메시지를 보냈으며, 사람들 앞에서 나를 장난스럽게 희롱하는 등 내 심기를 거슬렀다.

카드를 꺼내야 할 타이밍이다. 권위를 침범당한 그 순간 사람들 앞에서는 표정 관리를 한 뒤 반드시 그날 상대방을 따로 불러 매우 우울하고 슬픈 표정으로 강하게 말하라. "A씨, 정말 해도 해도 너무하네요. 제가 A씨를 얼마나 좋아하고 아꼈는지 잘 아실 겁니다. 다른 사람이라면 모르겠는데 어떻게 A씨가 사람들 앞에서 저를 희화화하고 웃음거리로 삼을 수가 있나요? 다른 직원들과는 달리 '좋은 사람'이라고 생각했는데 정말 실망입니다."

'좋은 사람 콤플렉스'는 상호적이라는 데 그 해결 방법이 있다. 좋은 사람으로 보이고자 노력할수록 사람들은 우리를 무시한다. 그러면 역으로 "네가 좋은 사람인 줄 알았는데"라고 외치면 상대방은 입이 열 개라도 할 말이 없는 상태가 될 확률이 높다. 이렇게 되면 거의 90퍼센트 이상의 확률로 상대방이 사과를 하게 된다. 전세 역전이다. 잘 보이려 하는 쪽은 상대방이 되고 나는 지켜보면서 봐줄지 말지를 결정하는 위치에 선다. 뇌가 깔끔하게 정리된다.

이런 행위를 비겁한 가스라이팅이라고 부른다고? 당신의 말이 맞다. 더 노골적으로 소개하겠다. 다음에 다룰 내용이 바로 '역가스라이팅'이라는 기법이다.

당신을 괴롭히는 모든 것들과
완전히 단절되는 법 가스라이팅

가장 까다롭고 성가신 정리 대상이 남았다. '가스라이팅'이라는 심리학 용어는 오래전부터 존재했다. 그럼에도 가스라이팅은 너무나도 미세하고 섬세하게 이뤄져 당하는 사람들도 모르고 지나치는 경우가 많다. 나 또한 살아오면서 수없는 가스라이팅에 직면했다. 누구나 살면서 한 번쯤은 들어봤을 말들이다.

"너는 책임감 있는 사람이잖아. 아무리 회사가 어려워도 그만두겠다는 말은 책임을 다하는 게 아니지."

"친구들끼리 의리가 있는데 어떻게 우리 사이에 술값 가지고 돈 얘기를 할 수가 있어? 돈도 많이 벌면서 우리한테 쓰는 게 그렇게 아까웠어?"

"우리가 같이한 세월이 몇 년인데, 아무리 네가 대표가 돼서 미팅이며 약속이 많다 해도 그렇지. 어떻게 나한테까지 비서를 통해 약속을 잡으라고 말할 수 있어? 정말 실망이다."

가스라이팅 접수원은 이런 말들을 두 팔 벌려 환영한다. 내면을 황폐화하고 상대방 뜻대로 움직이게끔 진두지휘한다. 기생충 같은 직원이다.

나도 한때는 가스라이팅 피해자였다. '빌런'을 기억하는가? 그는 먹을 것으로 나를 괴롭혔다. 피자를 제일 큰 사이즈로 시키고는 나에게 남은 것을 모두 먹으라고 했다. 배가 너무 불러서 더는 못 먹겠다고 하면 그는 "챙겨주는데도 싫어하네? 역시 얘한테는 내가 안 고마운 사람인가 봐"라고 하며 나를 미치게 만들었다. 그의 관심(?) 덕분에 나는 당시 구토 증세를 달고 살았고 100킬로그램이 넘는 슈퍼 비만인이 되었다.

가스라이팅 접수원에게 카운터펀치를 날릴 직원은 '역가스라이팅'이다. 가스라이팅은 태생부터가 논리적 허점을 갖고 있을 수밖에 없다. 특정한 행동에 개인의 주관적인 감상을 씌운 다음 마치 그것이 상식인 양 비약하며 공격하는 과정이기 때문이다. 말이 매우 어려우니 구체적으로 예를 들어보자. 모두 직접 들은 이야기다.

· "친구들끼리 의리가 있는데 어떻게 우리 사이에 돈 얘기를 할 수

가 있어?" (친구들 사이에선 돈 얘기를 하면 안 된다는 거짓 상식)

· "돈도 많이 벌면서 우리한테 쓰는 게 그렇게 아까웠어?" (실망했다
는 개인의 감상 드러내기, 비약하며 비난하기)

나는 역가스라이팅을 구사했다. "진짜 네가 이렇게 말할 줄
은 몰랐다. 네 말대로 친구 사이에 '의리' 없게 돈 이야기를 하는
건 못할 일이지. 그럼 네가 돈 얘기를 안 하게끔 재깍재깍 공평
하게 냈어야지. 내가 얼마나 많이 냈으면 이런 얘기를 했겠냐?
'우리 사이'에 이 말 한 번 듣는 게 그렇게 기분 나빴어?"

친구는 곧장 입을 다물었다. 안타깝고 슬프게도 결국 우리는
서로를 손절했지만, 적어도 끝없이 나를 가스라이팅하는 인간
과 마주할 이유가 없어졌다는 사실에 후련해졌다.

빌런에게 시달리던 때로 돌아간다면 다음과 같이 역가스라이
팅을 하지 않았을까 싶다. "대표님, 정말 너무하시네요. 전 사실
피자를 못 먹어요. 먹으면 구토 증세가 올라오고 두통이 심해져
요. 그래도 대표님을 위해서 웃으면서 먹었는데, 정말 슬퍼요."

난 사실 피자를 아주 좋아한다. 한낱 직원이 대표에게 저런
식으로 역가스라이팅하기란 쉽지 않다는 사실도 잘 안다. 여기
서는 전반적인 개념만 익히기를 바란다.

'그때 이렇게 말했다면 좋았을 텐데!' 하고 지나간 어느 하루

를 떠올리기만 해도 충분하다. '이렇게까지 해야 하나?'하는 생각이 들기도 할 테다. 이런 대사를 의식적으로 외우려고 할 필요는 없다. 가스라이팅은 반드시 깨부숴야 함을 기억하고 이런 방법이 있구나 하고 깨닫기만 해도 된다. 그러면 앞으로 ×같은 가스라이팅을 만날 때마다 반격할 능력을 키울 수 있을 것이다. 가스라이팅이라는 용어 자체가 널리 알려져서 '가스라이팅하지 마라'라는 말이 최고의 반격이 되기도 한다.

이 글을 쓰는 오늘, 어느 직원에게 "대표님 어제 회식 때 챙겨주셔서 정말 감사했어요! 참 배려심이 깊으세요!"라는 칭찬을 들었다. 나는 "착하다고 가스라이팅하지 마세요"라고 웃으며 말했다. 그러고는 실실 새어 나오는 웃음을 참으며 스타벅스에 가서 커피를 사다 그에게 주었다. (이런! 또 당하고 말았다. 여러분은 이렇게 당하고 살지 마시라.)

어쨌든 하고 싶은 말은 이것이다. 역가스라이팅은 참 피곤한 일이지만 의외로 돌아오는 것이 많다. 저런 피곤한 인간과 상종하지 말고 끊어내면 되지 않냐고들 하는데 살다 보면 어쩔 수 없이 마주칠 일이 생기는 법이다. 같은 회사 직원이라고 가정해 보라. 안 보려야 안 볼 수가 없다.

한번 확실하고 강하게 나가두면 상대방의 기분이 크게 상할지라도 같은 논리로 당신을 괴롭히는 행위 자체는 거기서 멈춘다. 앞으로 뇌 용량과 에너지를 사소한 데 낭비할 일은 없어지는 셈이다. 최소한의 사회적 감각을 지닌 사람이라면 반성하기를 기대할 수도 있고, 그러지 않을지라도 귀찮은 인간과 다시 논쟁할 일은 사라진다. 이 모든 과정을 번거롭다 생각해선 안 된다. 원래 사람은 많든 적든 타인에게 영향을 받는다. 이것을 억지로라도 끊어내지 않으면 어느샌가 타인은 당신도 모르는 새 다시 당신을 잠식한다. 귀찮더라도 행동으로 옮겨라. 악인의 뇌가 최적화로 세팅될 것이다.

악인의 내면은 언제나 성공을 향해 전력 질주할 준비가 되어 있어야 한다. 이런 마음은 단순한 결심으로 완성되지 않는다. 모든 인간은 알게 모르게 외부(타인)와 내부(감정)로부터 영향을 받기 때문이다. 성공에 대한 강렬한 몰입감을 갖고 싶은가? 그것은 내면에서 끝없이 샘솟는 의욕과, 그것을 방해하는 외부의 장애물이 없는 상태에서만 가능하다. 꾸준하게 분노일기를 쓰면서 의욕을 주기적으로 재충전하고 방해꾼을 의식적으로 숙청해 낼 필요가 여기에 있다. 쉽지 않을 것이다. 그러나 몇 달만 실천해 보라. 방해꾼들은 점차 사라지고 내 인생을 온전히 스스로 책임진다는 데서 오는 찬란한 심리적 자유가 기다릴 것이다.

이제 당신의 뇌는 꽤나 많이 정돈되었다. 당신을 방해하는 내

부와 외부의 적들을 숙청했다. '성공하는 악인'으로서의 사고방식을 어느 정도 완성한 셈이다. 당신의 뇌는 이제 문제 해결에 최적화되었다. 그뿐만 아니라 분노일기를 쓰면서 지난날 그토록 외면해 왔던 악의 감정과 내면의 솔직한 욕망에도 눈을 뜨게 되었다.

혹시라도 순간순간 감정이 흔들리고 '능력 없는 선량한 사람'으로 복귀하라고 뇌가 간섭하더라도 포기하지 마라. 원래 사람 마음에는 '가장 평온했던 시기'로 되돌아가고자 하는 관성이 존재한다. 불편하더라도 끝없이 간섭자들을 숙청하는 연습을 하라. 그리고 다시 한번 강조하지만 분노일기를 매일 다섯 줄씩 써라. 매우 중요하다.

생각에서 자유로워진 것만으로 매력적인 악인의 조건 하나는 달성했다. 그러나 목적이 '경제적인 성공'과 '사회적 성공'에도 있다면 이제는 실제 능력을 키워야 한다. 능력을 키우면 성공한다는 단순하고도 지루한 자기계발서의 오래된 클리셰가 등장했다. 당신은 아마 속으로 이렇게 물을 것이다. 과연 그것이 가능한 일인가? 그리고 구체적으로 어떻게 성공과 연결된다는 것인가? 그에 대해 답하기 전에, 나름대로 성공을 거두었다고 자칭하는 나의 일상을 잠깐만 들여다보고 가자. 당신은 나보다 훨씬 유리한 시작점에 서 있을지도 모르니까.

당신은 정녕 나보다 불리한가?

나의 하루는 오후 2시에 시작한다. 명색이 자기계발서의 저자가 이렇게 늦게 일어난다고? 옳은 지적이자, 억울한 지적이다. 내가 늦게 일어난다는 점에서 반은 것은 맞지만 누구보다 일찍 침대에 눕는다는 점에서는 억울하기 때문이다. 나는 자정이 채 되기 전에 침대에 눕는다. 그리고 정신병이 도지기 시작한다. 이 공식은 너무나 정확해서 대학생이 된 후 하루도 어긋난 적이 없다. 예를 들면 이런 것들이다.

- '내가 자는 동안 갑자기 강도가 들어 나를 살해하면 어떡하지?'라는 생각과 함께 문이 제대로 잠겨 있는지 최소 40번은 넘게 확인한다.

- '언젠가 나는 회사에서 해고를 당하겠지. 내가 대표가 된 건 80퍼센트가 운이니까. 내 부족한 실력이 탄로 나면 사람들은 모두 나를 떠나갈 거야.' 이런 망상 속에서 과거에 내가 썼던 글들을 보며, 내가 얼마나 하찮고 부족한 인간인지 한탄한다. 그러곤 스마트폰으로 내가 쓴 글을 불러와 끝없이 뜯어고친다.
- 하루에 있었던 일 중에서 가장 후회스럽고 부끄러운 것들만 떠올리며 끝없이 자책한다. 그러다 10년 이상 지난 흑역사들이 떠올라 괴로워하기도 한다. 이 짓을 수없이 반복한다.
- '잠을 계속 안 자면 죽는다고 하던데 내게 이미 큰 병이 생긴 것은 아닐까? 서른밖에 되지 않았는데 내가 시한부 인생을 살아야 한다고?' 벌어지지도 않은 일을 걱정하면서 스마트폰으로 각종 질병의 초기 증세 등을 끝없이 검색해 본다.

참고로 이 네 가지는 나의 가치를 보호하기 위해 그나마 무난한 것들만 추린 것이다. 그렇게 나는 이불 속의 투쟁을 계속한다. 제대로 잠에 드는 것은 오전 11시경이 다 되어서다. 그리고 나는 3시간 정도 눈을 붙이고 잠에서 깬다. 놀라운 사실은 앞에서도 수없이 반복했지만 나는 보기에도 끔찍한 정신과 약을 열네 알 섭취하는데도 이런 삶을 산다는 점이다. 그중에서 수면에 관련된 약만 다섯 알이 넘는다. 그럼에도 나는 잠들지 못한다. 답답해서 약을 증량하려 하면, '지금도 담당하고 있는 환자 중에 가장 약을 많이 드시는 중이다. 더 이상 약을 늘리면 극도로 위험하다'는 조언이 나의 정신과 담당의 선생님으로부터 돌아올 뿐이다. 그래서 나는 밤 11시가 되면 극도로 초조해진다. 어김없이 찾아오는 이불 속의 투쟁을 해야 하기 때문이다. 진심으로 자살도 수없이 생각해 봤다. 하지만 타고난 겁쟁이인 나는 자살할 용기도 없었다.

거기다가 나는 허술하기 짝이 없어서, 정신과 약을 종종 잃어버린다. 내 인생을 걸고 이야기한다. 그런 날은 단 한숨도 잠을 자지 못했다. 그냥 눈을 감고 억지로 시간이 흘러가기를 기다리다가, 누구보다 또렷한 정신으로 알람 소리를 듣고 지옥 같은 하루를 시작한다. 나는 샤워도 할 수 없다. 극심한 우울증을 겪는 사람이라면 공감할 것이다. 누군가에겐 너무나 당연한 일상들이 정신병에 걸리면 불가능해진다. 그래도 일은 해야 한다. 일과를 보내려면 빅 사이즈 커피를 여섯 잔은 달고 살아야 한다. 그 와중에 내 머릿속의 '미친놈'은 너무나 성실해서, 일을 하면서도 끝없이 부정적인 생각을 하게 만든다. '나는 능력이 없다', '나는 단순한 글조차 제대로 쓰지 못한다', '언젠가 나의 친한 동료 모두 나를 배신할지도 모른다', '내 장례식이 끝나고 며칠이 지나면 사람들은 늘 그렇듯 자신의 인생을 다시 살아갈 것

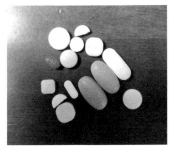

불안 증세와 느닷없이 찾아오는 우울증으로 인해 아직도 매일 14일의 정신과 약을 복용한다.

이다', '결국 나는 잊혀질 것이다' 등등의 망상을 한다.

아마 내가 연애에 그토록 수없이 실패했던 이유에는 분명 이러한 정신병도 포함되어 있을 것이다. 가뭄에 콩이 나듯, 아주 가끔 다소 특이한 취향을 가진 여성분께서 내게 다가오면 '이 사람은 왜 나한테 말을 거는 거지? 나를 해코지하려고 접근하는 건가? 나 같은 사람을 좋아할 리가 없어. 분명 다른 목적이 있을 거야'라고 생각하며 지레 겁을 먹고 관계를 끝내버렸다. 한마디로 요약하자면, 인생이라는 마라톤에서 남들은 좋은 운동화를 신고 달리기도 바쁜데, 나는 20킬로그램짜리 모래주머니를 차고 아령까지 들고 달리는 기분이었다.

나는 이런 삶을 살아왔으며, 살고 있고, 살게 될 것이다. 나보다 더 가난하게 시작한 사람, 나보다 더 어려운 환경 속에서 살아온 사람도 있을 것이다. 그러나 나보다 더 부정적으로 생각하며 살아온 사람은 없었을 것이라고 생각한다. 여기서 묻겠다. 당신은 정녕 나보다 불리한가? 적어도 잠이라도 잘 자는데도 머뭇거리고 있다면, 당신은 아직 세상에 분노하지 않은 것이다. 그러니 시작하라.

　나보다 불리하다고? 동지여, 축하한다. 당신은 나보다 훨씬 더 큰 분노의 잠재력이 있다는 뜻이다. 그 분노를 지렛대로 삼아 세상에 발을 내디뎌라. 자포자기한 채 평범한 삶을 살고 싶지 않다면, 우리 앞에 놓인 방법은 단 한 가지다. 나에게 이런 개 같은 삶을 부여해 준 세상을 이겨먹는 것이다. 내 분노일기의 소재가 날마다 폭발하는 이유는 빌어먹을 인생이 나를 한시도 쉬지 않고 화나게 만들기 때문이다. 그 덕분에 나는 그 열등감을 동력 삼아 날마다 조금씩 성장할 수 있었다.

정신과 약 14알 먹는 백수가 자본주의에서 승자가 되는 법

개 같은 인생에 지지 않기로 마음먹었다면 다음에 해야 할 일은 성공 방법을 찾는 것이다. 내가 해줄 수 있는 조언은 간단하다. 나는 성공의 80퍼센트는 유전자에 내재되어 있는 '재능' 덕분이라는 원리를 신뢰한다. 타고난 재능이 있는 분야를 선택하라. 그리고 끝없이 성장하며 생산자가 되어 자신의 재능으로 세상에 콘텐츠를 내놓아라. 가장 쉬운 방법은 당신의 가족이나 주변 사람 중에서 성공한 사람을 관찰해 모방하거나, 인생 그래프를 쭉 펼친 뒤에 '가장 위대했던 경험'을 발췌하는 것이다. 그리고 거기에 집중하면 된다. 마치 내가 애증의 대상인 아버지의 '읽기 행위'에서 힌트를 얻어, 그의 유전자를 물려받은 나라는 인간 역시 비슷한 방법이 통할 것이라는 판단에 판돈을 건 것처럼 말이다.

"이보시오, 자칭 시간당 90만 원을 번다는 의심스러운 심리 상담사 양반. 그게 무슨 하찮고 좌절스러운 조언이냐"라고? 당신의 의심은 합당하다. 아마 당신에겐 다음과 같은 의심이 떠올랐을 것이다. 첫째, 나는 그런 특출난 재능을 가진 분야가 없다. 둘째, 재능이 있다고 해도 해당 분야에는 나보다 더 잘하는 괴수가 무수히 존재한다.

여기 희망적인 뉴스가 있다. 내가 좋아하는 한 유튜버는 "단군 이래 가장 돈을 벌기 좋은 시대"라고 이 시대를 평가했다. 누군가는 반론을 제기하겠지만 나는 적극 동의한다. 앞에서 내가 한 말을 다시 잘 읽어보라. 나는 "초상위권의 재능이 누구에게나 있으며, 그 재능에 투자하면 된다"라고 말하지 않았다. 그저 당신이 가진 재능 중 가장 뛰어난 것을 하나 고른 뒤, 선택과 집중을 하라고 말했다.

이놈의 자본주의 세상은 의외로 많이 너그러워졌다. 만약 당신이 글쓰기에 소질이 있다고 가정하자. 그렇다면 그 분야를 택해 초집중하면 된다. 그런데 경쟁자가 너무 많다고? 글쓰기로 벌어먹고 살기에는 실력이 부족한 것 같다고? 노벨 문학상을 탈 정도의 역량을 가질 필요는 없다. 수십 년이 지나도 사람들의 기억 속에 남을 대문호가 될 필요도 없다. 세상은 극도로 최적화되어 누구든 자신의 생산품을 통해 직접 돈을 벌 수 있게끔

악인론

변화했기 때문이다. 이제 우리는 전 세계를 뒤흔들 정도의 대작을 쓰지 않아도 어느 정도의 수입을 확보하며 살아갈 수 있다. 그리고 이 수입의 규모는 결코 적지 않다.

딱 15년만 시계를 거꾸로 돌려보자. 당신이 글쓰기에 소질이 있다면, 불행한 뉴스다. 세상에 널려 있는 '대천재'들과 경쟁을 해야 하기 때문이다. 밥벌이를 할 수 있는 통로는 하나뿐이다. 발품을 팔아 출판사를 찾고, 몇 번이나 반려를 당하면서 원고를 제출하고, 간신히 통과하면 몇 년을 씨름하며 글을 써야 했다. 세계를 뒤흔든 소설 『해리 포터』 시리즈가 숱한 출판사에서 거절을 당한 끝에 탄생했다는 사실을 상기하면 이해하기 쉽다. 어렵사리 책이 나왔다고 해도, 이미 수천 권의 책들 사이에 파묻혀 있는 당신의 책이 누군가의 선택을 받아 팔리길 간절히 기도해야 한다.

그러나 지금은 어떤가? 작가의 허들이 훨씬 더 낮아졌다. 전자책이라는 새로운 형태의 책을 거래하는 각종 플랫폼에서는 아마추어 작가들의 원고를 목이 빠지게 기다리고 있다. 종이책 분량의 3분의 1만 집필해도 작가로 데뷔할 수 있다. 노트북과 타자를 칠 손만 있다면 언제든 책을 집필할 수 있는 멋진 신세계가 펼쳐진 것이다. 수많은 독자가 즐겨 보는 웹소설은 어떤가? 한 웹소설 플랫폼은 간단한 회원 가입 절차 후 정해진 양식에 맞춰 글만 작성하면 바로 작가가 될 수 있다. 자본금은 0원이다. 자, 여기까지 듣고 나면 아마 당신은 두 번째 의심을 가질 것이다.

"전자책은 쉬운가? 웹소설이라고 만만한가? 그리고 이미 그 업계는 레드오션이 되었다. 수많은 작가가 도전하고 있고 그들 중 대다수가 탈락의 고배를 마신다. 이미 늦었다." 그러나 나는 바로 이러한 점 때문에 당신이 성공할 확률이 더 높아질 것이라고 판단한다. 그 이유는 바로 당신처럼 생각하는 겁쟁이들이 시장에는 압도적으로 더 많기 때문이다. 쉽게 말해서 '허수 지원자'가 존재한다는 뜻이다. 새로워진 세상에서 기회를 잡으려 도전하기는커녕 '안 될거야' 하고 발을 빼는 겁먹은 사람들 말이다.

경쟁은 여전히 존재한다. 부정하지 않겠다. 그러나 이젠 1등만을 기억하는 세상은 끝났다. 100등 안에만 들어도 충분한 돈을 벌어들일 수 있다. 많은 사람이 경제적 목표로 삼는 '월 1000만 원'이라는 수입은 우리가 생각하는 것에 비해 그리 어려운 고지가 아닐 수 있다. 온갖 정신병을 골고루 갖고 있는 나도 해냈는데, 당신이 못 할 리가 없다.

내가 가장 듣기 싫어하는 말이 있다. "나도 유튜브나 해볼까?" 제발 해라. 그런 말을 할 시간에 스마트폰에 저장된 아무 영상이라도 유튜브에 올려라. 하지만 내가 이렇게 말해도 당신은 성공은커녕 시도조차 하지 못할 것이다. 완벽주의의 함정에 빠진 사람들이 실패에 도달하는 경로를 알기 쉽게 설명해 보겠다.

① 어디선가에서 유튜브를 하면 큰돈을 벌 수 있다는 희망적인 뉴스를 접한다. 그러곤 '유튜브에서' 유튜브 하는 법, 영상 올리는 법 같은 것을 검색해서 보고는 대충의 개념을 파악한다.
② 이때 '완벽주의의 저주'가 발동한다. '지금은 준비가 부족하니까 좀 더 고민해서 시작하자!'라는 생각으로 영상 업로드를 미루고 또 미룬다.
③ 그러다 '힘들게 올린 콘텐츠가 대박이 터지지 않으면 어쩌지'라는 쓸데없는 걱정이 개입한다. 행동하지 않는 자신을 합리화한다.
④ 비교 대상을 찾는다. 하필 그 비교 대상은 꼭 100만 이상의 구독자를 거느린 초대형 유튜버들이다. 이런 채널들은 편집도 화려하고 센스가 남다르다. 어떤 채널은 전문 영상 편집자들이 붙어서 콘텐츠를 만들어준다. 이들과 자신은 다른 종족인 것 같다는 생각이 든다.
⑤ 이제 자신의 회의주의적인 판단을 부추기는 부정적인 뉴스들만 모으기 시작한다. '유튜브 하기 힘들어요', '현실을 알려드립니다'와 같은 영상을 시청한 뒤 결국 '안 하길 잘했어'라고 생각한다. 여우가 자신이 먹지 못한 포도를 두고 '어차피 신포도였을 거야'라며 자위하는 것처럼 말이다.

유튜브가 엄청난 붐을 일으켰던 2021년, "나도 유튜버나 한 번 되어볼까?"라고 생각했던 수많은 사람이 바로 이러한 과정을 거쳐 시작도 하지 못하고 사라져버렸다. 그들 중에서 실제로 영상을 올린 사람은 1000명 중 1명이 되지 않을 것이라고 확신한다.

따라서 우리는 역발상을 해야 한다. 나는 지난 8년간 수천 명의 심리 상담을 진행하면서 유튜브에 도전하고 싶다거나 부업을 해보고 싶다는 사람들의 이야기를 귀에 딱지가 앉을 만큼 자주 들었다. 그러나 그들 중 말을 행동으로 옮긴 사람은 단 한 명도 없었다. 이 얼마나 쉬운 경쟁인가?

나는 실제로 5만 명 정도의 구독자를 보유한 유튜브 채널을 운영하고 있다. 어떤가? 보기만 해도 숨이 턱 막히는 100만 구독자를 거느린 유튜버가 되는 것보다는 한결 쉬워 보이지 않는가? 이 유튜브 채널을 운영함으로써 내 사업체의 매출이 얼마나 커졌는지, 그리고 매달 내가 가져가는 내 소득이 얼마나 늘어났는지 알게 된다면 기절초풍할 것이다. 아마 당신이 예상하는 금액의 서너 배 정도는 가뿐히 넘을 것이다.

물론 나는 어떠한 노력도 없이 대성공할 수 있다고 말하지 않았다. 그러나 과거에 비해서 평범한 사람도 성공할 수 있는 확률이 극도로 높아진 것은 사실이다. 위에서 말했듯이 사회가

'최적화'되었기 때문이다.

시험에서 수리 영역 9등급이 나온 학생이 있다고 치자. 이 학생이 서울대 출신 수학 박사에게 수업을 들으면 성적이 올라갈까? 아니다. 외계어를 듣는 것 같고 이해가 가지 않아 시간만 낭비할 뿐이다. 그러나 하위권에서 3등급까지 올라가 본 경험이 있는 사람이라면 한결 가르치기 쉬울 것이다. 9등급의 실력을 가진 학생 역시 하루아침에 1등급이 될 순 없겠지만 어느 정도 평균 정도의 실력까지는 금세 올라갈 수 있을 것이다.

글쓰기든, 유튜브든, 무엇이 되었든 간에 수리 영역 3등급 정도의 수준이라면 해볼 만하지 않겠는가? 당신이 어느 정도의 실력만 갖춘다면 당신의 기술을 구매할 수요는 이미 시장에 충분하다. 아무리 해당 분야의 초보일지라도, 당신보다 더 실력이 낮은 초보들이 존재하기 때문이다. 당신을 찾을 수 있는 루트가 형성되었다. 과거처럼 전단지를 뿌리는 시대는 갔다. '알고리즘'이라는 마법사가 당신을 필요로 하는 사람들에게 알아서 당신의 콘텐츠를 추천하는 세상이 왔다. 바로 이런 것이 세상이 최적화되었다는 뜻이다. 당신이 보기에 '너무나 흔하고 뻔한 정보'를 공유하는 유튜버들과 블로거들의 전략을 되새겨 봐야 하는 이유가 여기에 있다. 그들의 수준이 낮다고 비판만 할 게 아니다. 그들은 자신이 감당할 수 있는 아주 적절한 수준의 수요층을 공략하고 있는 것이다.

100년 전에는 돈을 버는 생산자가 되려면 공장을 소유해야 했다. 그러나 지금은 노트북만 있어도 된다. 아니, 스마트폰만 있어도 일단 도전은 가능하다. 나는 악인으로서 세상에 분노한다. 그러나 그와 동시에 '기회의 세상'이 열렸다고 생각하는 이중적인 사람이다. 이해가 잘 가지 않는다면 『팩트풀니스』라는 책을 읽어보라. 이 세상은 우리가 걱정하는 것과는 달리 생각보다 꽤 긍정적인 방향으로 개선되고 있다는 사실을 깨닫게 될 것이다.

따라서 당신은 다음과 같은 세 가지 원칙을 세워야 한다.

첫 번째 원칙, 시도도 하기 전에 포기하는 '겁먹은 선인들'의 비율이 압도적으로 많다는 점을 인식하라.

두 번째 원칙, 세상은 극도로 효율화되어서 1등이 아니더라도 돈을 벌 수 있는 구조라는 것을 인지하라.

세 번째 원칙, 말도 안되는 수퍼맨들을 비교 대상으로 삼으며 좌절하는 것을 멀리하라.

99퍼센트가 패배하는 분야에서 사는 사람들

지금으로부터 3년 전쯤 한 남자를 상담에서 만났다. 그는 대한민국에서 가장 좋은 대학교를 졸업한 뒤 같은 학교의 대학원에서 일하는 사람이었다. 그는 부유한 가정에서 부족함 없이 자랐다. 그뿐인가? 그의 허락을 구한 뒤 카카오톡 친구를 등록해 프로필 사진을 보니, 내 상담 역사상 전례가 없는 미남이었다. 신이 내린 최고의 축복을 타고난 사나이라고 느꼈다. 그러나 그는 자신이 세상에서 가장 불행한 사람이라고 믿고 있었다. 그 이유는 간단했다.

그는 1년 365일 패배감을 느낄 수밖에 없는 리그에서 놀고 있었다. 그는 물리학을 전공했다. 물리학과는 다른 분야에 비해 성공의 루트가 매우 제한적이다. 논문을 발표해 학자로서 이름을 알리거나 교수가 되는 것이 전부다. 그곳에는 인간의 영역을 초월한 괴수들이 셀 수 없이 많이 존재한다. 천재로 입학한 사람도 단 1년 만에 '부진아'로 전락하는 무시무시한 리그다. 99퍼센트의 사람이 필연적으로 성공만 하던 인생에서 패배의 경험을 맛보게 된다. 「아마데우스」라는 영화를 아는가? 주인공 살리에르는 작곡가로서 충분히 탁월한 능력을 갖췄음에도 도저히 범접할 수 없는 재능을 지닌 천재 작곡가 모차르트를 만나 좌절한다. 이처럼 사회에는 도저히 따라잡을 수 없는 천상계의 리그들이 있다. 창의적인 아이디어보다 특정한 능력에 대한 숙련도가 절대적인 순위를 결정하고, 순위가 좀처럼 뒤집어지지 않는 콘크리트 구조물과도 같은 리그들 말이다.

그러나 나는 그에게 이제 기회의 세상이 열렸다고 이야기했다. 좁은 분야에서 최고가 되지 못해도 남들보다 조금만 뛰어나면 경제적 성공을 충분히 거둘 수 있다고 말이다. 하지만 이미 그는 수년간 시달려온 열등감에서 쉬이 벗어나지 못했다.

여기서 특정인을 직접 언급하지는 않겠다. 그러나 당신이 봐도 충분히 현실에 있을 법한 예시를 소개해 보겠다. 개인의 프라이버시를 위해 약간은 각색하였다. 누구라도 존경할 만한 도전을 해온 사람들의 목록을 보자.

음악 유튜버 A

프로 가수로 데뷔할 만큼의 실력을 가진 것은 아니다. 과거였다면 오디션에서 탈락해 평생 생계를 걱정해야 했을 것이다. 그러나 유튜브에 커버 곡들을 올리기 시작하면서 자신만의 팬층을 확보하였다. 그 일을 꾸준히 반복한 끝에 결과적으로 수십 만의 구독자를 보유하게 되었고, 지금은 아쉬울 것이 없는 경제적 여유를 누리고 있다.

작가 B

글 실력은 나쁘지 않았지만 압도적인 실력을 가진 사람은 아니었다. 또한 그에게는 콘텐츠가 없었다. 번번이 실패를 맛봤다. 좌절했다. 그러나 그는 무엇이든 돈이 되는 '멋진 신세계'의 트렌드를 읽어내는 데 성공했다. 그래서 그는 자신만의 '실패담'을 콘텐츠로 삼아 책으로 내기로 마음먹었다. 세상은 과거보다 훨씬 더 다양한 콘텐츠에 마음이 열려 있다. 그의 실패담은 주목을 끌어 결국 베스트셀러 반열에 진입했다.

회사원 C

매달 들어오는 월급에만 만족하며 사는 사람이었다. 그러나 경제적 자유로 향하는 새로운 통로를 만들기 위해 블로그를 개설했다.

전자기기에 대한 관심이 많았던 그는, 굳이 돈을 받지 않더라도 순수한 애정에서 비롯한 리뷰를 끝없이 쓰기 시작했다. 몇 달이 지나 블로그는 점차 영향력이 커졌고, 이제는 기업에서 먼저 제안해 온 광고를 통해 돈을 벌고 있다.

한 심각한 정신병자 D

거의 매일 자살을 생각하는 인생을 살아가면서, 그 와중에 이 악물고 자본주의 사회에서 살아남는 노하우를 엮어 책으로 출판했다. 그 누구도 궁금해하지 않을 것이라 생각한 이야기였다. 그 결과 지금 당신의 손에는 『악인론』이라는 괴상한 책이 들려져 있다. 앞에서 나는 존경스러운 사람들의 명단이라고 이야기했지만, '이 인간도 존경스러운가'에 대한 판단은 일단 유보하자.

이 사례들을 보면서 '엄청나게 고생했지만 실패한 사람들도 있잖아? 이 작가는 비현실적으로 성공한 운 좋은 케이스만 언급하네'라고 반박한다면, 당신은 아직 마음이 말랑말랑한 사람이다.

여러 번 반복하지만 나는 노력 없이 성공할 수 있다고 주장하는 사람들을 믿지 않는다. 100퍼센트 성공할 수 있다는 헛소리 또한 하지 않는다. 당신이 적어도 '실패해도 도전한다'라는

　　　　　　　　　　　　　　　　　　　　　　악인론

악인의 깡을 가진다면, 과거에 비해 훨씬 더 성공의 방법이 다양해지고 확률이 높아진다는 사실을 말하고 싶을 뿐이다.

따라서 당신의 특출한 재능이 비록 세계 무대나 전국구에 견줄 레벨이 아니라고 할지라도 함부로 포기하고 방치해선 안 된다. 물을 주고, 햇빛을 비춰라. 단번에 부자가 될 수는 없다고 해도 적어도 주체적으로 행동해 결과를 받아보는, 몇 억 이상의 가치에 맞먹는 소중한 경험을 할 수 있다. 그리고 그 작은 성공이 당신을 전염시켜 더 큰 성공으로 이끌 것이다.

악인의 무기

세상에 홀로 서고 싶은
당신에게

무기고에 입장하기 전에

이제 당신은 꽤나 많은 무기를 가졌다. 부작용도 있지만 뭐가 됐든 당신의 의욕을 충만하게 해줄 분노일기라는 도구를 얻었다. 또한 당신의 빠른 성장을 방해하는 불필요한 감정들을 모두 숙청했고, 외부의 적들도 제거했다. 그리고 당신이 가진 재능이 '월드 클래스' 수준이 아니어도 전혀 문제가 되지 않는 이유도 알게 되었다.

세상은 과거에 비해 당신이 성공하기 쉬운 방향으로 최적화되고 있으며, 시도도 하기 전에 지레 겁을 먹고 포기하는 선인들 덕분에 경쟁이 훨씬 수월해졌다. 무엇이든 충분히 도전해 볼 만한 세상이 도래한 것이다. 이런 마음의 심지가 생긴 것만으로도 당신은 매력적인 악인이 될 조건을 어느 정도 달성했다. 축하한다.

"정신병자이자 심리 상담사인 양반! 당신 덕분에 용기가 생겼어. 나를 무시했던 모든 인간에게 나를 증명하기 위해 이제부터 폐관수련에 들어갈 거야. 고마워!" 하고 여기서 책을 덮는다면, 미안하지만 당신의 인생은 조금도 달라지지 않을 것이다.

여기까지 읽으면서 이런 생각을 하진 않았는가? '유튜브도 좋고, 블로그도 좋다. 승률이 과거에 비해 많이 올라간 것도 잘 알겠다. 그렇다면 대체 당신은 구체적으로 어떤 능력을 가졌길래 지금의 성공을 거두었는가?' 하는 의문 말이다.

여기서 악인의 가장 중요한 개념 한 가지를 설명해야겠다. 악인은 '지배력'이 있어야 한다. 당신은 타인에게 영향을 받지 않으면서도, 타인들은 당신에게 영향을 받게끔 해야 한다. 만약 따르는 사람이 단 한 명도 없는 상태에서 홀로 스스로를 악인이라고 생각하며 살아간다면, 당신은 그저 자의식과잉의 피해 망상증 환자처럼 보일 것이다.

정신병을 가진 내가 나름의 밥벌이를 할 수 있는 이유는, 호불호는 갈리겠지만 어쨌든 나를 믿고 따르는 사람들이 분명히 존재하기 때문이다. 스스로 패기만만하고 자신감이 넘쳐도, 구독자 0명인 유튜브 채널의 운영자는 사회적으로 실패자라는 소리를 듣게 될 뿐이다. 어떤 식으로든 악인은 타인에게 영향을 미쳐야 한다. 오프라인의 삶에서뿐만 아니라 온라인의 삶에서도 말이다.

이 '지배력'을 얻기 위해 익혀야 할 악인의 필수 자질이 있다.

① 메타 스피킹(3장)

② 관통하는 글쓰기(4장)

③ 사회적 지능(5장)

생소한 이름을 듣고 지레 겁먹을 필요는 없다. 타인에게 직접적인 영향력을 행사할 수 있는 말하기 능력(메타 스피킹), 광범위한 팬층을 확보할 수 있는 글쓰기 능력(관통하는 글쓰기), 사람의 심리를 읽고 그들에게 우위를 점하는 능력(사회적 지능)이라고 생각하면 된다.

이 세 가지 능력은 당신이 어떤 분야에서 일하든 다른 능력과 '조합'하기 쉬운 능력들이다.
예를 들면 이런 구조다.

· 유튜브 채널 운영 = '최소한의 관종 기질' + '메타 스피킹'
· 블로그 운영 = '자신만의 고유한 경험' + '관통하는 글쓰기'

- 직장에서의 승진 = '평균 수준의 업무 능력과 분야 전문성' + '사회적 지능'

　그리고 이 세 가지 능력은 최소한의 노력만 하면 어느 정도 상위권까지는 반드시 도약이 가능한 분야들이다. 앞에서 언급했던 '물리학과 미남 내담자'의 일화처럼 타고난 천재들이 지배하는 분야가 아니라는 뜻이다. 말하기, 글쓰기, 사회성 이 세 가지 능력은 타고난다고 생각하는 경우가 많다. 반론의 여지가 있겠지만, 나는 정반대로 생각한다.

　대학 시절 나는 지배력은커녕 인간관계 자체가 너무나 서툰 사람이었다. 달변가도 아니었고, 그렇다고 사람들을 홀리는 글을 쓰는 능력도 없었다. 사회성도 없어서 늘 선배나 직장 상사들에게 욕을 얻어먹었다. 어떻게 하면 사람들이 나를 좋아하게 만들 수 있을까 고민하다가, 하루는 친구들과의 모임에 갈 때 포스트잇에 할 말을 모두 적어가기도 했다. 대화의 흐름과는 전혀 상관도 없는 '적어온 말'을 뜬금없이 내뱉는 나를 바라보는 그들의 황당한 표정은 나의 수두룩한 멋진 트라우마 훈장 중 하나가 되었다.
　이랬던 사람이 지금은 시간당 90만 원을 받으며 심리 상담을 한다. 1시간 동안 쉼없이 말하고, 납득시키고, 해결책을 제시한다. 글만으로 수천 명의 사람에게 영향력을 미치고, 나를 신뢰하는 사람들을 이끌며 사업체를 운영한다. 당신도 할 수 있다. 나는 내향형 인간이라서 불가능하다고? 이런 비겁한 변명을 때려치워라. 적어도 정신병 걸린 사람보단 유리할 테니까 말이다.

이렇게 악인으로서의 강력한 영향력을 구축했다면 그다음에 해야 할 일은 그 광활한 대지 위에 거대한 건축물을 세우는 것이다. 나는 악인의 삶이란 곧 높고 넓은 빌딩을 세우는 것과 같다고 생각한다.

일단 '메타 스피킹', '관통하는 글쓰기', '사회적 지능'을 통해 넓은 사회적 관계망, 즉 빌딩을 세울 수 있는 부지를 확보한다. 그리고 시간을 지배할 '압도적 생산성'과 인생의 효율을 더욱 극대화할 '펜트하우스 시야'를 통해 본격적으로 나만의 건물을 세워나가는 것이다.

④ 압도적 생산성(6장)

⑤ 펜트하우스 시야(7장)

앞의 3가지가 나만의 커뮤니티를 형성하고 확장하는 기술이라면, 뒤의 2가지는 누구도 대체할 수 없는 실력을 향상하는 기술이라고 할 수 있다. 그럼 먼저 영향력을 확보하는 3가지 기술부터 살펴보자.

3장

선택해야 한다면
의도적으로 불리한 쪽에 서라

메타 스피킹
악인의 무기 ①

시간당 90만 원 상담료 받는 악인의 말하기

"위대한 달변가는 결코 굶어 죽지 않는다"라는 말이 있다. 나는 백번 맞는 말이라고 생각한다. 역사상 최악의 독재자인 히틀러는 폐기 불가능한 쓰레기가 맞다. 나는 그가 자살한 것이 마음에 들지 않는다. 총살을 당했어야 한다. 그러나 사람들은 종종 그가 1퍼센트 지지율에서 시작했지만 뛰어난 연설 능력으로 말도 안 되는 추종자*들을 거느려 절차상이긴 하지만 '민주주의 투표 제도'를 통해 당선되었다는 사실까지도 망각하는 듯하다.

알맹이 없는 사업을 그럴싸한 말하기 능력으로 포장해 사람들을 속이는 일부 사업자들의 행태마저 긍정하려는 것은 아니다. 그러나 거를 건 거르고 배울 건 배워야 한다.

---

* '악인론'의 세계에서 악인의 성공에 결정적 도움을 줄 동료. 뒤에서 자세히 다룰 예정이다.

나는 말하기 능력으로 수많은 난관을 헤쳐왔다. 스펙 한 줄 없는 정신질환자인 내가 입사 면접을 볼 때 불리함을 장점으로 역전시킨 무기가 바로 말하기였으며, 8년간 내 밥줄을 지켜준 음성 상담 업무의 필수 도구 역시 말하기였다. 처음 전자책을 쓰겠다고 주장했을 때 회사 사람들은 성공하기 어려울 것이라며 반대했지만, 말하기 스킬로 그들을 설득해 출간했고 초대박을 터뜨렸다.

이 모든 기적 같은 사례들 뒤에는 나만의 말하기 기술인 '메타 스피킹'이 있었다. 이름이 거창하지만 간단하게 설명하자면 '전지적 작가 시점'과 닮았다. 소설의 작가가 등장인물들의 심리를 모두 꿰고 있듯이, 상대방의 심리를 완벽하게 파악하여 말하는 능력을 뜻한다. 결국 메타 스피킹의 핵심은 '듣는 상대방의 심리 상태'를 계산하면서 말하는 것이다. 참 뻔한 말 같다. 그러나 8년간 수천 명의 사람을 만나면서 이 간단한 원리를 자유자재로 활용하는 사람을 나는 거의 본 적이 없다.

세상의 거의 모든 개념에는 '대립군'이라는 것이 존재한다. 좌파가 있다면 우파가 있다. 당신이 무언가를 찬성한다면 그 맞은편에는 반드시 반대하는 사람들이 있다. 당신의 말하기 능력을 평가할 수 있는 가장 좋은 기준은, 바로 이 '대립군'에 서 있는 사람들도 설득할 수 있는지의 여부다. 나는 이번 장에서 나와 완전히 반대편에 서 있는 사람들을 설득할 수 있다는 사실을 여러분에게 증명할 것이다. 다소 생소한 개념이겠지만 이를 잊지 말고 페이지를 넘기길 바란다. 이것이 바로 내가 시간당 90만 원이라는 초고가 상담을 유지하는 비결이기 때문이다.

내게는 직접 체험해 보고 효과를 얻은 것만 남에게 권한다는 철칙이 있다. 지금부터 소개할 내용들은 모두 내가 경험하고 직원들에게 교육하며 가장 효과적이었던 방법들만 추린 것들이다.

작정하고
소수파에 서라

악인으로 첫발을 떼기로 다짐한 뒤 토론 동아리에 가입했다. 악
인으로 성장하려면 어떤 능력을 키워야 하는지 짐작한 바가 있
었던 것은 아니었다. 다만 미래에 어떤 식으로든 도움이 되리라
는 막연한 기대가 있었다. 솔직히 말하면 운이 좋았다.

　토론 동아리는 몇 가지 이점이 있었다. 일단 한번 참석하면
좋든 싫든 수많은 시선을 감당하며 나만의 논리를 사람들 앞에
서 펼쳐야 했다. 일주일에 최소 한 번은 반강제로 논리 구사력
을 시험할 환경이 마련되는 셈이었다. 지금이나 그때나 지는 것
을 그 누구보다 싫어했기 때문에 늘 필사적으로 토론회에 임했
다. 스트레스도 심했다. 하지만 끝까지 그만두지 않았다. 모르는
사람들과의 토론이 두려워 친구들과 독서 모임을 만든다면 분

　　　　　　　　　　　　　　　　　　　악인론

명 여러 핑계를 대고 금세 그만둘 것이 뻔했다. 압박감을 느끼면서도 오히려 이런 강제성 덕분에 남들보다 빠르게 레벨업을 할 수 있으리라고 긍정적으로 생각하려 애썼다.

그러나 두 달쯤 지나니 슬슬 시시해졌다. 내 실력이 뛰어나서가 아니었다. 어떤 주제든 대중의 입장이 정해져 있다는 것을 깨달았기 때문이다. '극악한 범죄자의 신상을 공개해야 하는가?'와 같은 논제에는 아마 90퍼센트 이상이 신상을 공개하고 호되게 처벌해야 한다는 쪽을 지지할 것이다. 10명 중 9명이 찬성하는 토론이라니! 이건 토론이 아니라 그냥 의견을 교환하는 수준이었다. 이런 식으로는 백날 토론해 봐야 발전하기 어렵다고 판단한 나는 전략을 바꿨다.

어떤 주제가 나오든 내 생각과는 별개로 무조건 '소수파'의 의견을 택하기로 한 것이다. 실제로 내가 그 소수 의견에 동의하는 것은 아니었다. 실제로 소수의 의견에 동의하는지 동의하지 않는지는 중요하지 않았다. 그러나 상대적으로 논리를 구사하는 것이 어려운 언더독의 입장에 서서 토론을 해야만 실력이 성장할 것이라는 확신이 있었다. 다수가 동의하는 편에 선다면 누구나 다 생각할 수 있는 그렇고 그런 아이디어밖에 제시할 수 없다. 편하기만 한 토론으로는 뇌가 자극받을 리가 만무하다. 궁지에 몰려 끊임없이 사람들에게 비판받는 상황에 처한다면 억지로라도 나만의 논리를 전개하는 연습을 하게 된다. 뇌를 미친 듯이 회전시키는 동안 토론 실력과 말하기 지능은 일취월장한다. 어떤 날의 토론 주제는 다음과 같았다.

당신은 배트맨이다. 도시를 손아귀에 넣은 조커는 당신에게 선택지를 내밀었다. 배 두 척이 있는데 한 배에는 고담시 교도소에 수감된 범죄자 100명이 타고 있고, 나머지 한 척에는 범죄를 저지르지 않은 일반 시민 100명이 타고 있다. 제한 시간 안에 어느 한 척이든 버튼을 눌러 폭파하지 않으면 양쪽 배가 동시에 폭발한다. 당신은 어떤 배를 폭파할 텐가?

동아리 회원 20명 중 19명이 '범죄자가 탄 배를 폭파하겠다'는 편에 섰다. 오직 나만 '범죄자를 살려야 한다'는 편에 섰다. 좀 더 정확하게 말하면 '아무 버튼도 누르지 않아 200명이 모두 희생되는 것'을 선택했다. 당연히 범죄를 저지른 사람들을 옹호하고자 이런 선택을 한 것은 아니었다. 범죄의 유무로 인간의 목숨을 저울질할 수 있다고 생각하지도 않는다. 그저 감당하기 힘들 정도로 불리한 상황에 스스로를 집어넣어 뇌를 팽팽 회전시키는 연습을 하고 싶었을 뿐이다.

19명의 선택은 지극히 상식적이었다. 어떤 사람은 "이게 토론할 가치가 있는 주제냐?"라고 되묻기도 했다. 나는 아랑곳하지 않고 나만의 논리를 전개했다.

"여러분, 고담시는 지난 40년간 '지구 최악의 도시'라는 악평에 시달렸습니다. 고담시 바깥에 사는 사람들은 고담시의 시민들을 인정도 없으며 윤리와 도덕 따위는 지키지 않는 집단으로 인식하고 있습니다. 이런 마당에 범죄자들이 탄 배를 폭파하는 버튼을 누른다면 고담시에 대한 악평은 더욱 강화될 것이 자명합니다. 일반 시민 100명이 자기들이 살기 위해, 이미 죄에 대한 대가를 치르고 교도소에 수감되어 있던 범죄자 100명을 버튼 하나로 죽였다는 소문이 퍼진다면 고담시의 시민들은 피도 눈물도 없는 사람들로 낙인찍힐 것입니다.

그런데 만약 이들이 어떠한 버튼도 누르지 않아 범죄자들과 함께 죽는다면, 저는 적어도 고담시를 향한 사람들의 악평에서는 벗어날 수 있다고 생각합니다. 너무나 인간적인 고담시의 시민들이 범죄자 집단을 보호하기 위해 차마 폭파 버튼을 누르지 않았다고 말이지요. 그리고 사람들은 생각하겠지요. 고담시에도 최소한의 '인간성'이 살아 있다는 것을 말입니다.

물론 인간의 목숨은 소중합니다. 흉악한 범죄자의 인권보다 일반 시민의 인권이 훨씬 중요하다는 데에도 동의합니다. 그러나 악랄한 테러리스트의 협박에도 불구하고 시민과 범죄자 모두가 서로를 죽이지 않고 조커라는 미친 인간에게 맞서 스스로를 희생했다는 사실이, 100명의 시민이 자신들의 목숨을 지키기 위해 다른 100명의 인간의 목숨을 앗아갔다는 사실보다 훨씬 숭고한 이야기가 아닐까요? 따라서 저는 그 누구도 버튼을 눌러서는 안 된다고 생각합니다.”

이 주장이 미친 생각이라는 것을 나도 안다. 그날 나는 하루 동안 먹을 수 있는 비판과 욕은 다 먹었다. 그러나 ‘창의성’이란 이런 것이다. 뇌를 극도로 불리한 상황에 처박은 뒤, 늘 하던 뻔하고 상식적인 생각을 하지 못하게 가두는 것이다. 제한된 환경에서 해결책을 찾아내려면 엄청난 주의력과 집중력을 발휘해야 한다. 이런 ‘삽질’을 반복하는 동안 말하기 실력은 가속 페달을 밟으며 빠르게 성장할 것이다. 얼마나 많은 사람에게 인정을 받고 박수를 받느냐 하는 것과는 아무런 상관이 없다. 다수의 편이 아니라 소수의 편에서도 오직 당신만의 논리를 찾아냈다는 사실 자체가 중요하다. 언제나 무난한 의견만 내고 그것을 사람들 앞에서 따분하게 발표해 온 사람과, 언제나 타인의 비판을 경계하며 긴장감 속에서 절박하게 자신의 의견을 발표해 온 사람의 말하기 역량이 비슷할 리 없다.

토론 동아리에 갈 때마다 사람들이 어떤 선택을 하는지 지켜본 다음 소수 쪽에 섰다. 이 과정에서 나는 어떤 불리한 상황에서든 상대의 주장을 반박하고 상황을 뒤집을 수 있는 나만의 화법을 갈고닦았다. 언더독으로 싸우는 연습을 계속 반복한 것이다. 그리고 이때의 경험을 토대로 『역가스라이팅 세계의 초대』라는 전자책을 집필하기도 했다. 그러나 저자인 내가 말하긴 그렇지만 말하기 실력을 키우는 데는 책보다 경험이 더 우선한다고 생각한다.

아직도 사람들 앞에서 말하는 게 부담스러운가? 혼자 튀는 의견을 제안하려니 창피하고 눈치 보이는가? 방법은 딱 하나다. 반드시 말을 할 수밖에 없는 궁지 속으로 스스로를 몰아넣어라. 비판을 감수하고, 사람들 앞에서 망신을 당하는 것을 당연하게 여겨라. 연습하고 또 연습해서 자신만의 방법을 체득하라. 이것이 그 누구와의 논쟁에서도 밀리지 않고 소신껏 주장을 펼칠 수 있는 가장 빠른 길이다.

약자의 편에서 토론할 때 얻을 수 있는 아주 큰 덤이 하나 더 있었다. 나만의 추종자들이 생기기 시작했다는 점이다. 앞서 이야기했던 아주 중요한 개념인 '지배력'이 형성된 것이다. 이때부터 사람들은 내 말에 조금씩 집중하기 시작했다. 사람들은 약자, 소수자의 편에 서서 그들을 응원하려는 심리가 있다. 처음에는 남들과 다른 생각에 반감을 느끼다가도, 그런 모습을 자꾸 보게 되면 '이 사람에겐 무언가 특별한 것이 있다'는 감정을 갖게 된다. 경험상 2~3개월 정도 같은 행동을 반복하면 이른바 '언더독 추종자'가 하나둘 생긴다.

언더독 전략을 몇 년간 지속했더니, 나는 대학 중퇴와 정신 질환 등의 약점을 골고루 지닌 몸을 이끌고도 두렵지 않게 되었다. 처음 '박쥐'를 만났을 때, 나는 떨리지 않았다.

어딜 가도 존재감 없는 밋밋한 삶을 사는 것보다는 알지도 못하는 타인에게 욕을 먹더라도 '미친 스토리' 하나쯤은 있는 악인으로 사는 것이 어떠한가? 나는 이러한 마음가짐으로 면접에 임해 박쥐를 설득했고 당당히 합격했다.

지금 당장	일주일	1개월	3개월

어떤 모임이 되었든 '토론'할 수 있는 집단에 들어가라. 인터넷에서 손품을 팔아 모임을 찾아라. 영화 평론이든 독서 토론이든 무엇이든 좋다. 말하기는 혼자 거울을 보고 연습한다고 해서 느는 게 아니다. 사회적 관계 안에 들어가 타인들에게 피드백을 받으면서 성장한다. 거울만 들여다봐서는 내 말이 타인에게 어떤 영향을 주는지 결코 알 수 없다.

언더독 전략을 펼칠 때는 주의해야 할 점이 있다. 언더독 전략은 사람들에게 강렬한 인상을 남기지만, 동시에 '저 사람의 주장은 사회적 상식과는 다르다'라는 오해를 불러일으킬 수 있다. 따라서 토론하는 자리에서는 강한 주장을 하다가도 모임 구성원들과 일대일로 만날 때는 "제 논리에 맹점이 있다는 것을 잘 압니다. 다만 좀 더 생산적인 논의를 위해 도발적인 주장을 펼치곤 해요"라는 식으로 모든 상황을 파악하고 있음을 주기적으로 알려야 한다. 그래야 사람들은 당신이 큰 그림을 그리며 토론이라는 전쟁터를 넓게 바라보는 사람임을 잊지 않는다. 당신의 디테일에 추종자들이 더 열광하는 건 두말할 것도 없다.

내가 사람들 앞에서
절대 떨지 않는 이유

인생의 그래프가 점차 상승하다 보면 '일대일'의 대화보다는 '일대 다수'의 대화를 할 일이 더 잦아진다. 내 말을 들어줄 청중이 생기는 것이다. 나에게도 계열사 직원들이나 독자들을 대상으로 강연을 해야 하는 부담스러운 시간이 이따금 찾아온다. 추종자가 하나둘 늘어난다면 당신도 이런 순간을 마주하게 될 것이다. 이때의 말하기에서는 일대일의 대화와는 전혀 다른 능력이 요구된다.

　매우 유명한 코미디언과 상담한 적이 있다. 어쩌다 보니 그와 가까워져서 사적으로 만날 기회가 생겼는데, 스탠딩 코미디를 할 때의 이미지와는 달리 무척 조용하고 섬세한 성격이었다. 미디어에서는 다소 즉흥적으로 코미디 연기를 하는 것처럼 비춰지던 그가 사실은 관객들의 심리를 철저히 계산하고 현장의 반응에 기민하게 대응하며 연기한다는 사실도 알게 되었다. 그도 처음부터 사람들 앞에서 코미디를 할 만큼 외향적인 성격은 아니었을 테다. 타고난 성향과는 상관없이 '청중' 앞에서 어떻게 행동해야 하는지 끝없는 경험을 통해 감각적으로 체득하며 자신만의 말하기 능력을 키운 덕분에 사람들에게 박수갈채를 받게 되었을 것이다.

여러 사람과의 대화가 어려운 이유는, 기본적으로 대화에 참여하는 사람의 수가 많아질수록 집중도가 반비례하기 때문이다. 수십 명이 앉아 있는 노량진 학원 교실에서의 집중력과 일대일로 진행되는 과외에서의 집중력이 다른 것은 당연하지 않겠는가? 이럴 때 나는 '지렛대 이론'을 활용한다. 이 기법은 청중이 많으면 많을수록 더 효과적으로 활용할 수 있다. 많은 사람들 앞에서 말을 할 때면 사람들은 보통 자신이 평가 대상이 되었다고 생각한다. 지렛대 이론은 이 프레임을 반대로 뒤집는 기술이다. '평가는 내가 하고 말은 청중이 한다.' 이게 무슨 뜻일까?

지렛대의 한쪽을 세게 밟으면 반대쪽이 팅겨 올라간다. 지렛대 이론은 이처럼 당신의 발언에 청중이 펑! 하고 팅겨 올라가도록 만드는 기술이다. 2016년, 꽤 유명한 독서 모임에서 활동할 때 에피소드다. 여기서는 10여 명이 하나의 팀이 되어 같은 책을 읽고 토론을 나눴다. 그런데 문제가 있었다. 모두 같은 책을 읽고 모이다 보니 나눌 수 있는 이야기가 한정적이었고 토론하는 주제도 '다 아는 내용'이 대부분이었다. 다른 사람의 발언에 집중할 동기가 부족했다.

꾀를 부렸다. 학창 시절을 떠올려 보면 수업에 아무런 관심도 없는 학생일지라도 순간적으로 '초긴장 상태'에 돌입하는 때가 있다. "오늘 며칠이지? 17일이니까 17번이 대답해 보자. 이 문제의 정답은 뭐지?" 선생님의 입에서 바로 이런 말이 나올 때다. 이러한 주의 집중 효과에 착안한 기법이 '지명 질문'이라는 기술이다.

다시 독서 토론회로 돌아와서, 내가 발표할 차례였다. 다짜고짜 질문을 던졌다. "이번 책에서는 영업 사원이 가습기를 파는 방법에 대한 예시가 나왔습니다. 모두 읽으셨을 텐데요. 만약 여러분이 고객에게 휴대전화를 팔아야 한다면 어떻게 하시겠습니까?" 지렛대를 힘껏 밟았다.

사람들은 튀어 올랐다. 순식간에 기류가 변했다. 발언하는 사람은 나고 평가하는 사람은 청중이었는데 갑작스러운 질문 하나로 구도가 뒤바뀌어 버린 것이다. 아무도 대답을 하지 않아서 나는 눈이 마주친 한 분을 지목해서 "○○님 의견을 한번 들어보고 싶습니다"라고 말했다. 그는 살짝 당황했지만 잠시 단어를 고른 뒤 차분히 자기 생각을 말하기 시작했다. 그의 대답을 끝까지 경청한 다음에 나는 내 의견을 이야기했다.

이후 내 발언에 대한 사람들의 집중도가 굉장히 높아졌음을 느꼈다. 사람들은 언제든 자신이 지목당할 수 있다는 '불확정성' 때문에 긴장하여 내 말 한마디 한마디에 집중할 수밖에 없었다. 나는 중간중간 계속해서 질문을 던짐으로써 사람들의 주의를 환기하며 발언을 이어나갔다.

항상 기억해야 한다. 팬미팅이 아닌 한 청중의 '동기'는 불명확하다. 당신이 하는 말을 듣지 않고 스마트폰을 만지작거리는 사람, 대놓고 조는 사람, 눈으로는 당신을 바라보고 있지만 딴생각을 하는 사람 등등 그들이 당신에게 집중할 동기는 결코 강하지 않다. 최악의 경우 청중 대다수가 당신이 하는 말에 관심이 없을 수도 있다. 이럴 때는 역으로 질문을 던져라. 당신의 발언에 집중하게 하라. 오히려 평가자가 되어라. 다수 앞에서 이야기하는 순간에도 갑이 되어라.

나는 아무리 많은 사람 앞에서 이야기해도 잘 떨지 않는다. 어차피 나를 싫어할 사람들은 싫어할 테고 좋아할 사람은 좋아할 것이라는 마인드가 나를 편하게 만들기 때문이다. 확신하건

대, 당신이 이런 마음가짐으로 말을 한다면 사람들은 당신의 스
피칭에 집중할 수밖에 없을 것이다.

지금 당장	일주일	1개월	3개월

내일 당장 회사 직원들 앞에서 발표를 해야 한다고? 중요한 프레젠테이션이 있다고? 중요한 미팅을 앞두고 있다고? 당장 활용할 수 있는 구체적인 팁 두 가지를 소개한다.

① 10초 룰: 본격적인 발표에 앞서 처음 10초는 아무 말도 하지 말고 그들을 바라봐라. 침묵은 의외로 많은 사람을 당황시킨다. 그리고 그 당황은 자연스럽게 당신에 대한 집중을 부른다.

② 시선 분산: 말을 시작한 뒤로는 시선을 적절히 분산하라. 한 사람에게만 시선을 맞추는 방법은 리스크가 크다. 그 사람이 무뚝뚝한 성격이거나 당신이 하는 말에 아무런 관심이 없는 듯한 표정을 짓는다면 흔들리기 쉽다.

이길 수밖에 없는 말하기 기술 2가지

사업을 하다 보면 누군가를 강하게 비판해야 하거나 누군가와 논쟁해야만 하는 순간이 찾아온다. 파타고니아 같은 사회적 기업이 늘어나고 환경이나 소수자들의 가치를 중시하는 분위기가 점차 확산하고는 있지만 여전히 자본주의 시장에서는 치열한 매출 경쟁이 펼쳐지고 있다. 이러한 경쟁과 다툼은 기업의 본능이자 나아가 인간의 본능이다. 특히 악인으로 성장하길 선택했다면 셀 수 없는 싸움을 각오해야 한다.

비단 사업뿐만이 아니다. 당신도 알겠지만 살아가다 보면 불가피하게 논쟁을 해야 할 때가 찾아온다. 겁내지 말아라. 당연한 일이다. 직장 동료와 합이 맞지 않을 때, 상사에게 부당한 지적을 들을 때, 둘 중 누구의 말이 정답인지 모르는 상태에서 나의 의견을 관철시킬 필요가 있을 때가 바로 그런 순간들이다. 이때 상대를 직접적으로 공격하면 자존심이 크게 상한 상대방이 공격한 사람에게 앙심을 품을 리스크가 있다. 이럴 때는 '간접 비판'을 해야 한다. 이러한 간접 비판을 나는 '불편론자의 입을 빌리는 비판'이라고 표현한다.

만약 당신이 당신의 상사보다 판단 능력이 뛰어나고, 그것을 스스로도 알고 있다고 해보자. 그간 사회적 지위의 격차 때문에 적당히 그의 눈치를 봐가며 함께 일해왔지만 어느 날 그와 대립하는 상황에 놓인다. 그는 공격적인 마케팅으로 경쟁 업체에 나쁜 후기를 달자고 말한다(참고로 말하자면 매우 안 좋은 전략이다). 여기서 반대 의견을 곧이곧대로 내보인다면 상사의 눈 밖에 날 확률이 높다. 이때 다음과 같이 반박하면 안전하게 비판할 수 있다.

"매우 혁신적인 방법이라고 생각합니다. 다만, 저는 대리님보다 일반 고객들을 현장에서 자주 접하다 보니 이 말씀을 드리지 않을 수 없습니다. 실은 고객들이 최근에 우리 회사가 타 업체와 서비스를 비교해 올린 블로그 게시물에 약간의 반감을 표현하고 있습니다. 이러한 상황에서 만약 우리가 경쟁 업체에 평점 테러를 한 일이 밝혀지기라도 한다면 이러한 사실을 '불편하게 여길 사람들'이 우리 회사를 공격할 수도 있습니다. 대리님의 아이디어에 찬성하고 당장 실행에 옮겨야 한다고 생각하지만, 이 문제를 먼저 해결해야 하지 않을까요?"

내가 반대한다고 말하는 대신 타인이 반대할 것이라고 돌려 말하는 것이다. 이 방법에는 세 가지 효력이 있다.

첫째, 당신에게 그가 가질 반감을 최소화한다. 당신이 '최고의 위치'에 있지 않다면 결코 주인보다 빛이 나서는 안 된다. 칼을 감춰야 할 때가 있다. 둘째, 상대방이 리스크를 무시하고 우격다짐으로 밀어붙인다면 성공하든 실패하든 당신은 안전하다. 성공하면 "역시 저와 대리님 의견이 맞았네요"라고 말하면 그만이고, 실패하면 "아, 진짜 좋은 아이디어였는데 역시 불편해하는 사람들이 있었네요"라고 이야기하면 된다. 결과가 어떻든 이길 수 있는 수인 셈이다. 셋째, 당신이 굉장히 섬세하게 리스크를 관리하는 사람이라는 인상을 줄 수 있다. '나는 분명히 말렸다'라고 생색낼 수 있는 것이다.

때에 따라 결사적으로 반대하는 순간도 있어야 한다. 그러나 사회적 지위가 나보다 한 단계 위에 있는 사람과의 전면전은 플랜 B가 있거나 100퍼센트의 승률을 확신할 때만 행해야 한다. 처음에는 간접 비판으로 응수하라. 성공하든 실패하든 그러한 경험이 계속 쌓이면 그는 당신에게 아주 서서히 심리적으로 의존하다 종국에는 당신의 '추종자'가 될 것이다. 물론 그는 당신이 자신을 추종한다고 생각하겠지만 말이다.

여기서 독자분들이 하나 느끼셨으면 하는 게 있다. 명심하라. 악인은 뒷일 같은 건 생각하지 않고 위계질서를 무시한 채 카리스마 하나로 일단 지르고 보는 캐릭터가 아니다. 철저하게 계산하여 '손해 보지 않는 판'을 만들고 들어가는 캐릭터다. 적을 만드는 걸 두려워해선 안 되지만, 충분히 피할 수 있는 적을 굳이 만들려고 작정할 필요도 없다.

그럼에도 맞서 싸워야 할 때가 있다. 상대에게 반드시 내 의사를 전달해야만 하거나, 상대의 잘못을 지적해야 하는 순간이 찾아올 수도 있다. 사람들이 모두 지켜보는 공개적인 자리에서라면 어떻게 나서야 할지 곤란하기 짝이 없을 것이다. 하지만 물러서면 안 된다. "다음에 말하지, 뭐"라고 하며 물러서는 순간 패배가 시작되는 것이다.

나는 '말하기'만 거의 10년째 연습해 왔다. 대학 시절 단과대 부학생회장에 선출되어 반강제로 수많은 사람 앞에서 발언해야 했다. 상담사 일을 시작해서는 8년째 나를 찾아오는 내담자들과 상담하고 있다.

나는 1시간 상담에 '90만 원'을 지불한 고객들을 만족시켜야 한다. 그 상담이 끝나면 곧바로 또 다른 고객의 상담을 해야 하기 때문이다. 한정된 시간 안에서 상대방의 동의를 이끌어내야만 하는 것이다.

그러다 보니 짧은 시간 안에 효율적으로 의견을 전달하는 데 좋든 싫든 전문가가 될 수밖에 없었다. 특히 상담에서는 종종 전문가보다 자신을 더 믿는 사람들과 집요하게 논의해야 하는 상황도 찾아오기 때문에 이런 쪽으로 훈련이 될 수밖에 없다. 상담을 하는 한 시간 동안 상담사가 고객보다 적게 말하는 것은 결코 바람직하지 않다. 짧은 시간 안에 상담사의 권위를 세우고 최대한 군더더기 없이 깔끔하게 설명해야 하는데, 계속 듣기만 하고 있으면 상담이 제대로 이루어지지 않기 때문이다.

이런 때 가장 효과적인 방법이 바로 '거슬리는 이름 붙이기' 다. 보통 '낙인찍기'라고 부르기도 한다. 좀 더 구체적으로 말하면 다음과 같다.

상대가 하는 행동을 흔히 부정적 이미지를 띠는 요소의 일부로 분류하기.

조금 어렵게 느낄 수도 있다. 간단한 예시를 들면 다음과 같다.

· "사랑하기 때문에 집착했다." → 그걸 바로 '이기적인 사랑'이라 부른다.

- "그에게 진심을 전하려고 집 앞에서 기다렸을 뿐이다." → 누군가는 그런 행동을 '스토킹'이라고 부른다.
- "어떻게 그 사람이 저를 덜 사랑했다고 말씀하실 수 있나요? 기분 나빠요. 제가 듣고 싶은 말을 해주세요." → 듣고 싶은 말만 골라서 해주는 상담이 바로 '사기'입니다.
- "저는 사업을 베끼지 않았습니다. 그저 아이디어를 참고하기만 했을 뿐입니다." → 그런 분들이 소송을 당해 '법정에 서는 사람'이 되는 일이 흔하더군요.

이렇게 한번 낙인을 찍어버리면 상대방은 자신의 의견을 주장할 때마다 '사회적으로 용인되지 않는 부정적 행동'을 하고 있다고 생각할 수밖에 없다. 예를 들어 '내로남불'과 같은 단어를 보라! 얼마나 찰떡 같은지 한번 듣고 나면 그 뜻을 잊으려고 노력해도 잊혀지지 않는다.

독자분들이 오해하지 않기를 바란다. 믿기 어렵겠지만 나는 그 누구보다 내담자들을 소중히 여긴다. 상담 일을 하다 보면 상담을 받는 사람에게 깊이 몰입할 수밖에 없기 때문이다. 실제로 나는 몇 년 전에 상담한 내담자들이 뒤늦게 보내온 애프터 메일도 성심을 다해 답하려 애쓴다. 그럼에도 내가 굳이 상담에서 이런 방법을 쓰는 이유는, 촌철살인으로 빠르게 내담자를 이

해시킨 뒤 해결책을 제시하는 단계로 넘어가서 더욱 생산적으로 그들을 돕기 위해서다. 1시간 안에 '분석 → 중간 질문 답변 → 지침 제시 → 의문 해소 → 연애 철학'에 관한 이야기를 모두 진행하려면 최대한 군더더기 없이 깔끔한 설명을 해야 했다. 이를 위해 내 나름대로 개발해 낸 전략인 셈이다.

너무 공격적인 방법이라고 생각하는가? 악인은 종종 통통 튀는 느낌을 주어야 한다. 그리고 의외의 이점이 있었다. 촌철살인 같은 낙인찍기를 화려하게 구사할수록 역설적으로 나를 존경하고 사랑하는 추종자들이 기하급수적으로 느는 것이다. 사람들은 머리로는 자신에게 충격을 주는 사람을 싫어하지만, 마음으로는 이상하게 그런 카리스마에 끌리는 경향이 있다. 잊지 마라. 밋밋해서 기억에 안 남는 것보다는, 자극적이더라도 기억에 남는 편이 백배 낫다!

북극에서 에어컨을 팔려면 어떻게 말해야 할까?

내가 8년째 몸담고 있는 심리 상담이라는 분야는 결코 만만하지 않다. 특히 연애 상담 분야는 더 험난하다. 거의 90퍼센트 이상의 고객이 자신만의 공고한 연애 철학을 갖고 있기 때문이다. 예를 들어, 내가 상대방과의 재회를 위해선 전략상 강력한 문자를 보내야 한다고 주장한다고 가정하자. 만약 사랑에 관해 '사랑은 진심으로 하는 것이며, 상대방에게 결코 상처를 주면 안 된다'는 철학을 지닌 고객이라면 아마 내 주장은 씨알도 먹히지 않을 것이다. 앞에서 언급한 '대립군'이 등장하는 것이다. 이렇게 되면 상대방은 내가 그 어떤 조언을 해도 거부감을 느낄 수밖에 없고 영원히 평행선을 달리게 될 것이다. 말 그대로 북극에서 에어컨을 파는 꼴이다.

이것을 파훼하는 것이 바로 '인식하며 말하기'라는 기법이다. 나는 사실 당신이 메타 스피킹이라는 이번 파트에서 이 기술 하나만 마음에 새겨도 좋다고 생각한다. 실생활에서 가장 많이 활용할 수 있는 방법이기 때문이다. 결국 우리는 '최대한 많은 지배력'을 행사하기 위해 말하기 스킬을 키우려 애쓰고 있다는 사실을 잊지 말자. 그러기 위해서는 당신이 앞으로 만나게 될 수많은 '대립군'들을 설득할 수 있어야 한다.

'인식하며 말하기'란 무엇일까? 풀어서 설명하면 '당신이 이 말을 들으면 어떻게 느낄지 저는 이미 알고 있습니다'라는 메시지를 끊임없이 상대방에게 던지며 이야기하는 것이다. 이렇게만 들으면 무슨 말인지 모를 것이다. 하지만 이미 이 책에서는 '인식하며 말하기' 기법이 수차례 쓰였다. 실은 방금도 등장했다.

"이렇게만 들으면 무슨 말인지 모를 것이다."

만약 내가 애매하게 설명하고 다음 내용으로 넘어갔다면 당신은 그냥 책을 덮었을지도 모른다. 하지만 내가 '누군가는 이 내용을 어려워한다는 것을 인식하고 있다'고 밝힘으로써 '작가가 내 마음을 알고 있네. 그럼 이어서 추가 설명을 해주겠지?'라고 생각하며 조금 더 이 책을 붙들고 읽어봐야겠다고 마음먹을

악인론

것이다. 인식하며 말하기의 핵심은 상대방으로 하여금 자신을 매우 섬세하게 이해하고 있다고 느끼게 하는 것이다.

　이는 무궁무진하게 활용할 수 있다. 한 유명 로펌의 변호사인 내담자와 상담을 하면서 반대로 그가 내게 이 기법을 자유자재로 활용한다는 것을 직감했다. "상담사님께서는 아마 반대로 설명하시겠지만…", "제가 이런 질문을 드리면 바보 같다고 생각하시겠지만…" 등 이런 식으로 나의 반박을 사전에 차단했다. 내게 상담을 여러 차례 받았던 너무나 친한 내담자였다. 내 쪽에서 장난스레 '무슨 그런 바보 같은 질문을 하십니까?' 하고 되묻는 것을 방지하고 싶었을 것이다. 이처럼 전문직에 종사하는 사람들 중 높은 레벨의 사회적 지능을 지니고 있는 사람들은 이미 너무나 익숙하게 체득해 사용하는 기법이기도 하다.

　'사랑은 진심으로 해야 한다'고 굳게 믿는 고객이 나를 찾아왔다. 나는 그 고객이 너무 낮은 자세를 취하다가 그만 상대방에게 만만하게 보여 주도권을 잃었다고 판단했다. 먼저 가벼운 인사를 건넨 뒤 본격적으로 상담을 시작하기에 앞서 말했다.

　"아마 오늘 상담이 조금 불편하실 수 있을 것 같습니다."

　"아…. 왜 그런가요?"

　"내담자분의 분석과 제 판단이 서로 다르기 때문입니다. 지금 우리 내담자분은 상대방에게 내가 더 잘해주지 못해서 헤어졌다고 생각하고 계시죠?"

"네, 맞아요. 너무나 좋은 사람인데 제가 부족했어요."

"죄책감이네요. 충분히 이해합니다. 하지만 믿기 힘드실 텐데 저는 완전히 반대로 생각합니다. 내담자가 사랑을 못 줘서 헤어진 게 아니라, 처음부터 너무 지고 들어가서 만만하게 보였기 때문에 이런 상황이 벌어진 겁니다."

앞선 대화에서는 총 세 번의 '인식하며 말하기' 기법이 사용되었다.

① "오늘 상담이 불편하실 수 있습니다."

② "상대방에게 내가 더 잘해주지 못해서 헤어졌다고 생각하고 계시죠?"

③ "믿기 힘드시겠지만…"

'아, 이 사람이 내 마음을 이해하고 있구나. 내가 반대로 생각하고 있다는 것도 꿰뚫고 있을 만큼 섬세한 사람이구나.' 상대방에게 이런 인식을 주는 것이 핵심이다. '내가 당신의 마음을 이해하고 있습니다'라는 시그널을 주는 것만으로도 논쟁이나 다툼에서 많은 부분이 해결된다. 어디선가 배운 기법 같은 건 아니다. 그저 8년간 수도 없이 상담을 하면서 체득한 기법이다.

'인식하며 말하기'는 내 성공 경험의 곳곳에 묻어 있다. 예를 들어 내가 운영하는 유튜브 채널에는 "애인에게 카톡 차단당한 친구 2주 만에 재회시킨 이야기"라는 제목의 영상이 있다. 영상의 섬네일을 보는 순간 어떤 대립군들이 등장할까?

① "카톡 차단을 당했는데 재회를 시켰다고? 말도 안 되는 이야기를 하고 있네."
② "요새 유튜버들은 섬네일을 과장해서 만드는 게 유행인가?"
③ "무슨 소리. 나는 애인이랑 헤어지고 카톡 차단한 후에 미련 남은 적이 없는데?"

이를 논파하기 위해 '인식하며 말하기'를 도입했다. 나는 영상의 시작에서 다음과 같이 말했다.

"카톡을 차단당했는데도 재회가 된 이야기, 이 제목을 보고 '어그로'라고 생각하면서 들어오셨죠?"

이 한마디로 수많은 대립군은 '나의 심리를 읽고 있구나', '그런 비판을 이 유튜버도 알고 있구나', '무슨 소리를 하는지 들어나 볼까?'와 같은 생각을 갖게 된다. 결과적으로 내 이야기에 조금의 신빙성도 없다고 판단했던 사람들이 '적어도 1분 정도는 영상을 시청하게끔' 설득한 것이다. 우리는 지금 말하기에 대해 이야기하고 있지만, 결국 나는 사업이나 마케팅도 같은 원리라고 생각한다. 당신이 무언가를 제공할 때 그것에 대한 거부감을 갖고 있는 대립군들을 설득해 나가는 과정, 그것이 바로 사업이 아닐까?

결국 핵심은 우리가 어떤 주제에 관해 이야기를 하든, 언제나 완전한 반대의 의견을 가진 사람들이 존재한다는 사실을 잊지 말아야 한다는 것이다. 대립군을 늘 인식하려 애쓰고, 끝없이 상대방의 심리를 미리 읽어내려고 도전하라. 처음에는 숱하게 헛발을 디딜 것이다. 신경 쓰지 말아라. 어차피 연습 과정이다. 그 다음부터는 당신이라는 '악인 브랜드'를 판매하는 것이 점차 쉬워질 것이다.

읽지 않은 책에 대해 논하는 법, 거미줄 이론

타인들보다 똑똑하지 않다면, 적어도 똑똑한 것처럼 보이지 않는다면 카리스마는 성립되지 않는다. 나는 이것을 극복하기 위해 '읽지 않은 책, 모르는 지식에 관해서도 논하는 법'을 오랜 시간 고민했다. 세상 모든 책을 다 읽을 수는 없지 않은가? 그렇다고 해서 악인인데 '난 그거 몰라요' 하고 딴청을 피우면서 앉아 있을 수도 없는 노릇이다.

『지적 대화를 위한 넓고 얕은 지식』이 한창 인기를 누릴 때였다. 한 친구가 "고작 이런 책 하나 읽고 세상 모든 지식을 아는 것처럼 자랑하는 사람들이 싫다"라고 말했다. 나는 이런 사고방식을 '비사업가적 마인드'라고 부른다. '사업가적 마인드'는 현상이 옳고 그른지를 함부로 판단하지 않는다. 더러운 흙탕물에

물고기가 모여 있다고 치자. 그런 물고기를 더럽다며 그냥 지나치는 것이 아니라 흙탕물 속에 자신이 미처 몰랐던 미네랄 등 좋은 성분이 존재하는지 연구하는 사람이 바로 사업가다.

이 책은 사람들의 가슴속에 지식을 뽐내고자 하는 욕망이 숨어 있다는 것을 날카롭게 파고든 수작이다. 나는 대학 시절 철학 관련 서적을 자주 읽었다. 그중에서도 어려운 책을 골라 끙끙거리면서도 어떻게 해서든 끝까지 다 읽어낸 뒤 혼자 뿌듯함을 만끽했다. 돌아보면 무척 비효율적인 행위였다. 그렇게 힘겹게 읽었지만 지금까지 내게 남아 있는 문장은 얼마나 될까?

이와 반대로 『지적 대화를 위한 넓고 얕은 지식』은 처음부터 끝까지 군더더기 없이 핵심만을 이야기한다. 사족이 없는 깔끔한 글을 '오컴의 면도날로 잘라낸 듯한 글'이라고 표현한다. 오컴의 면도날이란 '어떤 현상에 관한 가장 위대한 설명은 가장 간단한 설명이다'라는 뜻을 지닌 철학 용어다. 즉, 가볍게 핵심을 정리한 책이라고 할지라도 누군가에겐 효용이 매우 클 수 있다는 뜻이다. 사람들은 핵심만 요약한 책을 읽는 사람을 보면 지식을 자랑하려고 책을 읽는다고 비난한다. 하지만 그런 식으로 책을 읽는 것이 독서를 시작조차 하지 않는 것보다는 백배 낫다.

알지 못하는 책과 전혀 모르는 지식에 대해서 1퍼센트의 투자도 없이 설명하는 건 불가능하다. 그런 환상은 현실 세계에 존재하지 않는다. 그러나 최소한의 투자로 최고의 효과를 거두는 방법은 존재한다. 바로 '거미줄 이론'을 이용하면 된다.

거미줄은 가운데가 가장 촘촘하다. 모든 실이 결국 가운데의 육각형으로 연결되어 있기 때문이다. 그래서 가운데 부분을 잡아당기면 바깥에 있는 다른 거미줄이 그물망처럼 딸려 올라온다. 지식도 마찬가지다. 수많은 책을 관통하는 공통의 원리(거미줄의 가운데 부분)가 존재하는 것이다.

예를 들어보자. 다음은 각 분야의 유명한 책들의 일부 문장다.

· 『더 시스템』(스콧 애덤스): (…) 인간의 뇌가 우리 현실을 정확하게 파악해서 전달하는 수준까지 **진화**하지 못했다는 사실이다. 그 대신에 우리의 작은 뇌는 생존에 유리한 판단(…)
· 『확신』(롭 무어): (…) 이렇듯 인간은 **진화**의 과정에서 안전을 보장하고 위협을 피하기 위한 수단으로 사회적 민감성을 발달시켰다.
· 『똑똑하게 생존하기』(칼 벅스트롬, 제빈 웨스트): 결국 우리는 이 세상에서 패턴을 찾기 위해 **진화**해 온 것이다. 그래야 위험을 피하고 음식을 구하고 사회적 상호작용에 대처하는 데 도움이 된다.
· 『초전 설득』(로버트 치알디니): 인간은 유전적으로 관련되어 있는 타인들과 작더라도 안정적인 개체군을 이루면서 점차 인류로 **진화**했기 때문에

집이 아니더라도 물리적으로 가까이 있는 사람들에게 호의를 베푸는 경향을 발달시켜왔다.

· 『운과 실력의 성공 방정식』(마이클 J. 모부신): 이런 행태는 **진화론**으로 설명할 수 있다. 세상만사를 운수소관으로 돌리면서 노력하지 않는 것보다 사건을 통제할 수 있다고 믿는 편이 인류의 생존에 유리했기 때문이다.

무작위로 뽑은 다섯 권의 책인데 모두 '진화론'을 전제로 주장을 펼치고 있다. 더 구체적으로 말하자면 '자연 선택의 원리'라는 개념을 공통적으로 설명의 근거로 제시하고 있다. (아직 몰라도 된다.) 이 책의 저자들이 "야, 앞으로는 모든 책을 진화론을 기반으로 쓰자!"라며 담합이라도 한 것일까?

핵심은 간단하다. 어느 분야에든 피해갈 수 없는 기초 개념들이 있다.

· 과학: 자연선택의 원리, 에너지보존법칙, 슈뢰딩거의 고양이…
· 심리학: 확증 편향의 오류, 플라세보효과, 깨진 유리창 이론…
· 경영: 포지셔닝, 디벨롭, 레퍼런스, 인사이트…
· 철학: 연역과 귀납, 에고, 이데아…

나는 이런 지식들을 '거미줄의 가운데 지식'이라고 부른다. 그리고 책을 읽을 때마다 이런 기초 개념들을 따로 가볍게 정리해 둔다. 아는 만큼 보이는 법이다. 처음엔 이런 기초를 쌓는 것이 익숙하지 않겠지만 한 번만 기초를 닦아두면 복리 이자처럼 이익이 끝없이 돌아온다. 거미줄의 가운데 지식을 꾸준히 습득해 두면 뇌가 '이 개념은 익숙하다'라고 인식하면서 평소보다 훨씬 더 빠르게 지식을 흡수한다.

거미줄 이론에 따라 중요한 지식들을 선별해 섭렵해 두면 심지어 '모르는 지식'에 관해서도 말할 수 있게 된다. 나는 입사 면접 때 "왜 진보주의자들의 평균 지능은 보수주의자들의 평균 지능보다 높은가?"라는 질문을 받았다. 전혀 알지 못하는 내용이라서 당황스러웠지만 답변을 찾기 위해 머릿속을 뒤지기 시작했다. 그러다 예전에 지나가듯 읽었던 어떤 책의 내용이 떠올랐다. '진보주의의 핵심은 분배, 보수주의의 핵심은 경쟁…' 나는 사고를 전개해 나갔다.

"진보주의의 핵심은 분배이고, 보수주의의 핵심은 승자 독식으로 알고 있습니다. 지능이 낮은 동물들은 승자 독식의 구조를 따릅니다. 그러는 편이 편리하기 때문입니다. 인류사에서도 마찬가지였습니다. 오래된 문명일수록 분배보다는 약육강식의 법칙이 사회를 지배했습니다. 그러자 일부 사람들이 법이나 윤리를 내세우며 새로운 사회 질서를 고민하기 시작했습니다. 우리는 그들을 철학자라고 부르죠. 그들은 강자가 모든 것을 독식하는 사회가 아니라 누구에게나 평등하게 분배되는 사회를 추구했습니다. 이들은 기존 승자 독식의 구조를 받아들인 절대다수의 사람들보다 지능이 높았을 것입니다. 이것이 바로 지능이 높을수록 진보주의자가 될 확률이 높은 이유입니다."

정답에 가까운 답이었다. 어떤 책 한 권을 정독도 아니고 빠르게 중요한 개념만 습득하며 읽었을 뿐인데 그럴싸한 정답을 찾아낸 것이다. 물론 면접을 보기 전 나는 2년간 거의 하루 종일 책만 읽었다. 또한, 저 답을 쓰기까지 3시간 반을 고민했다는 사실을 알아주길 바란다. 몇 년이 지나 『지능의 역설』이라는 책에서 나의 답이 옳았음을 확인할 수 있었다.

넓고 얕은 지식이 가진 파괴력은 엄청나다. 내 인생을 바꿀지도 모를 면접의 당락을 결정지을 정도로 말이다. 혹시 이 부분을 읽으며 "보수주의가 지능이 낮다고? 저자가 어떻게 이런 주장을 할 수가 있지?"라고 하며 나를 탓하는 사람이 있다면, 바로 그런 사람을 가리켜 '도덕주의적 오류'에 빠졌다고 부른다.

지금 당장	일주일	1개월	3개월

요즘은 거미줄 가운데 지식을 얻는 데 큰 도움이 되는 책이 아주 많이 출간되었다. '거의 모든 것' 시리즈, '○○어 사전' 시리즈 등이 대표적이다. 혹시 평소 이런 책들을 두고 '지식의 깊이가 얕은 책'이라는 편견을 갖고 있진 않았는가? 편견은 갖다 버리고 지금 당장 서점에 가서 이런 책을 두 권 구매하라. 그리고 이 책들만큼은 핵심 개념만 골라서 읽지 말고 처음부터 끝까지 전부 읽으며 책에 나와 있는 모든 개념을 노트에 정리하고 암기하라. 잠깐의 투자로 당신은 남들이 10년에 걸쳐 축적할 지식을 엄청나게 빠르게 습득할 것이다. 이렇게 모아둔 지식은 다른 어려운 책을 읽을 때 소중한 나침반이 되어준다.

4장

말은 휘발되지만
글은 영원히 남는다

관통하는 글쓰기
악인의 무기 ②

월 3500만 원 버는 전자책을 쓴 악인의 글쓰기

말하기와 글쓰기는 함께 움직인다. 아니, 함께 움직여야만 한다. 말은 청산유수인데 글쓰기 실력은 형편없는 사람들이 적지 않다. 이는 악인으로 성공하기 위한 기본 조건인 '지배력'을 넓게 행사하는 데 치명적인 문제가 된다.

말은 휘발성이 강하다. 글은 영구적으로 남는다. 말이 순간적으로 추종자들을 휘어잡는 무기라면 글은 추종자들이 당신을 지속적으로 따르게 만드는 무기다. 당신을 도울 추종자들을 모았다고 할지라도 그들과의 관계를 유지할 수 없다면 아무런 의미가 없다. 성공한 사람들이 책으로 자신의 가치관을 남기는 이유가 있다. 말은 시간이 지나면 사라지지만 책은 세월이 흘러도 영원하기 때문이다. 하물며 한번 써놓은 글은 절로 퍼져나가 많은 사람에게 영향을 끼친다.

'던바의 법칙'이라는 것이 있다. 아무리 발이 넓은 사람이라도 진정한 사회적 관계를 맺는 사람은 150명에 불과하다는 법칙이다. 그러나 나는 이 법칙이 틀렸다고 생각한다. 각종 SNS가 발달하면서 인간은 이제 사회적 관계의 숫자를 예전과는 비교할 수 없을 정도로 빠르게 늘리고 있다. 물론 '진정한 관계'가 아니라 '일방통행'일지라도 예전보다 훨씬 더 효과적으로 추종자들이 당신을 따르게 할 수 있다는 뜻이다. 이를 이루는 데 글은 필수다.

글은 공개된 곳에 한 번만 써두면 무수히 많은 사람이 반복해서 읽을 수 있다. 시간을 충분히 들여 언제든 마음껏 고쳐 쓸 수도 있다. 말로 하는 것보다 글을 쓰는 편이 훨씬 더 안전하고 실수할 확률도 낮다. 150명이 웬 말인가? 파워 블로거들은 1만 명이 넘는 이웃과 관계를 맺는다.

글쓰기는 말하기와 함께 내 인생을 말도 안 될 정도로 크게 뒤바꿔 놓았다. 첫째, 잘 쓴 분노일기는 언제나 나를 의욕으로 충만하게 만들었다. 둘째, 잘 쓴 상담 사연 글 하나로 지금의 회사에서 함께 일해볼 생각이 있느냐는 스카우트 제의를 받았다. 셋째, 잘 쓴 칼럼들은 수많은 잠재 고객에게 내 능력을 보증하는 훌륭한 지표가 되었다. 넷째, 그렇게 훈련한 글쓰기 능력은

악인론

네 권의 전자책을 집필하는 원동력이 되었고 3억 원에 가까운 매출을 올리도록 만들었다. 다섯째, 나는 나의 사려 깊고 똑똑한 편집자와 이 원고를 통해 만나게 되었다.

상담을 하다 보면 "그 칼럼 너무 유용하게 읽었어요"라는 말을 자주 듣는다. 당신이 완전히 다른 분야의 일을 한다고 해서 이 원리가 적용되지 않으리라는 판단은 너무 이르다. 인생을 조금만 더 살다 보면 글쓰기는 모든 일의 기본이라는 것을 알아차릴 것이다.

당신을 추종하는 이들을 생겨나게 하고 또 그들을 당신의 품에 남아 있도록 만드는 원동력은 글쓰기다. '악인 대기업'이 되는 데 글쓰기 능력 키우기는 선택이 아니라 필수다. 이제 그 방법들을 자세히 알아보자.

익명으로 시작해 실명으로 떠올라라

대학생 시절 토론 동아리와 함께 나의 성장을 지탱해 준 또 다른 축이 있었다. 바로 익명 SNS 계정이었다. 벌써 10년도 더 지난 일이라서 존재조차 사람들의 기억 속에서 잊혔을 테지만, 아무튼 당시 그 계정은 우리 학교에서 꽤나 유명했다. 나는 이 익명 페이스북 계정에 시를 썼다. 아버지가 교사이자 시인이셨기 때문에 내게도 비슷한 유전자가 있는 걸까. 처음 쓰는 시였지만 의외로 재능이 있었는지 팔로워가 빠르게 늘었다. 점차 분야를 확장해 각종 사회문제를 포함한 다양한 이슈에 관해서 칼럼 형식의 글을 쓰기 시작했다. 팔로워는 더욱 늘어났다.

지금 생각해도 이때 내 이름을 공개하지 않은 것은 탁월한 선택이었다. 딱히 숨기거나 켕기는 일이 있는 것은 아니다. 단지 글쓰기 능력을 향상하는 데 익명으로 글을 적는 것이 실명으로 글을 적는 것보다 훨씬 더 유리했을 뿐이다.

인간은 사회적 동물이다. 아주 지루하게 들은 이야기일 테다. 그러나 맞는 말이다. 나 역시 사람이기 때문에 다른 사람들의 평가나 시선에서 자유로울 수 없다. 게다가 그때는 지금보다 훨씬 어렸고 악인으로서의 개념도 없었기 때문에 더욱 남들의 눈치를 봤던 것 같다. 공개적인 계정에는 지극히 '안전한 글'만 썼다. 쉽게 말해서 타인의 시선을 신경 쓰느라 생각을 자유롭게 펼치지 못했고 자기 검열하기 바빴다. 아무리 극복하려고 해도 쉽지가 않았다. 실명으로 쓰는 한, 단 한 번도 방어적인 태도를 버리지 못했다.

익명으로 존재할 때 유리한 점이 있다. 타인이 나를 특정할 수 없기 때문에 자유로워진다. 자신감 있고 강렬한 문체로 쓰고자 하는 것을 쓸 수 있고 각종 비판적인 피드백에도 멘털이 흔들리지 않는다. 어차피 그들은 내가 누군지 모른다는 안도감에 자신감이 솟는다. 아무리 한심한 글을 써도 손수현이라는 사람이 멍청하다는 평가를 들은 적은 없으니 말이다. '눈치 보지 않는 글쓰기 → 부정적인 피드백에도 상처받지 않기 → 개선점만 냉정하게 받아들여 다시 글쓰기'의 선순환으로 내 글쓰기 실력은 일취월장했다.

확실히 짚고 넘어가야 할 것이 있다. 익명성 뒤에 숨어서 타인을 욕하는 못난 악플러가 되라는 말이 아니다. 타인을 깎아내리는 말 따위 쓰지 마라. 그의 인생이 있고 내 인생이 있다. 어떤 주제든 당당하게 논할 여유를 갖추는 데 익명성을 이용하는 것과 뒤에 숨어서 다른 사람을 씹어대기 좋은 가림막으로 이용하는 것은 엄연히 다르다. 이 글을 읽는 사람들이라면 이 정도 차이는 충분히 알고 있으리라 생각한다.

몇 달 정도 익명을 유지하다가 끝내 실명을 공개했다. 내 정체를 밝혀야만 추종자가 생길 것이라는 생각에서였다. 의도는 반은 맞았고 반은 틀렸다. 팔로워들 가운데 절반은 실명을 공개한 뒤에도 나를 여전히 좋아해 줬다. 나머지 절반은 무언가 환상이 깨졌는지 팔로우를 끊었다. 상관없었다. 어쨌든 그동안 글쓰기 실력은 엄청나게 갈고닦았으니까. 나는 생각했다. "예수조차 모든 사람을 만족시킬 순 없다."

나의 조언으로 익명 글쓰기의 중요성을 깨닫고 블로그를 시작한 한 추종자가 있었다. 그는 처음에는 쉽게 쓸 수 있는 간단한 리뷰 형식의 글에서 출발했다. 그러나 글을 쓰는 데 필요한 것들을 연구하고 조사하면서 자연스럽게 해당 분야에 관한 지식이 쌓이기 시작했고, 결과적으로 좀 더 체계적으로 글을 쓰는 능력이 크게 향상되었다. 어느 정도 이웃이 늘어났을 때부터는

악인론

좀 더 본격적으로 분석적인 글을 올리기 시작했다. 결국 그는 6개월이 지나자 약 3000명의 이웃을 보유한 슈퍼 파워 블로거가 되었고 지금까지도 각종 광고 협찬, 유료 리뷰 같은 다양한 제안을 받고 있다. 사람들은 정보를 제공하는 글에만 반드시 관심을 보이는 것은 아니다. 그러니 용기를 갖고 지금 당장 시작하라. 어서 당신도 당신만의 '글쓰기 전초기지'를 만들어라.

여기서 한 가지 주의할 점이 있다. 팔로워 숫자에 연연하느라 어중이떠중이 같은 이웃을 늘리지 마라. 숫자는 중요하지 않다. '진짜 이웃'만 받아라. 가짜 이웃들은 아무리 공을 들여 글을 써서 올려도 집중하지 않는다. 그들은 자기 계정의 팔로워 숫자를 늘릴 목적으로 형식적인 소통만 하다가 이탈할 확률이 높다. 이는 블로그 지수를 떨어뜨리는 매우 치명적인 요소다. 팔로워 숫자에 지나치게 집착하면 급한 마음에 자꾸만 어설픈 글을 쓰게 된다. 따라서 '왜 내 블로그의 이웃 숫자는 늘지 않지?'라는 조바심을 버리고, '양질의 글을 꾸준히 쓰면 자연스레 이웃이 늘어날 것이다'라는 확고한 신념을 갖춰라. 이는 블로그뿐만 아니라 모든 SNS 계정을 운영할 때도 공통적으로 적용해야 할 원칙이다.

지금 당장	일주일	1개월	3개월

용기를 내고 지금 당장 블로그를 개설하라. 또는 글을 쓸 SNS 계정을 생성하라. 어떤 비판이든 당당히 수용할 멋진 용기를 갖췄다면 처음부터 공개로 운영하라. 그리고 당신만의 이야기를 적어가라. 전문 분야가 있다면 가장 좋지만 필수는 아니다. 일상 글이든 무엇이든 일단 적어라.

블로그를 잘 운영하는 데에는 몇 가지 암묵적인 원칙이 존재한다. ① 메모장에 글을 쓴 뒤 옮기지 말고 처음부터 블로그 글쓰기 메뉴 안에서 쓴다. ② 관련 키워드를 너무 과하지 않은 선에서 반복한다. ③ 글을 읽는 체류 시간이 길어질수록 블로그 품질이 올라간다는 점을 염두해 둔다.

그러나 시작부터 너무 머리 쓸 필요 없다. 서투른 글이더라도 반복해서 매일 쓰는 게 가장 중요하다. 오, 서툰 글조차도 매일 무언가를 적는 게 너무 어렵다고? 아마 당신을 무기력하게 만든 범인은 '완벽주의'라는 이름을 가진 놈일 거다. 다음 쪽에서 깨트려주겠다.

'나는 최악의 글을 쓰겠다'고 작정하라

한창 내가 블로그를 많이 쓰던 시절, 나는 하루에 2개 정도의 결코 짧지 않은 글들을 꾸준히 올리곤 했다. 더 부지런한 사람도 있겠지만, 이 정도면 초상위권이다. 종종 사람들은 도대체 어떻게 아이디어를 얻는지, 빠르게 콘텐츠를 뽑아내는지 묻곤 했다.

비밀이지만, 나에겐 글쓰기를 담당하는 두 명의 영혼이 있다. 첫 번째 영혼은 매우 제멋대로이며, 자유롭고, 남의 눈치 따윈 보지 않는 인간이다. 자신이 쓰고 싶은 이야기를 마구 써내려 간다. 남들이 욕하든 말든 불도저처럼 하고 싶은 이야기들을 제어하지 않고 쓴다. 그 와중에 그는 얼마나 수다스러운지 모른다. 하나의 글을 쓰다가 갑자기 새로운 글을 쓰기도 하고, 필터링 없이 하고 싶은 말들 다 해버린다. 글쓰기에 비속어가 섞이고, 특정 상대방을 디스하고, 난리가 난다.

첫 번째 영혼이 킬킬거리며 웃으며 퇴장하면, 긴 한숨을 내쉬면서 두 번째 영혼이 등장한다. 그는 세상의 모든 불편론자들을 걱정하는 사람이다. 그의 표정은 늘 깊은 시름에 잠겨 있다. 첫 번째 영혼이 휘갈겨 놓은 모든 문장들을 깐깐하게 따져본다. 위험한 부분, 맞춤법 오류, 쓸데없는 부분들을 삭제한다. 그리고 보다 순화해서 글을 쓴다. 첫 번째 영혼이 천둥벌거숭이처럼 써놓은 말도 안되는 주장들에 하나하나 과학적인 근거를 찾아 붙인다.

첫 번째 영혼은 내가 초고라고 부르는 자고, 두 번째 영혼은 퇴고라고 부르는 자다. 당신 역시 두 명의 영혼이 탑재되어야 한다. 대부분의 사람들이 빠지는 오류가, 글의 시작부터 두 번째 영혼이 전권을 잡는다는 점이다. 그는 글의 진도를 전진시키는 전문가가 아니다. 결국 당신은 첫 번째 문장을 수십 번 뜯어 고치다가 컴퓨터를 꺼버린다. 첫 번째 영혼은 까다롭고 거슬리는 존재지만, 쭉쭉 원고를 뽑아내는 장점이 있다. 이 자에게 처음부터 전권을 줘라. 처음 완성한 글은 '오류투성이'인 것이 당연하다. 세상 어디에 내놓기도 부끄러운 글이어야 한다. 의식의 흐름대로 생각나는 문장을 마음대로 적어야 한다. 그래야만 당신은 전진할 수 있다. 내가 쓰는 전략 중에 가장 효과적인 방법은, '완전히 엉망진창인 글을 쓰겠다!'고 처음부터 결심하는 것이다. 그러면 놀랍게도 진도가 쭉쭉 나가게 된다. 악인적인 카리스마가 글에 담기는 것도 이 시점이다. 남의 눈치 볼 것 없이 마음대로 적어나간다.

그리고 반드시 하루 정도의 휴일을 갖는다. 이 시기에는 절대 당신이 쓴 글을 살펴보거나 고치지 않아야 한다. 두 번째 영혼은 부끄러움이 많아서, 무대에 설 시간까지 하루 정도 여유를 주어야 한다. 하루 정도 글을 관찰하지 않으면 뇌는 무의식중에 준비를 시작한다. 그러고 나서 글을 다시 보면 완전히 객관적인 시선에서 자신의 글을 바라볼 수 있게 된다. 두 번째 영혼이 실력을 발휘할 준비가 된 것이다. 이때 철저하게 고쳐나간다. 논리적 근거가 부족한 부분, 이제 보니 너무 재미없게 쓴 부분, 오류가 있는부분 등을 고쳐나간다.

모든 글은 퇴고에서 완성된다. 초고가 완벽하기를 바라는 순간 당신은 게으른 완벽주의자가 될 것이다. 이 간단한 이치를 사람들은 지키지 않는다. 당신이 지금 읽고 있는 이 책은 여전히 흠 많고 거슬리는 책이지만, 내 첫 번째 영혼이 쓴 초고를 본다면 당신은 경악할 것이다. 어쩌면 그 책이 그대로 나왔다면, '이 정도 실력으로도 종이 책을 내는구나. 작가 말이 맞네. 세상 쉬워졌네'라고 당신에게 극한의 자신감을 불어넣어 줬을지도 모른다. 오, 지금 보는 원고도 그 정도 수준이라고? 잘 알겠다. 당신의 조언대로 두 번째 영혼을 혼내러 가야 할 시간이다.

당신 글에선
당신 법을 따르게 하라

결론부터 말하겠다. 당신 글은 당신의 것이다. 더 정확하게 말하자면, 당신 글에서는 당신이 규칙을 정해야 한다. 모든 것은 당신의 마음이다.

종종 "독해력이 부족한 사람은 어차피 읽기 힘들 테니 뒤로 가기를 누르십시오"라는 경고문을 활용한다. 독자로 하여금 발끈하게 만들어 내 글을 끝까지 읽게 하려는 심산도 있지만, 진짜로 독자를 '지능이 높은 사람'으로 한정하려는 의도도 있다. 효율적이고 편한 길이기 때문이다. 혹자는 사람을 차별하는 글쓰기를 하면 안 된다고 반론할지도 모른다. 그러나 독자층을 정하는 것은 필자에게 그 권한이 있다. 굳이 이유를 설명할 필요는 없다. 글은 누구나 자유롭게 쓸 수 있는 것이기 때문이다. 도덕적으로 크게 잘못하는 수준이 아니라면 말이다. 만약 당신이 오직 여자만을 위한 글을 쓴다고 가정해 보자. '여자만을 위한 글'이라는 제목을 본 남자는 처음에는 섭섭할 수 있지만, 잠깐뿐이다. 시간을 낭비하게 하지 않았으니 그에게도 이득이다.

로마에는 로마의 법이 있듯이 당신 글에는 당신만의 법이 있다. 그 법은 당신이 만드는 것이다. 그런 규정이 오히려 당신의 악인적 매력을 글에서 더 돋보이게 만들며, 당신과 당신의 추종자 간의 유대를 더욱 돈독하게 할 것이다. 예를 들면 다음과 같은 법들을 제정할 수 있다.

하나, 글을 읽을 대상 독자 설정하기

- "독해력이 부족한 분들이라면 오늘 글은 이해하기 어려울 수 있습니다."
- "책을 평소에 좋아하지 않는 분이라면 오늘 글은 패스하세요!"
- "지능이 낮은 사람들은 어차피 이 글을 이해할 수 없습니다."

둘, 공개할 부분, 아끼고 싶은 부분 한정하기

- "제가 알고 있는 지식 중 극히 일부만 공개합니다."
- "모든 것을 다 설명할 수 없는 점 이해해 주시길 바랍니다."
- "시간이 없어서 오늘은 핵심만 담았습니다."

셋, 독자들과의 소통 진행 여부 표시하기

- "질문이 있다면 개인 쪽지나 비밀 댓글로 남겨주시면 감사하겠습니다."
- "정말 죄송하지만 문의가 너무 많아서 질문은 당분간 받지 않겠습니다."
- "○○에 관한 내용은 DM을 주신 분들에게 순차적으로 답변해 드리겠습니다."

혹시 이런 걱정을 하지 않았는가? '너무 건방진 거 아닌가? 그러다가 사람들이 내 글을 읽지도 않고 이탈하면 어쩌려고 저러지?' 글쎄, 나는 좀 다르게 생각한다.

사람들은 최대한 많은 사람을 만족시키는 글을 쓰려고 한다. 무작정 많은 사람이 내 글을 읽어주면 좋겠다고 생각하는 것이다. 조회 수나 클릭 수에 집착하는 현상이 대표적이다. 그러나 만약 당신이 사업을 한다면 이러한 잘못된 상식에서 하루빨리 벗어나야 한다. 글을 쓸 때 가장 위험한 태도는 어떠한 대상 독자도 설정하지 않고 글을 쓰는 것이다. 대기업들이 고객 데이터를 수집하는 데 목숨을 거는 이유가 있다. 중요한 것은 내 글을 되도록 많은 사람이 읽게 하는 것이 아니라 정말로 읽어야 할 사람이 읽게 하는 것이다. 이렇게 대상 고객(독자)을 좁히는 글

악인론

쓰기 방식을 '조준해서 쏘기' 기법이라고 부른다. 반대로 대충 어림잡아 글을 쓰는 방식을 '흩뿌리듯 쏘기'라고 부른다. 공중에 스프레이를 뿌리듯이 글을 써놓곤 어딘가에서 하나만 걸리길 기도하는 것이다. 당신의 글을 스프레이를 뿌려 파리를 잡듯 허공에 분사하지 마라.

앞의 세 가지 사례의 공통점은 제약을 걸어둠으로써 글을 비밀스럽게 만들고 은근히 가치를 높인다는 것이다. '글을 읽을 대상 독자 설정하기'는 독자들의 도전 심리를 자극하고, '공개할 부분, 아끼고 싶은 부분 한정하기'는 독자들의 궁금증을 증폭하며, '독자들과의 소통 진행 여부 표시하기'는 독자들의 참여율을 향상시킨다.

제아무리 설명해도 여전히 이러한 글쓰기에 반감을 느낄 수도 있다. 너무 걱정 마라. 세상 모든 사람이 당신을 좋아할 순 없는 법이다. 나는 아무리 수많은 사람에게 읽혔을지라도 그들의 마음에 아무런 파장을 일으키지 못하는 무미건조한 글을 쓰는 것보다는, 비록 '불편함'이라는 기분일지라도 누군가의 마음과 감정을 자극하는 글을 적는 것이 내 삶에 훨씬 더 많은 이득을 가져다준다는 것을 몸소 경험했다.

그러니 아무에게도 욕을 먹지 않으려고 있으나 마나 한 글을 쓰는 데 시간을 낭비하지 마라. 욕을 먹더라도 읽는 사람의 기억에 남을 만한 글을 적어라. 그리고 뒤에서 설명하겠지만, 조금 불완전하고 불편할지라도 당신의 사상을 솔직하게 드러낸 글이야말로 당신의 철학과 비전에 공감할 추종자들의 마음을 움직일 수 있다. 악인에겐 의미 없는 무수한 익명의 팬이 아니라 꿈을 현실로 만들 소수의 추종자가 필요하다. 벌들이 향기로운 꽃에 달려들듯이 어딘가 존재할 당신의 추종자들 역시 당신만의 법이 작동되는 '이기적인 글'을 읽고 당신 곁으로 모여들 것이다.

1000번의 팩트 나열보다
강력한 무기 1가지

이마누엘 칸트를 아는가? 그는 당대 최고의 지식인이었지만, 만약 사업을 했다면 쫄딱 망했을 것이 틀림없다. 그의 글은 너무 어려울 뿐만 아니라 심지어 더럽게 재미없기 때문이다. 강조하겠다. 재미없는 글을 쓰는 사람은 절대 성공할 수 없다.

잠깐 표준국어대사전으로 가보자. 철학자들의 단골 소재인 '존재'라는 단어를 사전에서 검색하면 이런 설명이 나온다.

의식으로부터 독립하여 외계(外界)에 객관적으로 실재함. 또는 그일. 그 양상에 따라 물리적, 수리적, 사회적, 인격적인 것 따위로 구분한다.

철학을 좋아하는 나조차도 무슨 소리인지 전혀 모르겠다! 이처럼 철학자들의 주제는 너무나 어렵다. 그중에서도 철학자 칸트의 글은 무척 난해해서 당대 학계에서조차 받아들이기 힘들었다고 한다. 수많은 지식인이 극도로 초월적인 그의 이론을 온전히 이해하지 못해 등을 돌린 것이다. 지금에야 우리는 그의 위대함을 명성을 통해 알고 있지만, 그의 위대함이 인정받는 지금에 와서도 평소 인문학 서적을 꾸준히 읽는 소위 교양인들조차 칸트의 철학을 쉽게 설명하라고 하면 입을 다무는 경우가 많다.

당연한 말이지만 당신은 철학자가 아니며, 칸트는 더더욱 아니다. 이 간단하고 뻔한 조언을 사람들은 어느 순간 잊어버린다. 당장 내 주변만 살펴봐도 '21세기 칸트'가 득실거린다. 공부좀 했다고 하는 전문가나 지식인은 자기가 하는 말을 일반인 모두가 당연히 이해할 것이라고 착각한다. 일종의 '지식의 저주'에 걸린 사람들이다. 지식의 저주란 너무 높은 수준의 지식이 오히려 대중에게 지식을 쉽게 전달하는 것을 방해하는 현상이다. 당신의 마음속 칸트에게 사형 선고를 내려라. 즉, 다음과 같은 오류를 버려라.

첫 번째 저주, 추상어를 추상어로 설명한다

다음은 칸트의 대표 저서 『순수 이성 비판』의 내용과 그 해설에서 한 구절씩 가져온 것이다.

(…) 더 자주 끊임없이 생각하면 할수록, 점점 더 새로워지고 점점 더 커지는 경탄과 경외감으로 마음을 채우는 두 가지: 내 위의 별로 가득 찬 하늘과 내 안의 도덕 법칙. (…)

(…) 이 점에서 『순수 이성 비판』은 인간의 인식과 앎에 대한 논의를 첫째 질문을 통해 수행하고 있음을 알 수 있다. 칸트에 따르면, 이성주의(합리주의) 철학의 전통에서 이성은 그 능력이 검증되지 않은 채, 신, 영혼불멸, 자유와 같은 무제약자들을 함부로 추구했다는 문제가 있다. (…)

일단 직관적으로 이해가 되는가? 나는 무슨 말인지 하나도 모르겠다. 만약 당신이 이런 식으로 문장을 시작한다면 힘겹게 모은 독자 중 90퍼센트 이상은 곧장 창을 닫거나 당신을 차단할 것이다. 어려운 내용이 세 줄 이상 넘어가는 순간 독자들은 읽기를 중단한다.

'내가 아니까 남들도 당연히 알겠지', '내 머릿속에서는 이미 완벽하게 구축된 지식이니까 남들도 그러겠지' 등 이런 식의 안일한 생각으로 글을 쓰면 안 된다. 글쓴이가 안일하게 생각한 것만큼 읽는 사람들도 크게 관심을 두지 않고 스킵해버릴 것이 분명하다. 모든 추상어를 구체어로 표현하려고 애써라. 글을 쓸 때 이 원칙을 단 한 순간도 잊어선 안 된다.

두 번째 저주, 스토리가 없고 설명만 있다

내 사업체에서 내보내는 칼럼들은 기본적으로 심리학과 통계학에 그 뿌리를 두고 있다. 과학적이고 논리적인 글을 좋아하는 사람들이 우리 회사 블로그의 이웃들이다. 그런데 의외로 전혀 다른 주제를 다룬 한 칼럼이 역대급으로 엄청난 반응을 일으켰다. 「치매 증상이 의심되는 어머니를 병원에 모셔간 이야기」라는 칼럼이었다. 치매 진단을 받을까 봐 병원에 가기를 거부하는 어머니와 그런 어머니를 어떻게 해서든 병원에 데려가기 위해 심리학을 활용해 설득한 아들의 일화를 다룬 글이었다.

내가 지독하게도 불효를 선사했던 어머니는 일시적으로 기억을 상실했다. "수현아, 내가 혹시 너와 전화 통화를 했었니? 얘기 좀 해주렴." 나와 크게 다투다가 극도의 스트레스를 받은 탓인지 치매 증상을 보인 것이다. 언젠가 드라마에서 봤듯 어머니가 내 이름조차 잊고 살아가게 될지 모른다는 불안감이 번뜩 들었다. 그간 저지른 불효에 대한 벌을 한 번에 받는구나 하는 심정으로 며칠간 한 시간에 한 번씩 울었다.

그러나 이내 정신을 다잡고 심리학 기법들을 내세워 어머니를 병원에 모시기 위해 설득했다. 어머니를 정신적으로 안심시키고자 "걱정 마. 엄마가 치매면 바로 요양원에 보내두고 종종 찾아가서 장난칠 테니까"라고 하며 마음에도 없는 말로 웃어 보였다(어머니는 본인보다 혼자 남을 아들이 우울해할 것을 더 걱정할 터였다). 돌아서서는 혼자 방에 들어가 펑펑 눈물을 흘렸다. 말은 그렇게 했지만 어머니가 정말로 기억을 잊는다면 웃을 자신은 없었다. 그러고선 검사를 하기 위해 병실에 입원한 어머니를 보러 갈 때마다 억지웃음을 지어서라도 안정을 찾게 해드렸다.

2주가 넘는 시간이 흘러갔다. 결과적으로 이상 없다는 진단을 받았다. 아버지와 어머니는 외식을 하러 가자고 했다. 나는 그럴 수 없었다. 그동안 배제했던 감정들이 불쑥 솟아올라 화장실에서 세수만 30분을 넘게 했다.

블로그 이웃들에게 심리학 지식을 활용해 누군가를 설득하는 방법을 알려주고 싶었다. 그런데 만약 "지식을 활용하면 인생에 반드시 도움이 됩니다", "그러니 책을 열심히 읽어서 자신만의 철학을 갖춥시다"와 같이 누구나 말할 수 있고, 차별화되지 않은 지루한 설명문을 적었다면 어떻게 되었을까? 아무도 눌러보지도 않았을 것이다. 실제 내가 겪은 에피소드를 토대로 심리학이 일상에서 어떻게 활용될 수 있는지를 보여주기만 했을 뿐인데 사람들은 그 어떤 칼럼보다 이 글을 사랑했다.

　단순한 설명문에 지루함을 느끼는 것은 당연하다. 소중한 시간을 의미 없는 곳에 낭비하고 싶어 하는 사람은 없다. 하지만 당신이 이야기를 시작하면 사람들은 상상하기 시작한다. 집중하라고 당부하지 않아도 자리를 잡고 앉아 귀를 기울인다. 이것이 바로 이야기의 힘이다.

감탄이 나오는 글을 쓰는 법

글을 잘 쓰기 위해 가장 철저하게 지킨 규칙이 하나 있다. 나는 모든 책을 밑줄을 그으며 읽는다. 밑줄을 긋는 문장은 두 가지 종류다.

첫 번째는 책의 핵심 지혜를 담은 구절이다. 대부분의 책은 다양한 통계, 각종 이론을 인용하며 근거를 설명한 뒤 마지막에 결정적인 주장을 한다. 바로 이 주장을 담은 구절을 찾아 메모함으로써 핵심을 빨아들인다.

두 번째로 경탄을 자아내는 문장에도 밑줄을 긋는다. 의외로 많은 사람이 실천하지 않는 행동이다. 나는 수많은 작가와 인맥이 쌓이기 전만 해도 모든 사람이 나처럼 책을 읽을 때 줄을 긋는 줄 알았다. 그러나 그런 사람이 많지 않아 무척 놀랐다. 모든 책에는 아름다운 구절이 적어도 한 번은 나온다. 어떻게 이런 참신한 표현을 쓰는지 말 그대로 감탄이 절로 나오는 문장들 말이다. 감동과는 거리가 먼 과학 서적이나 비문학 도서에서 이런 문장을 만나면 너무나 반갑다.

명언집이나 속담집을 사서 읽으라는 이야기가 아니다. 명언과 속담 모두 결국 '짧음의 미학'이다. 설명하자면 길어지는 지혜를 최대한 단축해 사람들의 뇌리에 박아 넣는 것이다. 그래서 어떤 문학가는 '소설'보다 '시'를 조금 더 우아한 예술이라 평가하기도 한다. 얼마나 짧고 강렬하게 이야기를 전달하는지가 시의 관건이기 때문이다. 광고 카피도 마찬가지다. 짧은 문구로 누군가를 감동시키기는 훨씬 더 어렵다.

분야를 불문하고 모든 책에는 짧지만 강렬한 아름다운 구절이 숨어 있다. 형편없는 책에도 하나쯤은 들어 있다. 이를 강박적으로 수집하라. 가능하다면 언제든 찾아보기 쉽게 자신만의 블로그에 옮겨 적어라. 이 과정에서 자연스럽게 질 좋은 문장의 구조와 원리를 습득하게 된다. 훗날 글을 쓸 때 참신하고 아름다운 문장이 저절로 나오게끔 당신의 무의식을 설계하는 것이다. 이것이 바로 글쓰기 실력을 가장 빠르게 높이는 지름길이다.

좋은 글을 쓰는 방법은 단순하다. 좋은 글을 머릿속에 많이 집어넣으면 된다. 백지에서 글을 쓰면 당연히 어렵다. 좋은 글이 나오지 않아서 고민이라면 그동안 '인풋'이 부족했다는 뜻이다.

한 달에 한 번 꼴로 내가 쓴 초고가 전자책들에 달린 리뷰를 읽어본다. 놀랍게도 95퍼센트 이상이 '선플'이다. 수많은 책의 정수만 추출한 나만의 문장 노트를 꾸준히 채워나가다 보니 독자들이 감탄할 만한 문장들을 책 곳곳에 배치하는 훈련도 자연스레 이루어졌다. 책을 읽는 것을 즐기지 않는다고 해도 괜찮다. 이럴 때는 책을 읽을 때 하루에 딱 한 문장은 반드시 줄을 긋겠다는 원칙을 세워라. 아무리 알맹이 없는 책일지라도 당신을 감탄시킬 한 줄은 반드시 등장한다. 이것들을 틈날 때마다 노트에 적어두거나 개인 블로그에 비공개로 기록하며 꾸준히 모아둬라. 그리고 1주일에 한 번쯤 복습하라. 문장력이 가파르게 상승할 것이다.

문장 수집가는 모든 분야에서 활동해야 한다. '세상은 온통 보물 천지다!' 이런 마음의 습관을 갖게 되면 모든 것이 수집 대상이 된다. 유튜브 영상 하나를 보더라도 생각 없이 보지 말고, 조회수가 압도적으로 많은 영상은 어떤 섬네일과 제목이 사용되었는지 유심히 관찰하라. 그런 영상을 볼 때마다 캡처 기능을 활용해 스마트폰에 저장하라. 모든 것이 재료가 된다. 내 스마트폰 사진 폴더 안에는 이러한 수천 장의 캡처 이미지가 저장되어 있다.

단, 인용과 표절의 차이를 인식하고 있어야 한다. 종종 표절 의혹을 받는 아티스트들이 있다. 보통 "너무 자주 듣다 보니 무의식 중에 그렇게 된 듯합니다"라고 변론하는데, 분명 거짓말도 있겠지만 그들 중에는 정말로 억울한 사람도 있을 것 같다. 나 또한 오랫동안 수많은 문장을 수집하다 보니 글을 쓸 때 나도 모르게 예전에 수집한 문장과 비슷한 구조나 유사한 표현을 쓴 적이 있다. 어느 날 우연히 책을 꺼내 읽다가 '그때 쓴 문장이 이 책에서 나온 것이구나!' 하고 깨닫고는 글을 수정한 적도 있다.

따라서 탐욕스럽게 문장을 수집하면서도 한편으로는 '내가 타인의 글을 그대로 베끼진 않았는가?' 하고 틈틈이 되짚고 긴장하며 스스로를 경계해야 한다. 누군가의 지혜와 통찰이 응축된 아름다운 문장을 빌려올 때는 반드시 심사숙고해 자신의 언어로 표현하려 애써야 한다. 이것이 다른 작가들에 대한 최소한의 예의다.

대학원 논문의 경우 논문에 인용된 문장이 정말 인용인지 아니면 표절인지 판독하는 기계가 있다고 한다. 논문 데이터를 입력하면 이 표절 판독기가 베낀 글의 비율을 알려주는 것이다. 기계를 도입한 후로는 모든 논문 작성자가 피인용 자료의 글을 충분히 이해한 뒤 반드시 자신만의 방식으로 변형하여 글을 쓰려고 노력하게 되었다고 한다. 이러한 직업윤리를 잊지 마라. 모방은 창조의 어머니라는 말이 있다. 어느 정도의 아이디어를 가져오는 건 괜찮지만, 대놓고 베끼는 건 스스로에게도 아무런 도움이 안 되는 소모적인 행위다. 이때 균형을 잡아가는 것은 물론 꾸준한 연습만으로 가능하다.

지금 당장	일주일	1개월	3개월

성공과 전혀 관련 없어 보이는 소설이나 시 같은 문학 작품을 읽을 때도 수집 활동을 멈춰선 안 된다. 중요한 것은 함부로 편견을 갖지 않는 것이다. 설사 판타지 소설을 읽더라도 분명 그 안에는 당신을 감탄시킬 보석 같은 문장이 숨어 있을 것이다.

5장

욕을 먹더라도
의도적으로 먹어라

사회적 지능
악인의 무기 ③

인간관계란
'플러스'와 '마이너스'의 축적이다

골방에만 처박혀 아무도 만나지 않으면서 대성공한 사업가를 봤는가? 아마 없을 확률이 클 것이다. 악인이라고 하면 독불장군으로 살아가는 이미지를 떠올리겠지만, 진정한 악인은 카리스마나 매력으로 사람들의 마음을 사로잡아야 한다. 여기서 가장 중요한 것이 바로 '사회적 지능'이다. 영어로는 'SQ'라고 하는데 'Social Quotient'의 약자다.

다중 지능 이론이라는 것이 있다. 인간은 기본적으로 언어 지능, 수학 지능, 암기력, 창의력 등 여러 가지 지능을 동시에 지니고 있는데, 사람마다 그 능력의 분포가 천차만별이라는 이론이다. 이 가운데 사회적 지능은 타인의 감정을 이해하고 공감하여 그에 맞춰 적절하게 행동하는 능력을 말한다. 좀 더 구체적으로 살펴보자.

인간관계란 시간의 흐름을 축으로 하나하나의 만남과 연락마다 '플러스'와 '마이너스'가 축적되는 그래프다. 사회적 지능이 뛰어난 사람은 상대방이 마음에 들어 할 만한 행동을 시기적절하게 해서 남들보다 쉽게 사랑을 받고 인기를 끈다. 쉽게 말해 플러스 점수를 차곡차곡 적립해 나가는 것이다. 긴 시간 꾸준히 활동해 온 연예인들은 기본적으로 사회적 지능이 굉장히 높다. 어쩌면 너무나 당연한 이야기지만 의외로 세상 사람들은 사회적 지능이 인생을 결정지을 만큼 중요한 능력이라는 사실을 모른다.

『레버리지』라는 책에서 저자는 뛰어난 능력을 지닌 사람에게 일종의 옆어 타기 전략인 '레버리지'를 구사하여 손쉽게 성공을 이뤄낼 수 있다고 주장한다. 주식 투자를 한다면 혼자 애쓰지 말고 주식시장을 지배하는 이에게 돈을 맡기는 게 성공의 지름길이라는 말이다. 그러나 옆어 타기가 실제로 가능할까? 드라마 「재벌집 막내아들」에 이런 대사가 나온다.

"나한테 없는 것이 너에게 있어야 그것이 거래다."

당신보다 능력이 뛰어난 사람들이 아무런 조건 없이 당신에게 레버리지를 제공하리라는 기대는 순진하기 그지없는 생각이다. 그들에게는 그들만의 세상이 있다. 당신에게 특별한 능력이

나 엄청난 재력이 있지 않다면 그들은 굳이 당신과 어울리려고 하지 않을 것이다. 전설적인 투자자 워런 버핏과의 식사가 엄청난 가격에 거래되는 것은 어찌 보면 당연한 현상이다.

하지만 그들을 레버리지 할 최고의 '무료 치트키'가 있다. 바로 사회적 지능이다. 사람들은 사회적 지능이 높은 사람에게 호의를 베푸려고 한다. 아, 누구나 다 아는 것을 떠든다고? 놀랍게도 이 능력을 마스터하여 자유자재로 활용하는 비율은 지금까지 7000여 명을 상담했던 나의 체감상으로도 아주 적었다. 3~4퍼센트가 채 되지 않는 정도다. 구체적인 일화를 하나 꺼내보자.

시간당 90만 원 받는
상담사의 마음을 사로잡는 사람들

유튜브 채널을 오픈한 뒤 많은 일을 겪었다. 채널이 점차 성장하여 구독자 규모가 5만 명을 넘어서자, 인스타그램 계정으로 하루에도 수십 건이 넘는 메시지가 왔다. 모두 내게 조언과 도움을 요청하는 용건이었다. 크게 봤을 때 두 가지 유형이 있었다.

첫 번째 유형은 다짜고짜 도와달라는 메시지다. 사연을 엄청나게 길게 적어 보내면서 "이거 해석해 주세요", "지침을 알려주세요", "사진이 안 가네요? 통화로 설명할 테니 전화 좀 받으세요"라며 일방적으로 말을 건다. 업무에 바빠서 바로 답변을 하지 않으면 그들은 자존심이 상했는지 내 계정을 차단했다. 애타는 마음을 이해 못 하는 건 아니다. 그만큼 간절하고 급한 상황이었으리라 짐작한다. 아무런 시도도 하지 않고, 전문가에게 접근조차

악인론

하지 않는 사람보다는 원하는 것을 얻을 확률도 높을 테다. 적어도 50퍼센트의 성공 확률은 갖게 되는 것이니까. 그러나 나도 사람인지라 밝게 웃을 수만은 없다. 나를 기다리는 유료 상담 신청자들도 많은데 다짜고짜 질문을 던지고 답변을 내놓으라고 하는 메시지에 마음을 열기란 세상 그 어떤 성인군자에게도 어려운 일이다. '그런 행동은 사회적 지능이 낮은 사람들이나 하는 거지. 나라면 저러지 않았을 텐데.' 혹시 남 일이라고 생각했는가? 놀랍게도 100개의 메시지를 받으면 99개는 이런 식이다. 직접 이별을 겪어보면 그 급한 심정을 이해할 것이다.

두 번째 유형은 높은 사회적 지능을 갖춘 이들이 보내는 정중한 메시지다. 100명 중 한 명꼴로 이런 메시지를 보낸다. 그들은 먼저 양해를 구한다. 그리고 "꼭 봐주지 않아도 괜찮다"라는 말을 반드시 덧붙인다. "갑자기 실례를 끼쳐서 죄송하다"라는 말도 잊지 않는다. 내가 개인적인 일로 오랜 시간 답변을 하지 못하다가 한참이 지나 답을 하더라도 매우 반가워하며 맞이해 준다. 또한 그들은 자신의 목적을 말하기에 앞서 나와 개인적으로 친해지려고 한다. 그런 다음 조심스럽게 "괜찮으시다면 하나만 여쭈어도 될까요?"라고 묻는다. "역시 목적이 있으셨군요!"라고 대답하면서도 웃어줄 수밖에 없다. 당장 부탁부터 하고 싶었겠지만 나를 배려하고자 그 마음을 최대한 뒤로 미루고 스스로를 자제했을 노력을 알기 때문이다. 이렇게 되면 결국 원하는 것을 얻을 확률이 압도적으로 높아진다. 시간당 90만 원을 받는 상담사라도 5분쯤 투자해 짧게나마 조언을 하게 되는 것이다. 연애나 재회의 영역은 단 한 번의 판단으로 성공과 실패가 갈리는 일이 비일비재하다. 주식 투자와도 닮았다. 선택의 게임이기 때문이다. 단 5분짜리 상담일지라도 그 잠깐의 상담을 통해 연애나 재회 확률을 크게 높일 수 있다. 결국 그들은 높은 사회적 지능 덕분에 나의 답변을 받고, 최적의 조언을 따라 레버리지는 성공한다.

사회적 지능이 모자라면 이와 같이 사회적으로 적절한 행동을 하지 못하여 큰 손해를 보게 된다. 본격적으로 자기 사업을 하는 사람들은 사회적 지능의 중요성을 누구보다 잘 안다. 이것 하나만으로도 수억 원에 달하는 거래를 따낼 수 있고, 큰돈이 걸린 협상에서 유리한 고지를 점할 수 있음을 수많은 경험을 통해 체득했기 때문이다. 아직 악인으로의 삶에 본격적인 첫발을 떼기 전이라면 사회적 지능을 반드시 연마해야 한다.

내가 아트라상에 입사할 수 있었던 이유도, 더 나아가 대표가 될 수 있었던 비결도 사회적 지능을 갈고닦았기 때문이었다. 나는 2012년, 위에서 소개한 사례에서 정확히 반대의 입장에 서 있었다. 나 역시 간절한 마음으로 상담을 받았던 내담자였다. 그리고 마지막 희망이라고 생각했던 재회 상담에서 끝내 '재회 확률 10퍼센트'라는 진단을 받았다.

첫 번째 유형에 속하는 사람이라면 감정을 컨트롤하지 못해 울부짖고 괴로워할지도 모른다. 그 마음을 백번 이해한다. 그러나 나는 분노를 겉으로 드러내지 않았고 상담사를 털끝만큼도 원망하거나 탓하지 않았다. 그저 결과를 겸허히 받아들이며 이렇게 말했다. "제 연애는 제가 망친 거네요. 솔직하게 분석해 준 상담사님께 무슨 잘못이 있겠어요. 상담사님이 제 사연을 들어준 것만으로도 제게 좋은 기회가 되었다고 생각해요. 정말 감사해요. 진심이에요."

그리고 2년이 지나 나는 처음으로 '박쥐'에게 상담을 받았다. 기존에 나를 담당했던 상담사가 스케줄 문제로 나를 더 이상 담당하지 못하게 되어 우연이 벌어진 것이다. 박쥐는 놀랍게도 나의 첫 번째 상담 내용까지 알고 있었다. 자신이 상담하지 않았음에도, 정중하고 호의적인 나의 태도가 회사 내에서 알려졌던 모양이다.

사회적 지능이 선천적으로 높은 편은 아니었다. 대학교에 다닐 때 친구들은 종종 말했다. "수현이 너는 가만히 있을 때 표정이 무서워. 가끔은 정색하는 것처럼 보여서 좀 짜증 날 때도 있다니까." 그들에게 어떠한 악의도 없었지만 상대방이 그렇게 느껐다면 나는 '사회적으로 적절하지 못한 행동'을 하고 있는 셈이었다.

아마 이 책을 읽고 있는 독자들에게도 이런 경험이 있을 것이다. 문제가 될 만한 아무런 행동도 하지 않았는데 어느새 주변 사람들이 뒤에서 내 흉을 보고 있다거나 나에 관한 안 좋은 소문이 파다한 상황 말이다. 이를 방치한다면 예측불가능한 재앙이 자신에게 돌아올지도 모른다. 말을 할 때도 상대의 감정을 헤아릴 수 있어야 적절하게 수위를 조절할 수 있고, 글을 쓸 때도 읽는 사람의 마음을 헤아려야 이해하기 쉬운 글을 쓸 수 있다. 결국 모든 것에 사회적 지능이 필요한 것이다.

뭐, 악인처럼 마이웨이로 살기로 마음먹었는데 그게 무슨 상관이냐고? 그것은 악인의 개념을 아직 제대로 이해하지 못한 것이다. 악인은 지배력을 행사할 수 있어야 한다고 이야기했다. 그 지배력은 막무가내로 상대방을 깎아내리고 가스라이팅을 한다고 되는 게 아니다. 일단은 먼저 상대방으로부터 호감을 얻어야 한다. 권위는 그다음에 세우는 것이다. 자, 그럼 내가 악인으로서의 지배력을 구축하기 전에 최소한의 영향력을 얻고자 벌였던 '이상한 짓'(?)에 대해 이야기해보겠다.

뜬금없이 연극 동아리에 들어가 1년을 투자한 이유

지금 다니고 있는 회사를 발견하고 입사를 목표로 훈련에 박차를 가하던 시절, 나는 생뚱맞게도 연극 동아리에 가입했다. 그 결정을 내리기까지 고민이 컸다. 자기계발을 할 시간도 부족한데, 그저 연극을 좋아한다는 마음 때문에 귀한 시간을 동호회에 투자한다는 생각에 마음이 불편했다. 어딘가에 그저 즐기러 간다는 느낌이 들어 기분이 딱히 유쾌하지는 않았다. 난데없이 연극 동호회라니, 지금 생각해 봐도 황당하기 짝이 없는 결정이었다.

그러나 돌이켜 보면 그때의 경험이 내가 성공하는 데 큰 역할을 했다. 헛되이 쓴 시간이 아니었다. 사회적 지능을 가장 빠르게 높일 지름길에 올라선 셈이었다. 연극 동호회는 내 삶에 구체적으로 어떤 도움을 주었을까?

연극 동호회에는 자신만의 캐릭터가 뚜렷한 사람이 가득하다. 예를 들어 '공무원 집단'과는 그 결이 완전히 다르다. 현상 유지를 최우선 가치로 두는 공무원 집단의 뇌 시스템은 언제나 '안정'과 '균형'을 추구한다. 그러나 연극 동호회에는 '비교적' 가지각색의 사람들이 모이는 경우가 많다. 그들 특유의 예술적 감수성은 서로를 자극하고 늘 독창적인 행동을 하도록 유도한다. 이런 사람들을 보고 또 다른 괴짜들이 동호회를 찾는다.

말하고 싶은 것은, 이렇게 전혀 다른 성격의 수많은 사람들이 모인 집단에 소속되는 경험을 누구나 한 번쯤은 꼭 해봐야 한다는 것이다. 수학 실력이 느는 원리와 같다. 기본 문제만 푼다면 실력 향상이 더디지만 온갖 개념을 조합한 문제나 난생 처음 보는 특이한 문제, 또는 새로운 유형의 문제 등을 경험하면 실력은 가파르게 상승한다. 인간관계도 마찬가지다. 나는 이를 '심해에 들어간다'라고 표현한다. 심해에는 별의별 특이한 물고기들이 모여 산다. 고등어나 연어만 헤엄치는 곳에서는 새로운 물고기를 만날 수 없다. 연극 동호회라는 심해에서 1년을 보내면서 총 두 번의 공연을 했다. 공연 자체도 재미있었지만 나의 사회적 지능이 아주 빠르게 상승하는 경험을 했다.

처음에는 나를 싫어하던 사람들이 시간이 지나면서 내가 하는 특정 행동에 기뻐하는 모습을 두 눈으로 목격했다. 어색했던 여자 회원과 대화를 나누면서 다양한 소재를 찾아내 대화의 흐름을 자연스럽게 이어가는 연습을 했다.

어떤 행동을 하면 사람들은 거부감을 느끼거나 불쾌한 반응을 보이기도 했다. 쉴 새 없이 피드백이 오는 셈이었다. 타인의 반응을 많이 경험하면 할수록 사회적 지능은 빠르게 높아진다. 지적을 받든, 불쾌한 표정을 맞닥뜨리든, 비웃음당하든 일단 훈련장으로 가서 자신을 드러내고 타인의 반응을 관찰해야 한다. 그리고 가장 좋은 훈련장은 말했듯이 심해다. 비슷비슷한 사람들만 모여 있는 얕은 물에서는 성장이 더디다.

비슷한 예로 사업가 모임이나 창업가 동호회, 크로스핏처럼 격렬한 운동 모임 등이 있다. 직접 경험해 본 결과 이 집단들 역시 비교적 다양한 성격을 지닌 사람들이 모이는 편이었다. 사회적 지능은 원래 익숙한 곳을 떠나 새로운 사람과 새로운 인간 유형을 접해봐야 빠르게 성장한다. 마치 어려운 문제를 자꾸 풀면 수학 실력이 상승하듯 사회적 지능 역시 다양한 유형의 사람들을 만나면 상승할 수밖에 없다. 같은 문제만 풀어서는 세상을 바라보는 폭을 넓힐 수 없다. 빠르게 사회적 지능을 기르고 싶다면 반려동물 모임이나 투자 관련 모임처럼 엇비슷한 대화를 반복하는 집단보다는, 성격과 관심사가 서로 다른 사람들이 모이는 공간을 찾는 게 압도적으로 유리하다.

당신의 성공과 전혀 관련 없어 보이는 분야에 잠깐이라도 발을 담가라. 의외로 큰 도움이 될 것이다. 너무 많은 시간을 투자할 필요는 없다. 나는 총 1년을 보냈는데 지금 생각하면 2개월 정도만 해도 충분했을 것 같다. 8년이 지난 지금까지도 아트라상에서 내가 상담업을 그만두지 않고 있는 이유도 마찬가지다. 사실 나는 상담을 중단하고 그 시간에 글을 쓰는 게 경제적으로 더 득이 되는 상황이다. 그러나 상담은 그만두지 않으려 한다. 꾸준히 심해로 들어가는 일이기 때문이다. 상담을 하면서 아이비리그 출신의 경영자, 고액 연봉의 전문의, 변호사, 아직 날개를 펼치지 못했으나 똑똑한 백수 등 온갖 유형의 사람들을 만난다. 이 과정에서 끝없이 사회적 지능을 단련하고 있으며 그러한 성장을 통해 또 새로운 사람들을 만났을 때 손쉽게 호감을 살 테니 말이다. 결론적으로 나의 리그는 훨씬 더 넓어진다.

또 하나 배운 것이 있다. 연극에 오랜 시간을 투자하면서 나는 원하는 대로 감정을 꺼내 쓰는 법을 터득했다. 눈물을 흘려야겠다고 생각하면 이제 15초 안에 눈물을 뚝 흘릴 수 있다.

이는 매우 유용한 무기다. 누군가는 '그것은 사람을 속이는 행위'라고 비판할지도 모른다. 나는 '거짓된 감정을 지어내라'고 말하지 않았다. 기쁘다면 더 기쁜 모습을, 슬프다면 더 슬픈 모습을 보이라는 뜻이다. 이는 사람들이 당신의 캐릭터를 더 뚜렷하게 그릴 수 있게 만든다.

『권력의 법칙』이라는 책을 쓴 로버트 그린은 권력을 얻기 위해서는 감정을 숨기라고 주장했다. 글쎄? 그의 주장에 절반만 동의한다. 나는 그의 설명이 조금 부족했다고 생각한다. 더 자세히 말하자면 감정은 아주 오랫동안 숨기다가 최후의 순간에 '아주 극적으로' 터뜨려야 한다.

윤리적으로 문제가 없다면 감정을 더 진하게 채색하는 건 인간관계에 상당히 큰 도움을 준다. 누군가 나의 추종자에게 해를 끼치면 나는 그 사람에게 더 과도하게 화를 낸다. 실제로 화가 나기도 했지만 이를 한층 더 강조하는 것이다. 추종자들이 '나를 위해 저렇게까지 화를 내주다니!' 하는 감정을 느끼게끔 말이다. 어느 유명한 스포츠 감독은 조금도 화가 나지 않았을 때도 선수들의 기강을 잡기 위해 '화가 난 척'을 너무나 잘해서 유명해지기도 했다. 나는 이를 '감정 카드'라고 부른다. 언제 어디서든 꺼내 쓸 수 있는 카드 말이다.

오해하지 않았으면 한다. 거짓 연기로 상대를 속이는 것과는 전혀 다르다. 감정에 푹 빠지고 이를 드러내는 연습을 하면 실제로 감정을 느끼는 깊이가 달라진다. 얼마 전 예상하지 못한 순간에 직원들에게 축하받은 일이 있었다. 내가 두 번째로 집필한 전자책이 29만 원이라는 고가에도 불구하고 판매하자마자 첫 번째 전자책을 능가하는 매출을 기록했기 때문이다. 축하해 주는 마음에 감동해 눈물이 뚝뚝 흘렀다. 억지로 짜낸 눈물이 아니었다. 그저 평소 이런저런 상상을 하면서 감정에 푹 빠지는 연습을 하다 보니 자연스럽게 눈물이 흘렀다. 사람들은 당황했지만 내가 얼마나 감동했는지를 생생하게 느꼈을 것이다. 그들에게도 반가운 일이었을 테다.

자기계발 관련 도서들은 하나같이 '감정을 숨기는 능력'의 중요성을 강조한다. 어느 정도는 동의한다. 협상이나 거래에서는 내가 가진 것을 숨겨야만 하는 순간이 있다. 그러나 반대로 감정을 더 적극적으로 드러내는 연습 또한 반드시 해야 한다. 악인도 때로는 눈물을 흘릴 줄 알아야 한다. 이 부분은 더 길게 적지 않겠다. 때때로 흘리는 진정성 어린 눈물은 당신의 생각보다 아주 아주 많은 것을 해결한다. 지금 당신의 주머니에는 몇 장의 감정 카드가 있는가?

지금 당장	일주일	1개월	3개월

당신이 하는 일과 전혀 상관이 없어 보이는 곳에 아주 잠깐 발을 담가라. 단 한 달만 머물러도 충분하다. 어쩌면 잠재한 사회적 지능이 폭발하는 것은 물론이고 지금까지 상상해 보지 못한 자신의 새로운 가능성을 발견할지도 모른다.

무례한 경쟁자를 웃으며 무릎 꿇게 만드는 법

위험한 사람이라고 해서 마냥 피하거나 도망치기만 할 수는 없다. 악인? 왠지 누군가에게 무작정 화내고 버럭 소리를 지르는 그림이 떠오른다. 앞에서도 말했지만 진정한 악인들은 자기 통제가 안 되는 사람들이 아니다. 그보다는 철저하게 기류를 판단하여 정확한 타이밍에 치고 들어가서 권위를 잡는 사람들이다. 진정한 악인은 무작정 도망치는 겁쟁이도 아니고 무턱대고 공격을 일삼는 폭군도 아니다.

살아가다 보면 누구나 자신의 권위를 침범당하는 일들을 맞닥뜨린다. 아무리 순하고 유한 사람이더라도 무시당하거나 만만하게 보이는 것을 즐기는 사람은 없다. 그런데 아주 애매한 상황이 있다. 대놓고 화를 내고 지적하기엔 수위가 약하고 아무렇지 않게 넘겨버리기엔 나를 우습게 보는 게 아니라면 할 수 있는 말이 아니라고 생각될 때다. 이런 '침범자'에게 곧장 화를 낼 때 감수해야 할 리스크가 있다. 화를 낸 사람이 도리어 지나치게 예민하고 소심한 것으로 치부될 확률이 크다는 점이다.

이럴 때 내가 즐겨 쓰는 전략이 있다. '명분 이론'이라는 것으로 총 3단계로 구성되어 있다.

1단계: 플러스와 마이너스를 철저히 기록하기
2단계: 결정적인 타이밍에 치고 들어가기
3단계: 상대의 잘못을 나열하기

반드시 순서를 정확하게 따라야 한다. 하나씩 살펴보자.

1단계: 플러스와 마이너스를 철저히 기록하기

기억은 왜곡될 수 있다. 기억하고 싶은 것만 기억하거나 상대방이 어떤 행동을 하든지 색안경을 끼고 본다면 그때부터는 좋은 점도 안 보일 확률이 크다. 미워하기 시작하면 미운 것만 보인다고 하지 않던가. 모든 사실을 '글'로 정확히 기록할 필요가 있다.

앞에서 모든 인간관계는 플러스와 마이너스가 축적된 결과라고 말했다. 상대가 한 행동과 말을 한 줄 한 줄 기록하는 습관을 들여라. 누군가는 이렇게 한 사람 한 사람 기록하고 평가하는 행위를 인간적이지 못하다며 부정적으로 바라볼지도 모른다. 나는 거꾸로 이 방법을 통해 '편향적인 생각'을 고친 적도 많았다.

A라는 직원이 있었다. 나는 그가 처음 회사에 들어왔을 때부터 어딘가 마음에 들지 않았다. 그러다 보니 그 사람이 실수하거나 튀는 행동을 하는 것만 골라 기억하게 되었다. 아무런 의도 없이 한 행동까지도 나에 대한 도전이나 공격으로 받아들였다. 그러나 날마다 플러스와 마이너스를 기록하고 보니 그에 대한 적개심이 엄청난 착각에서 비롯했음을 깨달았다. 그는 나에게 이득이 되는 행동을 훨씬 더 많이 하고 있었다. 마이너스로 기록한 행동들마저 복기해 보니 그가 고의적으로 한 것이라기보단 그저 내가 안 좋게 보려고 작정했기에 생긴 감정의 부산물이었다. 이를 깨닫자 쓸데없는 스트레스 또한 사라져 버렸다.

이러한 데이터를 쌓는 데 보통 1개월 정도는 필요하다. 이 시간 동안 기록한 마이너스는 훗날 상대방을 공격할 '명분'이 된다. 섣불리 치고 들어갔다간 역공을 당할 수도 있으니 충분한 시간을 들여 상대를 관찰해야 한다.

2단계: 결정적인 타이밍에 치고 들어가기

1단계를 충실히 수행하다 보면 공격해야 할 대상이 누구인지 대강 감이 잡히고 공격할 확실한 명분이 있음을 깨닫는다. 단순히 내 감정에 취해서 상대를 미워하는 것인지, 아니면 상대가 정말로 잘못하고 있는 것인지도 정확하게 파악하게 된다. 대상이 확실해졌다면 결정적으로 공격할 '타이밍'을 찾아야 한다.

타이밍은 보통 불현듯 찾아온다. 주로 상대방이 다른 사람들 앞에서 선을 넘는 발언을 하거나 도를 넘어선 행동을 할 때가 바로 그 타이밍이다. 이때 주저하지 말고 상대에게 '지금 당신은 몹시 무례하고 예의 없는 행동을 했다'고 정확하게 지적하라. 경험상 1~2단계를 거쳐 공격하면 상대방은 무방비로 당할 수밖에 없다. 1단계에서 묵히는 시간을 충분히 가졌기 때문에 상대방은 누군가 자신을 공격하리라고는 전혀 예상하지 못한다. 주의할 점은 공격할 때는 가차 없이 해야 한다는 것이다. 마음이 약해져선 안 된다. 상대방의 기분을 고려해도 안 된다. 우리는 이미 확실한 '명분'을 충분히 확보했다.

3단계: 상대의 잘못을 나열하기

상대방에 대한 공격을 시도하면 당연히 역공이 날아온다. 이렇게 사소한 일로 왜 화를 내냐고 반문할 것이다. 끝내 사과하지 않음으로써 반감을 간접적으로 드러낼 수도 있다. 이때 1단계에서 기록한 것들을 정확하게 나열해야 한다.

이러한 전략을 쓰면 '속 좁은 사람'으로 비춰질까 봐 두려워하는 이도 있겠지만, 잃는 것보다 얻는 것이 훨씬 더 크다. 그때그때 사소한 잘못을 모두 지적한다면 말 그대로 예민한 사람으로 평가를 받을 수 있다. 그렇다고 큰 잘못을 했음에도 가만히 방치한다면 만만한 인간이 된다. 이런 애매한 상황에 대처할 수 있는 이론이 바로 '명분 이론'이다. 한순간에 모든 잘못을 터뜨려 공격함으로써 상대방이 큰 충격을 받게 할 필요가 있다. 마이너스 행동을 할 때마다 공격하면 오히려 비판하는 사람이 소심한 것으로 여겨질 수 있다. 순서대로 명분을 수집하고(1단계), 타이밍을 맞춰 공격하며(2단계), 상대가 반박하면 그간 수집한 명분을 한꺼번에 나열해 반격하는 것(3단계)이 매우 중요하다.

회사에서 5년 정도 근무한 뒤 나는 꽤 중요한 위치에 올랐다. 연차도 꽤 쌓았고, 업무 능력은 타의 추종을 불허했기에 직원들은 모두 나의 권위를 인정했다. 나는 인턴부터 팀장까지 전체 직원들의 교육을 맡게 되었다.

그때 한 사람이 들어왔다. 그는 정식 루트로 입사하지 않고 회사의 스카우트로 들어온 사람이었다. 그런데 바로 그 점이, 미묘하게 내 권위에 균열을 일으키기 시작했다. 그는 마치 외부에서 모셔온 CEO처럼 행동했다. 명백하게 따지면 그는 상담사 후보로 들어왔으니 내 직속 후배였다. 하지만 그는 특별 대우를 받는 것처럼 전체 교육에 참여하지 않거나 당연하다는 듯 숙제를 미뤘다. 이럴 때 명분 이론을 적용해야 한다는 것을 어느 정도 체득한 시점이었다. 하나하나 기록하기 시작하자 그의 이름을 적은 내 분석 노트에는 플러스는 하나도 없었고 마이너스만 가득했다.

그렇게 3주 정도가 지나고 사건이 터졌다. 교육을 마친 뒤 모두 모여 함께 대화를 나누던 자리였다. 그는 사람들이 다 보는 가운데 내게 근속 연수를 물었다. 내가 5년 정도라고 답하자 그가 말했다. "5년쯤 근무하셨으면 이제 '대리급' 정도네요?"

2단계, 정확한 공격 타이밍이 왔다고 직감했다. '대리'라는 표현이 기분 나쁜 것이 아니었다. 새로 들어온 직원의 입에서 자신보다 먼저 입사한 사람에게 "○○급이다"라는 평가를 한다는 것은, 선배에 대한 공포나 존중이 없음을 뜻한다고 생각했다. 명백히 내 권위를 침범한 말이었다. 게다가 모든 직원이 보는 앞이었다. 공격해야 했다. 나는 곧장 응수했다. "그렇죠. 그쪽은 '인턴급'으로 들어오셨고요." 순간 주변을 둘러싼 공기가 급속하게 냉각되었다. 그러나 그간 모아둔 명분은 충분했고 다른 직원들 모두 그가 알게 모르게 교육에 빠지는 것을 의아해하던 중이었다. 내가 예민하다고 생각한 사람은 아마 없었을 것이다.

퇴근하고 집에 돌아오는데 그에게서 연락이 왔다. 자신이 오늘 잘못된 말을 한 것 같다며 사과하는 문자메시지였다. 3단계, 즉 내가 강하게 맞받아친 이유를 설명할 때가 왔음을 느꼈다. 그동안 교육에 성실하게 참여하지 않은 것, 아무런 양해 없이 숙제를 늦게 제출한 것, 사람들 앞에서 내게 무례하게 행동한 것 등을 차분하게 설명했다. 그는 모든 것을 수긍하고 다시 한번 내게 진심으로 사과의 말을 전했다. 1~3단계의 명분 이론이 정확하게 들어맞으면서 나의 권위를 침범한 사람을 확실하게 교정한 것이다.

일반적인 회사였다면 이런 과정을 거치지 않더라도 그에게 위협을 가할 수 있었을 것이다. 나는 그의 직속 사수였고 그는 나의 직속 후배였으니 말이다. 그러나 당시 우리 회사는 소수 정예의 인원으로 운영되었고, 연차와 경력만으로 누군가에게 불이익을 주는 구조와는 거리가 멀었다(여전히 나는 이러한 문제 해결 방법을 선호하지 않는다). 게다가 자칫 잘못하면 내가 예민한 사람으로 역풍을 맞을 수도 있었다. 바로 이런 상황에서 3단계 명분 이론을 매우 효과적으로 활용할 수 있다. 상대와 나와의 관계에서 누가 우위에 있는지 확실하지 않을 때 피를 보지 않고 나의 권위를 보호할 매우 강력한 도구가 될 것이다.

지금 당장	일주일	1개월	3개월

컴퓨터에 폴더 하나를 만들어라. 그리고 주변 사람들의 행동을 기록하는 습관을 들여라. 모든 행동을 기록할 필요는 없다. 당신의 일과 당신의 감정에 직간접적으로 영향을 준 행동들만 기록하면 된다. 처음엔 강한 거부감이 들 것이다. 당연하다. 그 누구도 자신의 사소한 모습들 하나하나를 타인이 기록하는 것에 대해 기뻐하지 않을 테니 말이다. 그러나 인간관계의 플러스와 마이너스를 기록하는 연습은 오히려 타인을 객관적으로 이해하는 계기가 된다. 기억은 왜곡될 가능성이 높다. 글로 기록하지 않으면 당신은 타인을 온전히 기억할 수 없다. 그리고 마지막으로, 반드시 폴더에 비밀번호를 설정하라.

톱클래스 사회적 지능을 지닌 악인들의 8가지 공통점

인생의 수많은 과제와 도전은 사실 인간관계의 다양한 변주 그 이상도 이하도 아니다. 어떤 사람과 함께 일할 것인지, 어떤 사람을 피할 것인지, 주변의 좋은 동료들을 어떻게 활용할 것인지, 궁극적으로 그들에게 나라는 인간을 어떻게 보여줄 것인지. 이 모든 것을 끊임없이 고민하고 반복적으로 실천하는 것 자체가 곧 인생이다. 그리고 그 중심에는 바로 사회적 지능이 있다.

한편 나는 당신에게 몇 가지 팁을 줄 수 있다. 나는 지난 8년간 7000명이 넘는 사람을 상담하는 일을 했다. 그중에는 변호사나 의사도 있었고 예능 프로그램에 심심찮게 얼굴을 비추던 연예인도 있었다. 살면서 한 번쯤 만나볼까 말까 한 사람들을 8년이라는 시간 동안 집중적으로 만나면서 인간 군상의 다양한 사회적 지능을 입체적으로 경험했다. 또한 사회적 지능이 높은 사람들은 어떤 마음가짐과 사고방식으로 다른 이들을 대하는지를 그 누구보다 확실하게 깨달았다.

이러한 통계를 기반으로 나는 톱클래스 수준의 사회적 지능을 지닌 악인들의 공통점 8가지를 추출해 냈다. 이것만 잘 따라 하면 어딜 가든 적어도 욕을 먹거나 크게 손해 볼 일은 없으리라고 장담한다.

첫째, 타인에 대한 공격으로 자존감을 높이려 하지 않는다

자신보다 잘난 사람이나 나이에 비해 능력이 출중해 관심을 한 몸에 받는 사람을 보면 괜히 태클을 걸고 지적하며 자신의 자존감을 높이려 드는 사람이 있다. 세상은 그런 사람을 실패자라고 부른다. 이들은 맞춤법 오류나 아주 사소한 실수를 이를 악물고 찾아내 신이 나서 지적한다. 어떤 주장을 들으면 "꼭 그런 것만은 아니지 않나?"라고 반문하며 마치 자신이 남들과 다른 생각을 하는 특별한 사람인 양 자위한다. 실패자들이 그런 식으로 자존감을 충전할 때 위대한 사람들은 자신만의 것을 창조한다. 톱클래스로 올라갈수록 실패자의 비율은 급감한다. 성공할수록 타인이 아니라 자신에게서 문제를 찾고 더 큰 성공을 이루고자 노력하기 때문이다. 성공하려면 타인에 대한 비난이나 질투 같은 건

속으로 감춰야 한다. 분노일기를 적을 때 결국은 '자기 반성'에 그 초점을 맞추라고 하지 않았던가.

둘째, 언제나 아군과 적군을 정확히 구별한다

사람들은 때때로 아군을 적군처럼 대한다. 그래서 기묘한 현상이 벌어진다. 자신에게 충분히 베푼 아군을 어떤 때는 그저 이름 정도만 아는 지인보다 더 깐깐하게 평가한다. 누군가에게 꾸준히 지원을 받다가 그 호의가 잠시라도 멈추면 '왜 계속 나를 도와주지 않느냐'고 되레 성을 내는 경우 말이다. 물에서 건져냈더니 보따리를 내놓으라고 호통치는 셈이다. 한 사람이 친구에게 지속적으로 소개팅을 주선해 주었다고 하자. 사회적 지능이 낮은 사람은 자기 마음에 안 드는 사람이 소개팅 자리에 나오면 곧장 주선자에게 필터링 없이 악담을 한다. "왜 저런 사람을 소개해 줬냐? 너무 별로더라" 따위의 말들을 하는 것이다. 그게 사실인지 아닌지는 중요하지 않다. 주선자 입장에서는 누군가에게 호의를 베풀었는데 고맙다는 말 대신 채찍이 돌아온 셈이다. 주선자는 다음에 어떻게 행동할까? 친구에게 더는 이성을 소개해 주지 않을 것이다. 오, 여기서 멈추면 참 좋았으리라. 사회적 지능이 낮은 친구는 한술 더 떠 주선자에게 "왜 요즘은 소개팅을 안 해주냐?"라고 따지기 시작한다. 결국 주선자와의 관계는 종결

된다. 사회적 지능이 높은 사람들은 아군과 적군을 정확히 구별한다. 그리고 자신에게 이득을 준 사람, 즉 아군에게는 철저히 보상한다.

셋째, 결코 자기중심적으로 사고하지 않는다

생각보다 다른 사람들은 당신에게 큰 관심이 없다. 불쾌하게 여길 일이 아니라 당연한 것이라 생각하라. 악인으로서 세상의 중심에 서고자 노력하는 것과 자신이 세상의 중심이라 착각하며 타인의 생각을 제멋대로 넘겨짚고 망상하는 것은 엄연히 다르다.

오래전 일이다. 책을 읽고 나서 느낀 바를 개인 블로그에 남겼다. 그냥 말 그대로 독후감이었다. 그런데 오래전에 누군가의 소개로 알게 되어 서로 인사 정도만 하던 사이인 한 남자가 뜬금없이 나에게 카톡을 보내왔다. "지금 나를 저격한 건가요? 저 읽으라고 그런 글을 쓴 건가요?" 나는 답장으로 예전에 썼던 '자기중심적 사고의 문제점'이라는 글을 보냈다. 며칠 뒤 그는 자신의 오류를 깨달았는지 사과 메시지를 보내왔다. 다행이었다. 그러나 하필 나는 그 무렵 몸이 아파 답장을 할 여력이 없었고 그는 자신을 일부러 무시하는 것이냐며 다시 성을 냈다. 그에게는 타인에게 어떤 사정이 있을 수 있다는 생각 구조 자체가 없었다. 오로지 자신의 사과가 무시당했다는 사실밖에 보지 못했다. 세상의 중심이 자신인 것이다.

　망설임 없이 그의 연락처를 모두 차단하고는 두 번 다시 확인하지 않았다. 혹시 누군가에게 피해를 받았다는 생각이 깊어질 때는 내가 지금 제정신인지, 지나치게 자기중심적으로 세상을 바라보고 있지는 않은지 차분하게 돌아보라. 열 번 중 여덟아홉 번은 착각일 확률이 크다. 누군가는 이 글조차도 자신을 저격한 것이라 착각할 것이다. 제발 정신 차려라. 나는 이 책을 쓰느라 반년 넘게 다른 사람 생각을 미뤄두고 있다. 내가 만나온 고소득 연봉자들을 포함해 인생을 질주하고 있는 승리자들은 공통점이 있었다. 그들은 이상할 정도로 세상을 자신이 아닌 타인의 시선으로 바라보려고 애썼다. 자신의 소신대로 사는 것과, 타인의 시선을 읽지 못해 강제로 외롭게 살아가는 것은 엄연한 차이가 있다.

넷째, 누군가 이유 없이 자신을 싫어한다면 그 이유를 만들어준다

이게 무슨 말일까? 다르게 표현하면 "상대가 이유 없이 시비를 걸면 반드시 그것을 지적하고 맞서 싸우라"는 말이다. 종종 어떤 사람들은 아무 이유 없이 시비를 걸고 떼를 쓰고 섭섭하다고 우기면서 당신을 조종하려 든다. 애매하게 선한 사람들은 사과하거나 그냥 그러려니 하고 좋게 넘어가는 전략을 쓴다. 하지만 그

럴수록 그들은 당신을 더 만만하게 보고 덤벼든다. 자신이 잘못했다는 개념 자체가 없는 것이다. 이럴 때는 '나 역시 강력하게 반격할 것이다'라고 으름장을 놓아야 한다. 더 심하게 역공당할 것 같아 두렵다고? 어차피 가만히 있어도 욕을 먹는다. 그럴 바엔 닥치라고 외치는 게 그나마 상대방의 입을 다물게 할 효과적인 방법이다. 앞에서 효도에는 두 가지 방법이 있다고 말했듯이 세상에는 두 종류의 부모가 있다. 한쪽은 자식이 잘못된 행동을 하면 그 자리에서 훈육하고 따끔하게 지적한다. 다른 한쪽은 자녀가 아무리 큰 잘못을 하더라도 털끝 하나 건드리지 않고 오냐오냐 넘어간다.

인간관계도 마찬가지다. 선을 넘는 상대의 행동을 보고도 방치한다면 당신은 언젠가 그 대가를 반드시 치르게 될 것이다. 반드시 지적해야 한다. 겁먹지 마라. 사회적 지능을 높이라고 해서 다른 사람 눈치만 보라는 뜻이 아니다. 내가 만난 성공한 사람들은 모두 평소에는 화 한번 못 낼 것처럼 온순했지만 자신이 정한 선을 넘은 말과 행동에 대해서는 0.1초의 고민도 없이 반응했다. 그들은 그것이 사태를 더 크게 번지게 하지 않는 최선의 길임을 알고 있었다.

다섯째, 뒷담화에 중독되는 것을 극도로 경계한다

그룹을 만들어 누군가를 욕하고, 뒷담화하고, 똘똘 뭉쳐 다른 사람을 깎아내리는 행위는 인생에 아무런 도움이 되지 않는다. 뒷담화로 당신이 얻는 것은 무엇인가? 나보다 잘난 사람을 함께 욕함으로써 얻는 순간의 위안일 뿐이다. 제발 신경 꺼라. 그 시간에 자기 발전에 모든 역량을 투자하라. 책 한 구절, 강의 한 편이라도 더 봐라. 인간은 사회적 동물이기 때문에 특정인을 두고 다른 사람들과 시시콜콜 이야기하는 데 굉장히 끌리게 되어 있다.

그러나 중독은 한순간이다. 호사가처럼 이러쿵저러쿵 필요 없는 이슈에 쓸모없는 말을 보태느라 인생을 낭비하지 마라. 타인들의 헛된 행동에 동참하지 마라. 이렇게 타인에게 휩쓸리는 현상을 어려운 말로는 '집단 압력에 빠졌다'라고 한다. 계속해서 의식적으로 저항해야 한다. '이건 인생에 아무런 도움이 안 되는 시간 낭비야!' 결심하라. 그 과정에서 당신은 인생에서 가장 중요한 것에 몰두할 수 있게 된다. 머릿속에 늘 '집단 압력 주의!'라는 표지판을 세워둬라.

성공한 내담자가 누군가를 비난하거나 은근슬쩍 깎아내리는 말을 하는 모습을 단 한 번도 본 적이 없다. 일단 그들에게는 그런 무의미한 대화에 낭비할 시간 자체가 없었고, 자신이 내뱉은 말 한마디가 불똥이 되어 그동안 힘겹게 쌓아 올린 사회적 자산이 깡그리 불타 사라지는 것을 극도로 예민하게 주의했다.

여섯째, 정확한 지적을 해준 사람에게 화를 내는 대신 고마워한다
듣고 싶은 말만 듣는다면 당신의 삶은 조금도 발전하지 못한다.
가끔 내담자들에게 이런 불만을 듣는다. "상담할 때 나쁜 말만
하지 말고 긍정적인 말도 좀 해주세요", "잘될 거라고 이야기해
주세요", "제가 잘못한 건 충분히 알겠어요. 하지만 그 사람이 너
무 미워요. 제발 저에게 지적 좀 그만하세요", "상담사님도 남자
니까 남자인 제 편을 들어주실 거죠?" 등 한 달에 대략 90회 정
도 상담하면 2~3건 정도는 이런 패턴이다. 도대체 이게 무슨 한
심한 소리인가? 전문가가 자신의 문제를 객관적으로 지적해 주
는 절호의 기회 앞에서 왜 귀를 닫고 눈을 감는가? 피드백을 들
어라. 그리고 자신의 논리로 반박할 수 없다면 그 사람의 지적을
받아들이고 성장을 추진할 연료로 써라. 도움이 되는 지적이라
면 그 사람에게 오히려 감사를 표하라.

아무도 모르는 사실이지만 첫 번째 전자책이 성공을 거두기
전에 막대한 분량의 전자책을 세 번이나 집필했었다. 하지만 모
두 반려당했다. 당연히 그 모든 순간이 행복하지는 않았다. 그
러나 최대한 피드백을 받아들이려고 노력했다. 정확한 지적은
발전의 토대가 된다. 결국 네 번째로 쓴 전자책을 세상에 내놨

고 마침내 대성공을 거두었다. 좋은 지적을 해줘서 감사하다고 말하는 것이 쉬운 일은 아니다. 지난날에 내가 한 모든 노력이 모조리 부정당하는 것처럼 느껴질 테니 말이다. 만약 당신의 마음 그릇이 아직 충분히 커지지 않았다면 마음속으로는 100퍼센트 인정하지 못할지라도 우선 말과 행동으로 겉으로나마 표현해 보자. 행동하는 대로 마음도 바뀐다. 행복해서 웃는 게 아니라 웃어서 행복이 온다고 하지 않던가. 내담자 중 유독 자존감이 높아 보이는 사람들은 하나같이 내 지적을 매우 유쾌하게 받아들였다. 그들의 속마음이 어떤지는 알 수 없지만 적어도 그 순간만큼은 자신의 잘못을 쿨하게 인정하고 상담사의 조언에 진심을 다해 감사해했다.

일곱째, 관계에 문제가 있을 때 남을 탓하지 않는다

상담을 하다 보면 종종 '절교 중독자'들을 만난다. 오래된 절친, 대학 동창, 후배 등등 대상도 다양하다. 절교한 이야기를 자랑스럽게 하면서 그 이유를 나열한다. 자신은 그저 손절한 것이라고 말한다. 객관적인 판단이라면 참 좋겠지만 상황을 자세히 들여다보면 손절당한 경우가 태반이다. 본인에게 문제가 있는지 먼저 돌아봐야 한다. 대부분은 '피아식별'이 안 되는 경우다. 상대방은 충분히 호의와 친절을 베풀고 있는데 거기에 만족하지 못

악인론

하고 괜한 자존심을 부리거나 사소한 일로 심통을 낸다. 손절당해 마땅하다.

여덟째, 고마움을 모르는 사람에겐 단호하게 지원을 중단한다
반대 경우도 있다. 당신이 매우 정의롭고 이타적이라 상대방을 끝없이 돕고 지원한다고 하자. 그런데 상대방이 고마움을 모르는 때가 있다. 도움을 줄 때는 감사를 표현하면서 받아 가다가 당신이 위기에 처할 땐 나 몰라라 하는 것이다. 이때는 지원을 단칼에 중단해야 한다. 두 사람 사이가 왜 멀어졌는지를 상대방으로 하여금 곰곰이 생각해 보게 해야 한다. 조금이라도 공감 능력이 있는 사람이라면 당신에게 사과를 하거나 다시 찾아올 것이다. 그때 문제를 정확하게 지적하면서 다시 악수를 건네라.

누구나 실수한다. 앞에서 이야기한 모든 것들은 민망하지만 내가 20대 초반에 범한 실수들이기도 하다. 8가지 공통점을 읽으면서 부끄러운 과거사가 떠올라 괴로웠나? 너무 자책하지 마라. 괴로워했다면 다행히 최소한의 성장 조건을 갖춘 똑똑한 사람이라는 뜻이다. 성장 가능성이 없는 사람은 자신이 지닌 문제 자체를 인지하지 못한다. 나에게 문제가 있다는 것을 인정한 순간부터 우리는 성장을 향해 나아갈 수 있다.

6장

한정된 시간의
지배자가 되는 법

압도적 생산성
악인의 무기 ④

24시간은
애초에 불평등하게 분배되어 있다

'시간을 절약하세요', '적은 시간도 소중히 여기세요' 등과 같은 조언들은 쓰레기다. 이 조언들은 모두에게 시간이 평등하게 주어져 있고, 이 24시간을 얼마나 알차게 보내는지에 따라 인생의 성공 여부가 달라진다고 말한다. 나는 이 말에 동의하지 않는다.

시간은 애초에 평등하지 않다. 대학 시절, 두 명의 친구가 있었다. 한 친구는 부모님께 한 달에 200만 원이 넘는 용돈을 받았다. 대학생 용돈치곤 엄청나게 큰돈이었다. 그는 비교적 돈 걱정 없이 자신이 하고 싶은 동아리 활동을 했고 남들이 아르바이트할 시간에 책을 읽거나 운동을 하며 자기계발을 했다. 남들보다 더 많은 시간을 공부하는 데 투자할 수 있었으니 시험 성적이 좋은 것도 당연했다. 다른 한 친구는 대학교 등록금을 스스로 벌어야 했다. 과외를 하러 가느라 일주일에 두 번, 왕복 4시간을 지하철에서 보냈고 집에 돌아와선 잠을 줄여가며 시험 준비를 했다. 과연 이 둘에게 주어진 시간은 평등했는가?

금수저를 물고 태어난 사람들은 노동에 투입할 시간을 아껴 자신에게 투자할 수 있다. 스스로 학비를 벌어야 하는 사람들에게는 그럴 여유가 없다. 시간의 불평등은 곧 의지력에도 영향을 미친다. 과외 때문에 왕복 4시간을 길 위에 쏟아부어야만 했던 내 친구는 매주 엄청난 의지력을 돈을 벌기 위해 소모해야만 했다. 아무리 초인적인 의지를 가진 사람일지라도 수면 시간을 줄여 공부하는 데는 한계가 있다. 왕복 4시간 거리를 발 디딜 틈도 없이 붐비는 지하철을 타고 다니면서 책을 펼친다고 해봤자 공부의 효율이 높을 수 있을까?

결국 시간이 불평등하다는 사실, 즉 이 세상이 얼마나 불합리한지를 언제 깨닫느냐에 따라 성공 확률이 달라진다. 각종 자기계발서들은 '시간 관리'라는 이름으로 노하우를 전수한다. 지하철에서도 노트를 펴라! 잠을 줄이고 아침 30분을 책 읽는 데 써라! 이런 조언들이 정말 합리적일까? 실현 가능성이 있긴 할까? 이는 결국 의지력을 소모해 자신을 갈아 넣으라는 말과 다르지 않다. 의지력은 언젠가는 바닥나게 되어 있다. 이런 방법으로는 결코 시간을 지배할 수 없다.

초인적인 의지를 가진 사람들의 성공 사례가 유튜브나 책을 통해 인기를 끌기도 한다. 그들은 불우한 환경 속에서도 미친 듯이 노력하여 성공을 이룬다. 많은 사람들이 이를 따라 하려고 각종 챌린지에 도전하고 거창한 목표를 세운다. 안타깝게도 대다수는 자신이 타고난 의지력 자체가 높지 않음을 깨닫곤 원래대로 돌아간다.

이런 말을 해서 미안하지만, 의지력 또한 유전적으로 타고난다는 연구 결과가 있다. 나는 고등학교 3학년 때 직속 선배에게 비밀 공부 계획표와 노트를 받았다. 선배는 하루 9교시 수업 사이사이에 주어진 10분의 쉬는 시간마다 귀마개를 끼고 화장실에 가서 1년 내내 수학 문제를 풀었다고 했다. 남들보다 하루에 한 시간 이상이 더 생기니 얼마나 이득이냐고 말했다. 나는 옳다구나 하고 그의 공부법을 따라 했지만, 2주 만에 깔끔하게 포기했다. 뱁새가 황새를 따라가다 다리가 찢어질 수 있겠다는 위기감을 느꼈기 때문이다. 참고로 선배는 20대에 행정고시를 패스했다.

타고난 의지력이 뛰어난 사람들은 이 고민을 이해하기 어려울 테다. 그러나 만약 당신이 '작심삼일러'로 유명하다면 나와 비슷한 고민을 살면서 수없이 직면했을 것이다. '한정된 시간을 어떻게 지배할 것인가?' 악인은 반드시 남들보다 한 발짝 더 앞서 나가야 한다. 자기 발전에 엄청나게 많은 시간을 투자해야 한다. 그러나 일주일에 70시간씩 일하는 회사에 다니고 있다면? 악인은 무식하고 독하게 스스로를 갉아먹으며 성장하는 사람이 아니다. 진정한 악인은 늘 정해진 자원을 갖고 최대한의 생산성을 고민하는 사람이 되어야 한다. 나는 어떻게 한정된 시간 안에서 경쟁자들을 역전해 압도적인 생산성을 유지할 수 있었을까?

성실하게만 살면
성실하게 지칠 뿐이다

인간의 의지력에는 한계가 있다. 모든 인간에게는 매일 아침 '10'이라는 양의 의지력이 부여되고, 어떤 노력을 할 때마다 조금씩 하락하여 결국 밤이 되면 '0'으로 끝난다. 금연과 다이어트에 동시에 성공하기가 엄청나게 어려운 이유가 바로 이것이다. 의지력을 소모해야 하는 곳이 둘이나 되기 때문이다. 무조건적인 성실만이 최고의 성공 비법이라고 주장하는 사람들은 인간의 의지력이 자신도 모르는 사이에 조금씩 감소한다는 사실을 모르는 사람들이다.

이 글의 제목을 보고 분노의 돌을 던지지 않기를 바란다. 나는 자신의 인생을 위해 성실하게 노력하는 사람들을 진심으로 존경한다. 다만 그들이 더 효율적으로 발전하기를 바란다. 인생에서 모든 것을 걸고 노력할 준비가 되어 있는 사람들이 전략이 없어서 방황하는 모습을 보면 화가 난다. 충분히 재능을 꽃피울 수 있는데 기가 끝없이 꺾여가는 것이 너무나 안타깝기 때문이다.

이제 해결책을 고민해 보자. 시간은 결국 크게 세 가지로 분류된다.

첫째, 자원을 얻는 시간(돈을 벌고, 생계를 이어가는 시간)

둘째, 성장의 시간(학원에 가고, 기술을 배우고, 책을 읽고, 운동을 하는 시간)

셋째, 휴식의 시간(잠을 자고, 오랜 친구들을 만나고, 취미 활동을 하는 시간)

우리는 결국 이 세 가지 시간 중에서 두 번째 시간의 비중을 최대한 높여야 한다. 그래서 사람들이 가장 흔히 쓰는 전략이 첫 번째와 세 번째 시간을 줄이는 것이다. 특히 휴식의 시간을 줄이려고 한다. 먼 옛날 4시간만 자면 시험에 붙고 5시간 동안 자면 시험에 떨어진다는 입시계의 전설적인 속설이 있었다. 아랫돌을 빼서 윗돌을 괴는 짓과 무엇이 다르단 말인가? 결국 도돌이표다. 휴식의 시간에 우리는 다음 날 다시 세상과 맞서 싸울 의지력을 회복하는데 이 시간을 줄이면 지쳐 나가떨어지는 것은 시간문제다. 몸과 마음은 언젠가는 반드시 더 많은 휴식의 시간을 요구한다.

나는 의미 부여의 힘을 믿는다. 조금 뜬금없을 수도 있다. 좀 더 정확히 표현하자면 '과도한 의미 부여'의 힘을 믿는다고 말할 수 있다. 지금부터 당신이 하는 일에 스스로 의미를 부여해라. 성공하기 위한 훈련을 하고 있다고 혼자 소설을 써라. 이미 심리학적으로 널리 알려지고 입증된 방법이다. 한 실험이 있었다. 청소 같이 육체노동을 하는 사람들을 모아 그들을 두 집단으로 나누었다. 한 집단에는 하던 일을 계속하게 했고 다른 한 집단에는 "당신이 하는 노동에는 운동의 효과가 있어서 건강 증진에 매우 큰 도움이 된다"라고 알려주었다. 시간이 지나 그들을 다시 관찰했을 때 두 번째 집단에서 눈에 띄는 변화가 나타났다. 자신의 노동에 운동의 효과가 있다고 믿은 노동자들이 실제로도 더 건강해진 것이다. 그들은 생기가 넘쳤고, 자기효능감이 높아졌으며, 전보다 더 적극적으로 노동함으로써 칼로리 소모량도 증가했다. 두 집단 모두 똑같은 노동을 했는데도 말이다.

일상적으로 하는 모든 행위에 이처럼 의미를 부여할 필요가 있다. 단순한 자기 최면이 아니다. 예를 들어보자. 청소를 할 때마다 몸을 움직이고 가벼운 운동을 하고 있다고 생각하는 것이다. 영화를 보거나 드라마를 보더라도 콘텐츠를 연출하는 기술이나 사람의 심리를 배우고 있다고 생각해 보는 것이다. 아무런 효과도 없는 약을 먹어도 효과가 있다고 생각하고 먹으면 실제

효능이 나타난다는 '플라세보효과'를 보라. 자기 최면일지라도 그것이 강해지면 실제로 몸과 마음을 변화시키는 것이다.

나는 다이어트를 할 때 이 의미 부여를 적극적으로 활용했다. 당시에는 직원들과 회의하고 음성 상담하는 데만 하루에 몇 시간이 걸려 도저히 따로 운동할 틈이 없었다. 내담자와 1시간 동안 집중 통화 상담을 하면서 마음속으로는 '지금 이렇게 열성적으로 말을 하는 동안 내 몸에선 엄청나게 많은 칼로리가 소모된다'고 생각했다. 처음엔 어색했지만 곧 실제로 효과가 드러났다. 게다가 이렇게 생각하기 시작하자 조금이라도 더 칼로리를 소모하고자 모든 회의에 열정적으로 참여하게 되었고 더 치열하게 뇌를 사용하려고 애썼다. 이 방법을 시작한 지 한 달 만에 헬스장도 다니지 않고 6킬로그램 정도를 감량했다.

당시 나는 매달 90여 건의 상담을 맡았다. 상담을 마치면 내담자들이 보내는 애프터 메일(일종의 에이에스로 상담 후 궁금한 것을 묻는 창구)에 직접 답장을 적어 보내야 했다. 이 과정을 단순히 일처리라고 생각했다면 발전하지 못했을 것이다. 나는 모든 업무에 의미를 부여하기 시작했다. 상담할 때마다 이번 상담을 통해 전보다 논리적으로 말하는 스킬을 획득했다고 생각했고, 애프터 메일을 쓸 때는 오늘 보낸 메일 세 통 덕분에 글쓰기 습관이 좀 더 몸에 뱄다고 믿었다. 스스로 생각해 낸 '의미'를 '결과'로 증명하고자 끊임없이 더욱 노력했고 참신한 아이디어가 떠오를 때마다 따로 모아뒀다가 내친김에 칼럼을 쓰기 시작했다. 글쓰기 능력은 꾸준히 발전했고 선순환이 시작되었다.

참고로 나는 대학생 시절에 과외를 빼고는 그 어떤 아르바이트도 하지 않았다. 그때그때 부모님이 보내주시는 용돈으로 그냥저냥 살아가려 했다. 많은 금액은 아니었다. 친구들이 받는 평균치보다 20만 원쯤 적었다. 그럼에도 돈을 더 많이 벌어서 내 발전에 투자하는 행위는 하지 않았다. 편의점이나 PC방 아르바이트 자리가 있었지만 하지 않았다. 왜 그랬을까?

앞서 시간을 세 가지로 분류했다. 자원을 얻는 시간, 성장의 시간, 휴식의 시간. 세 가지 시간의 교집합에 속하는 일에 집중적으로 시간을 투자해야 한다고 생각했다. 처음 뛰어든 아르바이트는 바로 과외였다. 대학교 간판만으로 손쉽게 과외를 구할 수 있는 처지는 아니어서 고액 과외는 꿈꿀 수 없었다. 대신 상대적으로 낮은 가격에 학생 네 명을 모집했다. 모두 영어 과외였다. 내가 과외에 주목한 이유는 바로 자원을 버는 시간과 성장의 시간의 교집합에 과외가 놓여 있었기 때문이다. 아이들을 가르치는 동안 어중간하게 알고 있던 것들을 더 공부하면서 영어 실력을 한층 갈고닦을 수 있었고, 어떻게 하면 더 쉽고 재미있게 수업 내용을 설명할 수 있을지 치열하게 고민하면서 훗날 가지게 될 상담사라는 직업의 밑천도 어느 정도 다질 수 있었다. 이때 얻은 경제적 이득으로 머지않아 '부모라는 간섭자에게서 벗어나기' 과제도 달성했다.

뜬금없지만 여기서 다시 한번 강조하겠다. 자유는 공짜로 주어지는 게 아니다. 부모로부터 벗어나려면 자신의 힘으로 입에 풀칠을 할 수 있는 최소한의 준비가 되어 있어야 한다. 부모에게 용돈을 받으면서 '간섭하지 말아라' 하고 외치는 것은 고등학생 수준에 불과한 어리광이다. 악인이 되기로 했다면 이 정도 수준은 일찌감치 벗어나야 한다. 참고로, 내가 제시한 조언들이 서로 충돌할 수 있다. '부모로에게서 독립하려면 닥치고 무슨 일이든 해야 한다'와 '가급적 돈도 벌고 의미도 찾을 수 있는 교집합에 놓여 있는 일을 골라서 해야만 한다'가 서로 충돌한다면 전자를 우선시하라.

다음은 의미 부여의 힘을 자기 삶에 적용한 한 내담자가 내게 보낸 편지 원문이다.

상담사님, 건강하시죠? 저는 인생이 변화하는 경험을 하고 있어요. "카페 아르바이트는 사회적 지능을 높이는 연습이다"라는 상담사님의 조언 덕분에 많은 일이 생겼어요. 그저 지루할 뿐이었던 손님 대하기는 어떻게 하면 더 친절하게 응대할 수 있을까, 먼 훗날 내가 다

악인론

른 서비스업에 종사하게 되었을 때 어떻게 적용할 수 있을까 헤아리며 공부하는 시간으로 변했어요.

예전에는 진상 손님을 만난 날에는 집에 돌아가면 그날 하루가 불행하게만 느껴졌지만, 이제는 '그때 어떻게 대처해야 했을까?' 하고 되짚어 봐요. 조금 과하다고 생각하실 수도 있겠지만 나중에 제가 카페를 열게 될지도 모른다고 생각하니 카페 인테리어나 테이블 배치까지 평소 안 보이던 부분들이 보이기 시작했어요. 무기력한 동료 직원들을 보면서 속으로 '나는 달라질 거야'라고 결심을 다지기까지 했답니다.

결과적으로 하루하루 더 적극적으로 일한 덕분에 점장님에게 받는 평가도 좋아졌고 아주 조금이지만 급여도 올랐어요. 상담사님이 인생 공부는 학원에서만 하는 게 아니라고 하셨죠? 예전에는 카페에서 근무하는 시간이 낭비라는 생각밖에 안 들었어요. 1시간에 고작 몇천 원 받으려고 이렇게 해야 하나… 언제까지 이 일만 해야 하나… 온갖 잡념이 저를 족쇄처럼 붙잡았어요.

하지만 이젠 새로운 꿈이 생겼습니다. 언젠가 제주도에 멋진 제 카페를 열고 싶어요. 만약 제가 아무런 경험도 없이 카페를 연다면 실패할 확률이 높았겠죠. 그런데 저는 돈까지 받아가면서, 카페가 망하더라도 손해 보는 일 없이 미리 실전 공부를 하고 있으니 얼마나 잘된 일인지 모르겠어요. 제게 의미 부여의 힘을 알려주셔서 진심으로 감사합니다. 많은 게 달라지고 있는 하루예요.

✕ 실천하기 ✕

지금 당장	일주일	1개월	3개월

당신의 하루를 관찰해 보라. 어디에서 시간이 가장 많이 새어 나가는지를 정확하게 계산해 기록으로 남겨라. 그리고 행위마다 '의미 부여 스티커'를 붙여라. 반드시 시각적으로 알아볼 수 있어야 한다. 가령 회사에서 하는 지루한 엑셀 파일 정리는 '지루한 일도 인내하는 의지력을 키우는 훈련'이 된다. 사무실까지 걸어가는 시간은 '가벼운 유산소 운동'이 된다. 중요한 것은 의미를 '과하게' 부여하는 것이다.

치사한 독서법, 놀랍게도 난 책을 편 적이 없다

한 토론 방송에서 사회자가 패널들에게 이런 질문을 했다. "지도자가 갖춰야 할 가장 중요한 덕목은 무엇인가요?" 사람들은 뭐라고 답했을까? 바로 '지식의 양'이었다. 아무리 카리스마가 뛰어나고 높은 사회적 지능을 갖췄다고 할지라도 아는 것이 부족하면 성공할 수 없다. 악인은 언제나 자신을 따르는 사람보다 더 많은 정보를 가져야 하며 압도적인 지식을 통해 현명한 의사결정을 할 수 있어야 한다.

이를 위해서 독서는 필수다. 귀에 딱지가 앉을 정도로 독서의 중요성에 대해 들었을 것이다. 요즘은 독서라는 것이 약간은 고리타분한 학습 도구로 여겨지기도 한다. '정보를 요약해 주는 유튜브도 있고 카드 뉴스도 있는데 굳이 오랜 시간을 들여 책을 읽어야 할까?' 같은 의문이 제기되기도 한다. 나는 책이 지닌 온갖 불리한 점에도 불구하고 독서야말로 지식을 쌓는 가장 좋은 방법이라고 확신한다. 유튜브에는 사용자의 수준에 맞춰 어려운 내용을 쉽게 요약해 전달하는 콘텐츠가 넘쳐난다. 이런 영상들을 보면 나도 모르게 부쩍 똑똑해진 듯한 기분마저 든다. 그러나 자꾸 보다 보면 어느새 어렵고 딱딱한 주제들은 피하게 되고 잘 알거나 믿고 싶은 내용만 눌러보는 스스로를 발견하게 된다. 그러면서 공부를 하고 있다고 착각한다. 당신도 잘 알지 않는가? 유튜브를 보다 보면 결국 딴청을 피우다가 넷플릭스를 켜게 된다는 사실을 말이다. 지혜를 얻기 위해선 다시 책으로 돌아가야 한다.

악인은 언제 어디서나 당당해야 한다. 그러려면 남들보다 많이 알아야 하며 똑똑해야 한다. 내가 최고라는 자기 최면도 중요하지만 지식의 절대량이 많으면 언제 어느 곳에 가든 당당해질 수밖에 없다. 읽은 책이 쌓여가면 쌓여갈수록 가짜 자신감이 아니라 내면에서 우러나는 진짜 자신감이 무엇인지 깨닫게 된다.

그러나 앞에서 살펴본 의지력의 한계가 우리의 발목을 잡는다. 수험생처럼 하루 8시간씩 책만 읽을 수 있다면 좋겠지만, 언젠가는 당신이 지닌 불굴의 의지력도 한풀 꺾일 것이다. 그리고 누구나 그렇듯 '강제 독서 휴식기'를 경험하게 된다. 독서에 대한 의지로 불타오르던 때가 언제였냐는 듯 책을 거들떠보지도 않는 시간이 이어지는 것이다. 그러다 독서의 중요성에 대해 어떤 강연에서 듣고, 책을 펼쳐본다. 일주일 열심히 읽는다. 그리고 다시 휴식기가 된다. 한정된 시간을 지배해야 하는데 시간에 얹어맞는 셈이다. 그렇다고 독서를 안 하자니 성장의 가장 빠른 루트를 따라가지 않는 꼴이 된다. 이를 어떻게 해야 할까.

나는 전체 계열사를 통틀어 독서량 1위를 자랑한다. 그러나 놀랍게도 지난 2년간 제대로 자리에 앉아 책에 빠져들어 본 적이 없다. 나만의 '치사한 독서법' 덕분이었다. 이 방법을 알게 된 뒤 나는 대한민국에서 책 읽기를 업으로 삼는 사람들을 제외하고서는 상위 1퍼센트에 해당하는 독서량을 갖게 되었다고 자부한다.

일단 책을 읽지 않게 되는 이유가 무엇인지 정확히 인지해야 한다. 99퍼센트는 '이 책을 완전히 다 읽어야 한다'는 강박증에서 비롯한다. 처음부터 책을 읽다 보면 상대적으로 덜 중요한 추천의 글이나 의미도 없는 감사의 글부터 시작해 온갖 숫자나 용어 설명으로 가득한 지면까지 꾸역꾸역 읽어나가게 된다. 완전히 이해하기 어려운 부분만 계속 접하게 되면 내가 독해력이 부족한가 하는 자책에 빠진다. 의지력은 빠르게 녹아내리고 책 읽기는 끔찍한 고역이 된다.

단언컨대 책은 전부 읽을 필요가 없다. 아니, 극단적으로 말하자면 절대 그렇게 해서는 안 된다. 인생은 경쟁 게임이다. 같은 나이라고 다 같은 레벨에 있는 것이 아니다. 레벨업하는 것에 따라 눈에 보이지 않는 인생 순위가 시시각각 뒤바뀐다. 책 읽기는 레벨업하기 위해 경험치를 쌓는 과정이다. 우리나라 사람들의 평균 독서량은 한 달에 채 한 권이 되지 않는다. 그마저도 읽은 책을 완벽하게 이해한 사람은 없을 것이다. 이 사람들보다 한 발짝만 앞서가면 손쉽게 초상위권에 들 수 있다. 사람들은 사업을 레드오션과 블루오션으로 구분하면서 '독서하는 행위'가 '초 블루오션'이라는 사실은 모르는 것 같다.

책을 '한 권'으로 생각하는 게 아니라 수백 가지의 통찰이 조합된 '덩어리'로 바라봐야 한다. 책을 집어 든 당신은 통찰의 조각들을 모으는 작업을 하는 것이다. 이 발상의 전환만으로 많은 것이 해결된다. 일단 책 전체를 읽어야 한다는 강박증에서 해방된다. 지금 자신에게 필요한 핵심 지혜만을 '발췌해서' 읽을 수도 있다. 필요도 없고 쓸모도 없는 구절들은 '쓸모없는 조각'이라고 생각하고 건너뛰어라. 더 이상 학자들이나 쓰는 전문 용어나 온 지면이 숫자로 도배된 통계 따위 이해할 필요도 없다. 결국 전문 용어를 미친 듯이 배치하고 통계들을 제시하는 과정은 한 가지 핵심 메시지를 전달하기 위한 '빌드업'인 경우가 많다.

우리는 결과만 쏙 빼먹으면 된다. 결국 당신은 이토록 철저하게 이기적으로 책을 읽어나감으로써 경쟁에서 이긴다.

만약 너무 어려운 책을 접했다면 바로 비슷한 분야의 쉬운 책으로 전환해야 한다. 당신에게 어려운 책은 대체로 남들 눈에도 어렵다. 내가 이렇게 무식할 리 없다고 고집하며 힘겹게 그 책을 붙들고 있으면 안 된다. 핵심도 간파하지 못한 채 책을 한 권 다 읽었다는 거짓 만족감만 안고서는 한 권의 독서를 마무리하게 될 것이다. 누군가 그 책의 핵심 내용을 물어본다면 우물쭈물하며 분명하게 답변하지 못할 것이다. 솔직히 인정하자.

최근 심리학자 칼 구스타프 융에 관한 책을 읽기 시작했다. 초판 서문이나 시대적 배경과 역사에 관한 내용은 당연히 모두 넘어갔다. 그런데도 읽다 보니 도저히 무슨 말인지 이해가 가지 않았다. 5분 정도 더 참고 훑어보다가 미련 없이 책을 덮었다. 그리고 비슷한 내용을 다루지만 훨씬 더 쉬워 보이는 책을 구매했다. 그 책을 펼치자 방금 전 어려운 책을 읽었을 때는 조금도 이해가 가지 않던 개념들이 생생하게 머릿속에 그려졌다. 대강의 개념을 파악한 뒤 다시 원래의 어려운 책으로 돌아왔다.

아마 이런 생각이 당신을 괴롭힐 것이다. '이 책에서 놓치는 부분들은 어떡하지? 너무 아깝잖아!' 걱정하지 마라. 가볍게 건너뛰면서, 책의 권수를 천천히 늘려가다 보면 다른 책에서 비슷한 구절들을 만나게 되는 신기한 경험을 반드시 하게 된다. 나를 믿어라. 그때 습득하면 된다. 잊지 마라. 우리는 혼자만의 경주를 하는 게 아니다. '끙끙대며 책을 간신히 읽어나가는' 99퍼센트의 사람들과 경쟁하는 것이다.

꾸역꾸역 읽다가 일주일 만에 덮어버리고 2~3개월을 쉬는 사람과, 읽고 싶은 부분이나 눈에 띄는 구절만 읽더라도 3개월 동안 꾸준히 읽은 사람 중 장기적으로 누구의 독서량이 더 많아질지는 너무나 자명하다. 음, 아까부터 누군가가 질문을 하려고 저쪽에서 손을 들고 있다. 질문이 무엇인가? "잠깐, 당신 아까부터 약을 팔고 있네. 난 목차 제목까지 꼼꼼히 읽는 독자라고. 이번 파트 제목에서는 '책을 편 적이 없다'면서?"

맞다. 나는 지난 2년간 약 120여 권의 책을 읽었지만 책장을 넘긴 적이 없다. 좀 더 구체적으로 말하자면 '종이를 넘긴 적'이 없다. 거의 모든 책을 전자책 단말기를 활용해 읽는다.

전자책은 집중이 안 된다, 머릿속에 들어오는 느낌이 안 든다, 자기계발을 한다는 기분이 들지 않는다…. 모두 존중한다. 그러나 전자책이 가져다주는 득이 실보다 훨씬 더 크다. 어떤 어려운 일을 습관화하려면 기존 습관에 연결하라는 심리학적 기술이 있다. 세상에서 가장 끊기 어려운 것이 무엇인가? 술? 담배? 아니다. 스마트폰이다. 나는 시도 때도 없이 스마트폰을 들여다보는 습관을 전자책을 읽는 행위에 덮어씌워 버렸다. 그러자 한꺼번에 방대한 시간이 주어졌다. 언제 어디서든 책을 읽을 수 있게 된 것이다. 출퇴근하는 동안 가방에서 두꺼운 종이책을 꺼내 끙끙거리며 읽는 것에서 해방되었다. 스마트폰을 들여다보면서 버튼만 누르면 지혜를 습득할 수 있다. 정말 극단적으로 말하자면, 나는 게임을 하다가도 로딩 시간에 스마트폰으로 전자책을 읽는다. 어쨌든 한 줄이라도 더 읽는 게 이득이기 때문이다.

유튜브나 위키백과는 스마트폰으로 보면서 왜 전자책은 읽으면 안 된다고 생각하는가? 편견이다. 설령 독서 효율이 종이책의 70퍼센트에 그치지 않는다고 하더라도 결국 쉽게 책에 빠져들고 자주 접하게 되기 때문에 전체 독서량에서는 경쟁자를 이길 확률이 매우 높아진다. 현재 전자책 시스템은 우리가 생각하는 것보다 매우 발전한 상태다. 기억하고 싶은 구절에 밑줄을 그을 수도 있고, 언제든지 오디오북으로 전환할 수도 있다. 기계음이긴 하지만 꽤 자연스럽다. 하루 동안 읽고 싶은 부분들만 휙휙 넘기면서 전자책을 읽고 나중에 나만의 독서 노트에 들어가 보면 과거에 밑줄을 그어둔 부분이 한꺼번에 정리되어 있다. 이것을 하루를 마감할 때 개인 블로그에 옮겨 적으며 정리하면 지식은 완전히 내 것이 된다.

물론 타고난 의지력이 막강해 책을 읽으면서 단 한 번도 고

역을 느낀 적 없는 사람들은 이 전략에 공감하지 않을지 모른다. 그러나 카페에서 마음먹고 책을 펼쳐도 10분이면 일어나는 사람들에게는 이 치사한 독서법이 막강한 무기가 될 수 있다고 생각한다. 더 큰 장점은 매우 어려운 책일지라도 일단 도전은 해볼 수 있다는 점이다. 만약 엄청나게 어려워 보이는 책이 있다고 치자. 종이책이라면 넘기기 전부터 이미 부담스럽다. 그러나 전자책이라면 스마트폰이나 단말기에서 '그냥' 눌러보는 행위만으로도 대강의 내용을 살펴볼 수 있기 때문에 일단 맛보기라도 할 수 있다는 장점이 있다.

이것이 누적되면 점차 한정된 시간은 당신 편이 된다. 출퇴근 시간, 잠자기 직전의 시간, 휴가 기간 등등 모든 시간은 점차 당신의 '독서 시간'으로 전환된다. 책 권수가 늘어가니 읽는 것도 즐거워진다. 가속화한다. 나는 토론이나 회의에 참석하면 언제나 자신 있게 '악인 모드'로 내가 생각하는 정답을 이야기한다. 물론 내 말이 모두 정답일 리는 없다. 그러나 적어도 나는 남들보다 훨씬 더 많은 책을 읽었다는 사실 하나만으로도 훨씬 더 당당하게 생산성 있는 답을 내놓을 수 있게 된다. 독서는 사고를 교정하고, 어떤 판단을 할 때 가장 중요한 역할을 하는 정보의 양을 늘려준다. 심지어 '내 말이 정답이 아닐 수 있다'라는 겸손도 책에서 배웠다. 구체적으로 말하자면, 전자책에서 말이다.

지금 당장	일주일	1개월	3개월

지금 당장 유명한 서점 세 군데에 들러 읽고 싶은 책들을 살펴보라. 책을 고르는 이유는 다양하다. 평소 관심이 있던 주제라서 집어 들 수도 있고, 표지가 예뻐서 눈길이 갈 수도 있다. 무엇이든 상관없다! 처음부터 너무 어려운 책에 도전할 필요는 없다. 마음에 드는 책을 골랐다면 서점에서 바로 사지 말고 전자책으로 구매해 보라. 도저히 책이 눈에 들어오지 않는다고? 목차를 보면서 가장 재미있어 보이는 페이지로 바로 이동해 읽고 싶은 부분만 읽어라. 별 자극이 없다고? 과감하게 책을 덮고 다른 책으로 넘어가라. 구매하기가 어렵다면 대출하는 방법도 있다. 집 근처 도서관이 어디에 있는지 검색하라. 어차피 세상에 책은 수없이 많다. 선택권은 책이 아니라 바로 당신에게 있다.

할 일 다 하면서
대형 프로젝트를 성공시킨 방법

회사 사람들은 놀랐다. 그 누구도 쓰지 못했던 29만 원짜리 초고가 전자책을 손수현이 써냈다는 소식 때문에. 회사 사람들은 다시 놀랐다. 그 전자책이 여태까지 회사에서 출간한 모든 전자책의 초반 매출 상승세를 앞질렀기 때문에. 회사 사람들은 세 번째로 놀랐다. 불과 6개월이 채 지나지 않아 그의 두 번째 전자책이 나왔다는 이야기에. 회사 사람들은 네 번째로 놀랐다. 두 번째 전자책을 쓰면서 손수현이 단 하루도 회사 일을 쉬지 않았다는 사실을 듣고. 여기까지 이 책을 읽고 있다면 작가의 성격을 대충 파악했을 것이다. 이 정도 자화자찬은 '어이구, 네네, 잘하셨어요' 하고 이해해주어야 한다.

종이책 기준으로 수백 페이지에 달하는 전자책을 쓰는 건 결

악인론

코 쉬운 일이 아니다. 짧은 글을 잘 쓰는 사람에게도 처음부터 끝까지 자신의 이름을 걸고 장문을 완성하는 건 차원이 다른 과업이다. 나는 다른 작가들과는 비교할 수 없을 만큼 빠른 속도로 책을 집필했고 출간까지 성공적으로 마쳤다. 평가 또한 좋았다.

"뻔하지 않다."

"매우 구체적이다."

"실질적인 도움이 된다."

호평 일색인 후기들이 끝없이 이어졌다. 어떻게 이런 일이 가능했을까? 원리를 생각해 보니 간단했다. 일단 '치사한 독서법'이 아주 큰 도움이 되었다. 작가들은 글을 쓰는 데 생각보다 많은 시간을 쓰지 않는다. 그보다는 어떤 내용을 쓸지 고민하는 데 훨씬 더 많은 시간을 투자한다. 나는 하루에도 몇 가지씩 쓰고 싶은 주제가 늘어난다. 일단 치사한 독서법으로 전자책을 읽으면 내 뇌에서는 이 책이 다루는 주제를 연애 분야로 연결하면 어떨까?' 하고 사고가 확장됐기 때문이다. 책을 읽으면서도 내 머릿속에서는 새로운 글감이 축적됐다. 내게는 독서가 글쓰기의 한 과정이었던 것이다. 그래서 나는 어떤 글을 쓸 때 실제로 글을 쓰는 시간보다 독서하는 데 들이는 시간이 훨씬 길었다.

다시 말해 단기간에 책을 집필하고 독자들에게 좋은 반응을 얻는 것은 나만의 아이디어를 얼마나 빠르게, 얼마나 많이 축적하는지에 달려 있다. 콘텐츠를 생산하는 일 역시 같은 원리라고 생각한다. 결국 아이디어 싸움이다. 그리고 이 아이디어 싸움에서 절대 패배하지 않는 나만의 결정적인 방법이 하나 더 있었다.

나는 모든 시간을 아이디어를 얻는 시간으로 만들기로 정했다. 그러고 나자 항상 글을 쓸 때는 단 한 순간도 막히지 않는 인간이 되었다!

이게 무슨 알맹이 없는 조언이냐고? 우리 회사 사람들은 모두 아는 나만의 고집스러운 버릇이 하나 있다. 사람들과 대화를 나누다가 "잠깐만!"이라고 외치는 습관이다. 그러고는 앞에 있는 사람을 신경 쓰지 않고 빠르게 스마트폰을 켠 뒤 카카오톡 '나와의 채팅방'에 들어가 메모한다. 언제든지 영감이 떠오르면 곧바로 '백업'하는 것이다. 책을 집필하는 기간 동안 '나와의 채팅방'에는 수백 개의 키워드가 중구난방으로 쌓여간다. 아이디어의 원천이 될 키워드가 어느 정도 모이면 그것들을 하나의 체계로 정리하여 본격적으로 집필을 시작한다.

키워드는 너무 완벽하게 정리할 필요가 없다. 다른 사람들이 볼 때는 외계어일지라도, 당신은 100퍼센트 알아볼 것이기 때문이다. 참고로 이 꼭지의 키워드는 '빽업하셈'이었다. 키워드를 메모할 때 가장 중요한 것은 생각이 났을 때 '일단 닥치고' 기록하는 것이지, 문법적으로 완벽한 글을 적는 것이 아니다. 내가 이 파트를 서술할 아이디어를 처음 떠올렸을 때 스마트폰에 '전자책을 읽거나 사람들과 대화하다가 아이디어가 떠오르면 즉시 메모하라'고 적으려 했다고 가정해보자. '빽업하셈'보다 자어수가 훨씬 더 길다. 나는 머리가 나빠서 그걸 쓰다가 아이디어가 무엇이었는지 까먹을 사람이다. 또한 이렇게 키워드를 완벽하게 적으려고 하다 보면 언젠가는 지치게 되고, '에이 모르겠다. 그냥 이건 쓸모 없는 아이디어다'라고 합리화하면서 최고의 영감을 흘려 보내는 오류를 범하게 된다. 강조하겠다. 어디까지나 아이디어를 잡는 것은 찰나의 속도 싸움이다.

이 간단한 이치를 몇 년 전부터 회사 사람들에게 알리고 강조했는데 실천하는 사람은 몇 없는 것 같다. 습관처럼 몸에 배지 않으면 쉽게 따라 하기 어려운 방법이라는 뜻일 테다. 반대로 말하면 한번 몸에 장착하기만 해두면 99퍼센트의 경쟁자를 압도할 엄청난 무기가 될 수 있다는 뜻이기도 하다(전자책이 연달아 대성공을 거두고 나니 이제야 몇몇 사람들이 이 방법을 따라 하는 모습이 보인다).

이것이 바로 내가 대형 프로젝트를 연달아 성공적으로 완수하는 데 가장 요긴하게 활용한 '24시간 아이디어 저장법'이다. 신박한 아이디어일수록 영감은 불현듯 찾아온다. 그중 90퍼센트는 떠올랐다는 사실도 모른 채 머릿속에서 휘발된다. 여기에 함정이 있다. 귀중한 자원이 사라지기 전에 반드시 '백업'하라. 어딘가에 저장해 둔 당신의 기록은 언젠가 어떤 큰 프로젝트를 수행할 때 당신의 시간과 에너지를 놀라우리만큼 절약시켜 줄 것이다.

지금 당장	일주일	1개월	3개월

지금부터 길을 가다가 눈길을 끄는 아름다운 카페를 보면 사진을 찍어둬라. 인테리어의 영감이다. 기억에 남는 마케팅 문구를 보면 사진을 찍어라. 카피의 영감이다. 영감을 얻는 가장 확실한 루트는 책이다. 하지만 좋은 영감이 꼭 책에서만 나오는 것은 아니다. 4장에서 설명한 악인의 머릿속 '문장 수집가'가 활동하기 시작하면 온갖 곳에서 영감을 얻을 수 있게 된다.

당신의 마음을 훔친 문구, 당신의 눈길을 사로잡은 풍경, 당신의 뇌리에 충격을 가한 그 무언가를 24시간 어느 때든 메시지로 보내두어라. 바로 당신에게 말이다. 아이디어를 백업하는 방법은 저마다 다를 테다. 여건에 맞는 가장 적절한 보관법을 구축하라. 그리고 하루가 끝날 때마다, 너무 번거롭다면 1주일에 한 번씩 보관함을 열어보고 당신만의 공간에 기록해 둬라. 노트도 좋고 블로그도 좋다. 번뜩이는 아이디어들이 당신의 뇌에서 저절로 탭댄스를 추며 활개를 칠 것이다.

'워라밸' 같은 소리 하고 있네

사람들은 일과 삶의 조화를 이루면서도 성공이 뒤따라오기를 바란다. 단언컨대 헛된 희망이다. 워라밸을 추구하는 삶의 태도야말로 성공의 가장 큰 적이다. 성공한 사업가들은 이렇게 말한다.

"저는 일을 즐기면서 했어요. 한 번도 괴로웠던 적이 없었죠."

"늘 일만 하며 살 수는 없잖아요? 일과 쉼의 균형을 맞추는 것이 중요하죠."

"가장 중요한 것은 우리의 인생입니다. 저녁이 있는 여유로운 삶을 살아요!"

그들은 큰 실수를 범했다. 다른 사람들 역시 자신들과 마찬가지로 쉬지 않을 때는 무한대로 일할 것이라고 성급하게 일반화한 것이다. 일과 휴식의 균형을 강조하는 말을 들은 사람들이

악인론

'일'보다 '휴식'에 초점을 맞추리라고는 생각하지 못한 것이다.

나와 8년째 함께 일하고 있는 '박쥐'는 자신의 블로그에 "일도 일이지만 잘 놀아야 성공합니다"라고 쓴 적이 있다. 그는 실제로도 뇌가 충분히 휴식을 취해야만 더 좋은 아이디어가 나온다고 말한다. 이런 말을 들으면 어떤 사람은 '역시 균형이 중요하지, 나도 이제는 좀 쉬어야겠어!'라고 생각할 수도 있다. 그동안 못 본 영화를 보거나 친구와 술 약속을 잡을지도 모른다. 그전에 분명히 말해둘 것이 있다.

나와 박쥐는 뇌에 휴식하는 시간을 허락하기 전까지 그야말로 한 마리의 경주마처럼 미친 듯이 일한다. 오래전 그와 함께 새 회사를 창립했을 때 우리는 잠자는 시간을 빼고는 하루 14시간 이상을 컴퓨터 앞에 앉아 글만 썼다. 무려 3주 동안 말이다. 워라밸? 그런 것 따위엔 관심도 없었다. 목표를 향해 낼 수 있는 최고 속력으로 질주했다. 밥 먹는 시간, 화장실 가는 시간, 담배 한 대 피우는 시간을 제외하고는 모두 한 책상에 앉아서 글만 썼다. 자신의 역량을 100퍼센트 쏟아붓지 않고 성공하겠다는 발상은 한마디로 '과욕'이다. 어불성설이다.

누군가는 되물을지도 모른다. "그렇게 무리해서 일하면 반드시 번아웃이 옵니다. 그러면 오히려 더 손해가 아닐까요? 차라리 꾸준히 오랜 시간 적절한 수준으로 일하는 게 더 좋지 않을까요?" 동의한다. 그러나 인생에 한 번 정도는 모든 것을 거는 경험을 해봐야 한다고 생각한다. 내 인생에서는 그런 전력 질주가 다 합쳐 네 번 있었다. 첫 번째 질주는 지금의 회사에 입사하기 위해 바친 2년이다. 두 번째는 『연애의 자유』라는 첫 전자책을 집필하느라 몰두한 반년의 시간이다. 세 번째는 차기작 『선택하는 남자』를 집필한 또 다른 반년이다. 마지막으로 네 번째는 『악인론』을 쓰고 있는 지금이다.

당신은 언제 당신의 모든 것을 걸고 질주해 보았는가? 살면서 이런 경험을 단 한 번이라도 해본다면 성공을 향한 의지력은 급격하게 상승한다. 그리고 이때 품은 독기를 바탕으로 더 크고 부담스러운 프로젝트에도 이 악물고 덤벼들 기초 체력이 만들어진다. 워라밸이라는 환상에 취해 극한의 하드워킹을 경험해 보지 않은 사람과, 매 순간 자신의 모든 것을 쏟아부으며 한계선을 높여가는 사람의 역량은 하늘과 땅 사이의 거리만큼이나 차이가 날 수밖에 없다.

아트라상에 입사하기 전 2년간 나는 최소한의 기초 체력과 멘털을 단련하고자 아침, 점심, 저녁으로 40분씩 트레드밀 위를 뛰었다. 당연히 무릎이 박살 났다. 아직도 정확히 기억한다. 시속 7킬로미터로 40분 동안 뛰면 4.65킬로미터 정도를 뛴다. 이것을 하루에 세 번 반복했다. 무식했다. 지금은 수영 말고는 다른 운동을 할 수 없을 정도로 무릎 상태가 좋지 않다. 이런 방법을 추천하고 싶지는 않다. 내가 말하고 싶은 것은 저마다의 마음속에 잠자고 있는 악인의 정체성은 바로 이러한 '무모한 독기'를 자양분 삼아 쑥쑥 성장한다는 사실이다. 내가 과거에 저질렀던 어설프고 무식했던 '행동'이 아닌, 그때 내가 품었던 '마음'을 배우기 바란다.

어영부영하면서 성공할 거라는 착각을 버려라. 나는 늘 전쟁에 나가는 장수의 마음으로 회사에 간다. 회사에서 돌아와 몸무게를 재면 평균적으로 1.2킬로그램이 빠져 있다. 이런 액션은 다른 사람들이 당신을 존경하게 만든다. 경쟁에 뛰어들어라. 미친 듯이 일하라. 탈진하면 '내가 일을 정말로 열심히 하긴 했구나' 하고 스스로를 격하게 칭찬하라. 꼰대 같은 조언이라는 걸 잘 안다. 혹시 나처럼 이렇게 무식하게 노력하지 않고 일과 삶의 균형을 잘 맞춰 성공한 사람이 있다면 얼른 출판사에 원고를 보내 사람들을 구원해 주기 바란다. 진심이다! 당신이 그런 사람이 아니라면 성공하는 방법은 불타는 노력을 기반으로 하는 정공법뿐이다.

아, 그리고 아까부터 화난 표정을 지은 채 나를 노려보고 있는 사람들이 있다. "그렇게 늘 경쟁적으로만 살면 행복에는 닿을 수 없습니다. 진정한 행복은 마음의 평안에서 찾을 수 있습니다. 쳇바퀴 돌듯 자본주의 사회의 노예가 되어 사는 게 자랑입니까?" 따지고 싶을 테다. 그 마음을 너무나 잘 안다. 이렇게 답해주고 싶다.

"미안하지만 악인들은 경쟁 자체에서 행복을 느끼게끔 프로그래밍되어 있습니다. 그래서 먼 훗날 경쟁자를 역전하고 원하는 것을 달성했을 때 모든 불행을 탕감할 만큼 엄청난 행복감을 느끼죠. 그대들의 행복이 소중한 만큼 이들의 행복의 기준 역시 존중해 주기 바랍니다."

악인론

만약 당신이 '일을 위한 일하기'를 멈춘다면

혹시 이런 적 없는가? 당장 내일까지 중요한 보고서를 거래처에 제출해야 하는데 그 거대한 업무에 돌입하는 게 두려워서 자꾸만 메일함을 열어보고 쓸데없이 바탕화면을 정리하다 하루가 다가서 결국 새벽까지 야근한 적 말이다.

일을 위한 일의 정의는 다음과 같다.

'진짜 중요한 일은 미루면서 자위하기 위해 사소한 일을 하는 행동.'

'회사를 본질적으로 개혁하자'라는 다소 추상적인 목표가 있다고 해보자. 추상적인 일이긴 하지만 절대 허투루 해서는 안 될 매우 중요한 미션이다. 이 미션에서 핵심 과제는 '회사의 슬로건'을 매력적으로 도출해 내고, 고객들이 우리 회사를 어떻게 바라보는지 조사하고, 지난 데이터를 통해 회사 내부에 구축해야 할 새로운 기업 문화를 찾아내는 것 등이다. 지루하고 시간이 많이 걸리는 일투성이지만 쉽게 넘어갈 수 없는 핵심 과제들이다.

그런데 흔히 이런 중요한 일을 앞두고선 신경을 많이 써야 하는 머리 아픈 일은 뒤로 제쳐놓고 '당장 눈에 보이는 결과를 만들어내는 일'부터 하려는 심리가 발동한다. 지금 당장 결과물을 만들어낼 수 없는 고객 만족도 조사, 기업 문화 형성과 같은 추상적인 일은 하염없이 미뤄두고 홈페이지 디자인 수정, 블로그 메인 카피 수정 등 상대적으로 중요하지 않은 일에 모든 업무 시간과 에너지를 투입하는 것이다. 바로 '일을 위한 일'이다. 우리 인생에서도 비슷한 일은 수없이 반복된다.

눈앞에 중요한 과제가 놓여 있고 이를 해결하지 않으면 이내 큰일이 닥칠 것을 잘 알지만 당장 그 일 한복판에 뛰어들기는 두렵다. 한편 두려움 때문에 아무것도 안 하고 멈춰 있기에는 또 자괴감이 든다. 바로 이때 '일을 위한 일' 스위치가 켜진다. 갑자기 의욕이 샘솟고 기분이 좋아진다. 오늘 하루도 알차게 보낸 것만 같은 착각에 빠진다! 마치 내가 이 책의 원고를 써야 하는데 그 일에 뛰어들기가 너무 두려운 나머지 개인 블로그에 짤막한 글을 쓰며 자위하는 것과 똑같은 행위다. 지금 당장 블로

악인론

그에 달리는 이웃들의 댓글이 나를 미친 듯이 설레게 하는 것이다! 이럴 시간에 차라리 푹 쉬는 편이 나은 줄도 모르고 말이다.

지난 8년간 7000명이 넘는 내담자를 만났다. 이들 중 상당수가 대학병원 의사, 국내 톱 로펌 소속 파트너 변호사, 아이비리그 유학생처럼 지능이 매우 높은 사람들이었다. 이렇게나 똑똑한 사람들을 수도 없이 만나면서 그들과 상담한 결과 한 가지를 깨달았다. '그들이 모든 면에서 똑똑하지는 않다'는 사실이었다. 말도 안 될 정도로 좋은 스펙과 직업을 가진 사람이 연애에서만큼은 최악의 수를 반복해서 두는 모습을 목도했다. 학벌이나 직업이 그 사람의 지혜로움을 보장하지는 않았다.

그러나 그들에겐 분명한 공통점과 장점이 있다. 바로 단기적 이익을 포기하고 장기적 이익을 기다리며 오랜 시간 참고 공들일 줄 아는 능력이다. 눈앞에 있는 피자를 치우고 다이어트를 하기 위해 헬스장으로 가는 것이다. 미래를 계산하고 계획하는 능력에 힘입어 그들은 당장 결과가 보이지 않더라도 '중요한 일'에 시간과 에너지를 투자했다. 굿즈를 만드는 게 아니라 책을 읽고 브랜딩 관련 공부를 하며 문제의 핵심에 다가가는 것이다. 일을 위한 일이 아니라 결과를 내는 일을 하게 된다.

악인으로서 첫발을 내디뎠을 때 영어 공부한다는 핑계로 스스로를 속인 채 미드를 보며 낄낄거리는 짓거리를 때려치웠다.

일을 위한 일이었다. 아무것도 안 하고 있기엔 죄책감이 들었고 제대로 책상 앞에 앉아 영어책을 펴놓고 공부를 하자니 좀이 쑤셨다. 바로 여기서 인생의 거대한 비효율이 발생한다. 하지만 그 비효율은 지금 내가 무언가를 하고 있다는 착각에 가려 잘 보이지 않는다. 지금 당장 당신이 하고 있는 '일을 위한 일'을 가려내라. 그것들만 잘 발라내도 당신의 24시간은 훨씬 더 풍성해질 것이다.

지금 당장	일주일	1개월	3개월

일을 위한 일을 극복하는 가장 좋은 방법은 완전한 휴식이다. 당장 이번 주 안에 완전한 휴식을 취할 수 있는 날을 잡아라. 완전한 휴식의 날에 나는 핸드폰을 아예 꺼버린다. 유튜브나 넷플릭스에 접속하지 않는다. 모든 것을 차단하고 혼자 목욕을 하고 커피를 마시며 가만히 쉰다. 이것이 진짜 휴식이다.

완전한 휴식이 불가능하다면 차선책은 '인풋—아웃풋' 모드 전환이다. '인풋'은 당신의 뇌에 지식을 쏟아붓는 행위다. '아웃풋'은 집어넣은 지식으로 글을 쓰거나 영상을 만드는 등 가치를 창출해 내는 행위다. 중요한 일을 미루는 현상이 가장 심해지는 시점은 보통 인풋만 너무 오래 했거나 인풋 없이 아웃풋만 내려고 애쓸 때다. 주야장천 집어넣기만 하면 재미가 없다. 눈에 보이는 성과가 없기 때문이다. 결과물을 끄집어내는 데만 집착하면 아이디어는 바닥나고 만다.

요리를 하려고 냉장고를 열었는데 재료가 없다면 얼마나 짜증이 나겠는가? 두 가지를 적절한 순간에 전환해 줘야 계속해서 성과도 나오고 의욕도 사그라들지 않는다. 나는 글을 쓸 때 어느 한 단락에서 막히면 곧장 책 읽기 모드로 전환한다. 책을 읽는 게 지루해지면 바로 노트북 앞에 앉아 키보드를 두들긴다. 너무 단순한 솔루션이라고? 나를 믿고 한번 실천해 보라. 생각보다 슬럼프가 아주 빠르게 극복됨을 느낄 것이다.

7장

악인은
결코 본능대로 움직이지 않는다

펜트하우스 시야
악인의 무기 ⑤

인생은 단기전이 아니다

악인은 본능적으로 움직이지 않는다. 계산하고 또 계산하며 움직인다. 나는 의사 결정을 할 때마다 펜트하우스 창문가에 선 채 아래를 내려다보는 내 모습을 상상한다. 되도록 가장 높은 곳에서 상황을 객관적으로 조망하는 연습을 하는 것이다. 중요한 의사 결정을 하기 직전에는 꼭 나 자신에게 묻는다. '결정의 주체가 내가 아니라 다른 사람이었다면 그는 어떤 결정을 내렸을까?' 사람들은 남의 연애에는 이러쿵저러쿵 청산유수로 떠들면서 자신이 연애를 할 때는 늘 가장 나쁜 수를 둔다. 사람들은 타인이 하는 질문에는 전문가처럼 답하면서 자신의 인생에 던져지는 질문에는 심각할 정도로 멍청한 결정을 내린다.

회사의 한 직원이 이사를 계획하고 있을 때였다. 그는 매우 조급해 보였다. 부동산에서 요즘은 집이 빨리 팔리니 지금 당장 계약금을 보내지 않으면 일주일 안에 매물이 없어질 것이라고 한 말을 철석같이 믿은 것이다. 당신은 이 글을 읽자마자 부동산 측에서 지나치게 불안감을 조성했다는 사실을 쉽게 눈치챘을 것이다. 하지만 막상 사태의 당사자가 되면 시야가 놀랍도록 좁아지는 법이다. 직원은 돌아가는 형국을 넓게 조망하지 못하고 오로지 자기 시야 안에 갇힌 채로 부동산 업자가 하는 말에 휘둘리고 있었다. 그는 지금이라도 어서 가서 가계약을 걸어야 한다며 초조해했다.

나는 그 집은 절대로 다른 매수자에게 팔리지 않을 테니 안심하라고, 오히려 시간을 더 끌라고 조언했다. 객관적으로 월세가 너무 비쌌다. 또한 부동산 업자는 "요즘 매물이 귀해서 빨리 팔릴 것"이라고만 말했지 정작 그 집이 얼마나 어떻게 좋은지를 명확하게 설명하지는 않았다. 업자는 계약서만 쓰면 세입자와 얼굴을 맞댈 일이 없으므로 굳이 집에 어떤 하자가 있는지 계약 시점에 말할 필요가 없다. 오래전 반지하 자취방을 계약할 때 집주인인지 부동산 업자인지 모를 누군가가 적어놓은 "와이파이 제공"이라는 문구가 완전히 거짓이었음을 뒤늦게 깨닫고 땅을 치며 후회했던 경험이 떠올랐다. 업자가 하는 말을 모두 다 신뢰할 필요가 없었다.

결과적으로 그 집은 어떻게 되었을까? 직원은 내 조언대로 협상을 질질 끌면서 부동산 업자를 조급하게 만들었다. 물론 업자의 말이 사실일 수도 있고 양심적인 업자였을 수도 있다. 하지만 매수자가 합리적인 판단을 하지 못하도록 압박을 했기에 우리도 굳이 휘둘릴 필요가 없다고 판단한 것이다. 2주가 넘어가자 이제는 반대로 부동산 쪽에서 급해졌다. 집주인에게는 곧 계약될 것이라고 호언장담을 했는데 차일피일 미뤄지니 업자도 집주인에게 압박을 받았을 테다. 결국 직원은 집주인과 직접 만나게 되었고 심지어 부동산에 올라온 월세보다 더 저렴한 가격으로 계약을 맺었다.

흔한 사례는 아니다. 이렇게 결과만 들어서는 그저 '참고 버티는 전략'이 썩 대단해 보이지 않을 수도 있다. 혹시 스마트폰 배터리가 다 되어서 내비게이션의 도움 없이 초행길을 운전해 가거나 모르는 동네를 걸어본 일이 있는가? 나중에 생각하면 왜 그랬나 싶을 정도로 헛웃음이 나올 만큼 단순한 길이었음에도 위에서 아래로 조망하지 못한다는 사실 하나만으로도 엄청난 압박감과 초조함에 빠지게 된다. 인생 모든 일이 다 마찬가지다. 말로는 누구나 큰 그림을 그리라고 주문하지만 막상 문제 상황에 닥치면 단기적 이해득실에 휘둘리거나 순간의 충동을 이기지 못하고 판을 엎어버리곤 한다.

이쯤에서 자기계발 이론의 가장 지겨운 콘텐츠 중 하나를 소환해야겠다. 누구나 한 번쯤 들어봤을 '마시멜로 이야기'다. 간단한 실험이다. 연구진이 아이들을 모아두고 물었다. "지금 당장 마시멜로 한 개를 먹을래? 아니면 30분 기다렸다가 세 개를 먹을래?" 아이들의 선택은 다양했다. 기다리지 않고 마시멜로 한 개를 먹은 아이들도 있었고, 30분을 참고 기다렸다가 세 개의 마시멜로를 가져간 아이들도 있었다. 연구의 진짜 결과는 10여 년이 지난 다음에 밝혀졌다. 어른이 된 아이들을 다시 관찰해 보니 30분을 참았다가 마시멜로를 먹은 아이들이 그러지 않은 아이들보다 상대적으로 더 큰 사회적 성공을 거둔 것으로 드러났다.

내가 진짜로 하고 싶은 이야기는 이것이다. 마시멜로 실험의 내용과 결과를 아는 사람이 너무나 많은데도 이 실험이 주는 교훈을 자신의 인생에 적용하는 사람은 극히 드물다는 사실이다. 혹시 당신도 찔렸는가?

수도 없이 상담을 하면서 각종 전문직 내담자들을 만났다. 그들은 분명 눈앞에 놓인 마시멜로를 먹지 않고 겨우겨우 참았다가 나중에 먹은 아이들이었을 테다. 하지만 그런 인내심을 가진 사람들조차 상담을 해보면 단기적인 이득 앞에서 충동을 억누르지 못해 괴로워하는 경우가 많았다. 인간의 본능은 강력하다. 극복할 방법이 아예 없는 것은 아니다. 충분히 변화할 수 있다. 엄청난 결정을 해야 하는 순간이 찾아올 때, 당장 결정을 내리고 눈앞의 스트레스를 없애고 싶을 때, 그럴 때마다 나는 결정을 잠시 미루고 내 뇌 안에 가상으로 존재하는 높다란 펜트하우스로 올라간다. 단순히 결정을 미루는 것만으로도 엄청나게 많은 이득을 봤다. 이에 관한 자세한 이야기는 차차 해보겠다.

인생은 단기전이 아닌 장기전이라는 사실을 잊지 마라. 당신이 처한 상황에서 최대한 높은 곳으로 올라가 전체를 조망하라. 당신이 서 있는 장소의 이름은 붙이기 나름이다. 에펠탑 꼭대기가 될 수도 있고 에베레스트산 정상이 될 수도 있다. 중요한 것은 가장 높은 곳에서 아래를 내려다보는 시점의 전환이다. 이런 사고 실험을 계속해서 반복한다면 몇 년 뒤엔 진짜 펜트하우스에 살 수 있을지도 모른다.

나는 이미 입사할 때부터 내가 성공할 거라고 확신했다

처음 기묘한 재회 상담 업체를 발견한 후 나는 섣불리 회사에 입사 지원을 하기 전에 2년의 자체적인 수련 기간을 거쳤다고 앞에서 설명했다.

첫 상담을 마친 뒤 '내가 최고로 잘할 수 있고 충분히 성공할 수 있다'고 느끼는 분야를 찾았다고 생각했다. 그러나 곧 차분하게 내가 처한 상황을 바라보려고 노력했다. '지금 당장 푼돈을 벌려고 타인의 사업체를 베껴 연애 상담 회사를 창업해 살아간다면 그게 정말 나를 위한 삶일까?' 결론은 분명했다. 남의 것을 베끼면서 살면 당장은 쉽게 돈을 벌 수 있을지 몰라도 멀리 볼 때 미래는 불행해질 것이 확실했다.

나는 '펜트하우스 시야'를 활용해 제3자의 시선으로 내가 처한 상황을 조망했다. '손수현이라는 사람은 마케팅 능력도 없고 경험도 없는 사람이다. 이런 사람이 창업을 해 사업을 성공시킬 확률은 10퍼센트 미만이다.' 친구들은 옆에서 "너 정도라면 충분히 할 수 있어!"라며 바람을 넣었지만 흔들리지 않았다.

2년이 흘러 새로운 짝사랑에 관해 상담하러 다시 회사를 찾았다. 아니나 다를까 나의 재회 확률은 100퍼센트로 나왔다. 이는 2년 전에 전 여자친구와 재회하기를 소원하며 처음 상담할 때 받았던 재회 확률 10퍼센트보다 열 배 높은 확률이었다. '박쥐'가 내게 정식으로 제안했다. "상담사로서 자격이 뛰어난 것 같아요. 마침 지금 제가 새 회사를 차릴 생각이 있는데 함께할 의사가 있나요?" 2년을 기다리던 기회가 더 큰 기회가 되어 내게 돌아왔다는 생각에 온몸에 소름이 돋았다. 박쥐에게 답했다. "믿지 않으시겠지만 저는 지난 2년 동안 오늘을 준비했습니다."

하지만 그의 개인적인 사정으로 합류를 위한 사전 미팅이 취소되었다. 다시 올지 안 올지 모르는 면접일을 하염없이 기다렸다. 기약 없는 날들이 흘러갔다. 다시 한번 펜트하우스 시야를 발동했다. 급한 마음에 계속 연락을 넣을 수도 있었겠지만 그것이 협상에서 불리하다는 사실을 잘 알고 있었다. 회사가 나를 언제든 선택할 수 있는 카드로 인식하게 만들고 싶지는 않았다. 하루에도 수십 번 연락하고 싶은 마음이 솟아올랐지만 꿋꿋하게 참아내며 두 달을 보냈다.

예상대로 면접은 그리 어렵지 않았다. 비록 인턴 자격이었지만 입사 테스트에 당당히 통과했다. 하지만 지옥의 인턴 기간 8주가 남아 있었다. 상담사로서의 역량을 실전에서 테스트하고 교육받는 시간이었다. 함께 입사한 사람들은 모두 쟁쟁한 경쟁자들이었다. 서울대학교 출신 박사, 국내 굴지의 회계 법인 회계사, 도쿄공대 출신 연구원, 와세다대학교를 나온 유학생도 있었다.

하지만 이 순간에도 '내가 이들을 이기고 반드시 최종 합격한다'는 근거 없는 확신에 차 있었다. 지금도 내가 느낀 자신감의 구체적인 근거가 무엇이었는지는 떠오르지 않는다. 하지만 펜트하우스에서 조망하는 내 머릿속 '또 다른 나'는 분명히 그렇게 말하고 있었다. '손수현은 몇 달 뒤 이들 중 가장 먼저 정직원으로 아트라상에 정식 입사한다!' 물론 인간으로서 느낄 수밖에 없는 불안과 초조가 하루에도 여러 번 엄습했고 매일 밤 잠을 설치게 했다. 그럼에도 결국엔 내가 뽑힐 것이라는 오만한 상상을 멈추지 않았다. 이유는 너무나 간단했다. 그들에겐 있고, 내게는 없는 것이 있었다. 바로 '돌아갈 곳'이었다.

지난 2년간 평범한 삶을 거부했다. 그리고 악인으로서의 정체성을 얻는 과정에서 수많은 것을 잃어버렸다. '평범한 과거의 나'를 좋아했던 사람들은 모두 나를 떠나갔으며 한때 내가 그토록 갈망했던 '평범한 대학을 나와 평범한 직장에 다니는 삶' 역시 스스로 내던져 버렸다. 부모님과의 관계는 더 이상 나빠질 수 없을 정도로 나빠져 있었다. 이 회사에서 쫓겨난다면 더 이상 갈 곳이 없었다. 일부러 이런 극한의 환경 속으로 스스로를 밀어 넣었다. 마치 조물주가 거대한 레이싱 트랙에 '나'라는 피조물을 던져놓고 내가 목숨을 걸고 전력으로 달릴 수밖에 없도록 미친 사냥개를 풀어놓은 것 같았다. 조물주는 펜트하우스에 올라와 있는 나였다.

일반적인 회사에서는 나를 뽑을 이유가 없다는 것을 잘 알고 있었다. 선택과 집중을 하는 편이 장기적인 관점에서 훨씬 더 큰 이득이라고 판단했다. '여기서 영어 공부 좀 더 하고 자격증 몇 개 더 딴다고 해서 대학에서 제적까지 당한 내가 일반 회사에 합격할 가능성은 없다. 차라리 스펙을 쌓는 일은 모조리 때려치우고 오직 책을 읽고 글을 쓰며 성장에 관한 강연을 듣자. 선택과 집중을 하자.' 돌아갈 다리를 폭파해 버렸다(인생의 중요한 관문마다 이렇게 매번 위험한 수를 두라는 뜻은 아니다).

배수의 진을 친다고 한다. 먼 훗날 대표직을 맡게 되고 한 기업 대표에게 들은 말이다. 자신이 일군 사업으로 특정 지역 상권을 완전히 장악할 정도로 대성공한 사람이었다. 그러나 그는 자신을 극한 상황으로 몰아넣기 위해 주력 사업을 접고 새로운 사업에 뛰어들었다. 실패할 때 자신을 위탁할 곳을 없애기 위해서 말이다. 큰 리스크를 안은 결정이었다. 그는 자기 자신을 조종하는 법을 알고 있었던 셈이다. 지금껏 만난 사업가 중 압도적으로 뛰어난 통찰력, 즉 나의 '펜트하우스 시야'에 버금가는 시야를 지닌 사람이었다.

다시 인턴 기간 이야기로 돌아와서, 이렇게 시야를 넓게 잡고 일을 시작하자 그간 쌓아온 내 안의 능력들이 알아서 탭댄스를 추기 시작했다. 돌아갈 곳 없는 상황이 조성되었기 때문이다.

돌아갈 곳이 사라진 인턴 시절의 나는 어떻게든 살아남으려 밤을 새워서라도 책을 읽었고 다른 상담사의 상담 내용까지 달달 외우며 내가 맡은 내담자들에게 최고의 서비스를 제공했다. 바로 다음 주에 잘릴지도 모른다는 절박함으로 한 주 한 주 목숨을 걸고 일에 덤벼들자 조금씩 성과가 쌓이기 시작했다.

결국 당초 예정보다 2주 길어진 10주간의 경쟁 끝에 동기들 가운데 최초로 아트라상의 정직원이 되었다. 드디어 악인으로서 세상에 데뷔한 것이다. 물론 나의 입사를 반대하는 의견도 많았지만 말이다(이들의 반대를 무마하고 굴복시킨 이야기는 뒤에서 또 다루겠다).

돌아갈 곳이 있어야 더 큰 성과를 낼 수 있다고 주장하는 사

악인론

람도 있다. 충분히 이해할 수 있는 주장이다. 『오리지널스』를 쓴 애덤 그랜트는 빌 게이츠를 예로 들며 그에게는 플랜 B가 존재했기 때문에 아무런 스트레스 없이 혁신적인 도전을 이어갈 수 있었다고 말한다. 마치 재수를 할 때 이미 합격한 대학 하나를 걸어두고 반수를 하는 사람처럼 말이다.

그러나 그랜트는 한 가지를 간과했다. 자신이 관찰한 대상이 바로 빌 게이츠, 인류 최강의 천재였다는 사실을 말이다. 빌 게이츠는 플랜 B가 있든 없든 언제 어디서나 모든 역량을 성공에 쏟아부을 수 있는 우월한 유전자를 갖고 태어난 사람이다. 나처럼 평범한 유전자를 타고난 사람이나 평생 하위권을 맴도는 삶을 살아온 사람이 모든 것을 뒤엎고 역전하려면 '돌아갈 곳이 없는 상태'를 조성해 불도저처럼 앞만 보고 밀고 나가야 한다. 그 편이 성공할 확률을 압도적으로 높인다고 확신한다.

내가 끝까지
나의 성공을 떠들지 않았던 이유

혹시 『설득의 심리학』이라는 책을 읽어보았는가? 저자 로버트 치알디니는 말한다. "만약 당신이 300만 원짜리 물건을 팔아 500만 원을 받고 싶다면 처음에 확 가격을 높여 700만 원을 제시하라. 그러면 상대방은 700만 원이 기준이 되어 300만 원을 떠올리지 못하고 결국 500만 원에 수렴할 확률이 커진다." 누군가와 거래를 할 때 내가 원하는 것보다 더 센 조건을 불러야 결과적으로 원하는 것을 얻을 확률이 높아진다는 논리다. 단기적으로만 보면 매우 효율적인 전략이다.

그러나 장기적인 관점으로 보면 이는 현명한 방법이 아닐 수 있다. 거래하는 대상이 상사라고 해보자. 단기적인 이득을 얻고자 각종 설득의 기술들을 구사해 상사를 압박하는 것은 길게 봐

악인론

서 좋은 수가 아니다. 상사와는 앞으로 몇 년을 더 같이 일할지 모른다. 비록 거절할 수 없는 제안일지라도 상사에게 먼저 보상부터 요구한다면 당신을 바라보는 상사의 감정을 헤아리지 못하는 악수가 될 수 있다.

나는 이러한 전략을 '선 요구 후 입증 전략'이라고 부른다. 그런데 만약 당신이 매우 지혜로운 상사 밑에서 일하고 있거나 그 상사가 이미 당신에게 최대한 좋은 대우를 해주려고 하고 있는 사람이라면 '선 요구 후 입증 전략'은 완전 폐기하라. 잘 들어라. "내가 이 일을 성공시키면 이 정도 보상을 해주시기 바랍니다"라는 말이 먼저 나와서는 안 된다. 그 반대가 되어야 한다. 일단 일로 입증하고 그다음에 요구해야 한다.

회사에서는 아트라상의 이론을 토대로 연애 관련 유튜브 채널을 론칭해보자는 이야기가 나왔다. 그러나 모두가 스케줄을 가득가득 채워 매달 90건이 넘는 상담을 하는 구조에서 누군가 추가로 시간을 내어 유튜브 채널을 운영하는 것은 사실상 불가능했다. 게다가 우리 중에는 유튜브 채널 운영에 관해 잘 아는 사람이 단 한 명도 없었다. 편집자는 어떻게 구하는지, 어떤 장비를 마련해야 하는지, 섬네일은 어떻게 만드는지 아무것도 모르는 문외한들로만 이루어진 집단이었다. 이때 나는 '선 요구 후 입증 전략'이 아닌 '선 입증 후 요구 전략'을 행동에 옮기기 시작했다. 회사에는 그 어떤 것도 요청하지 않았다. 사비를 들여 조명 장비와 핀 마이크를 사고 편집자까지 섭외했다. 틈틈이 아주 기초적인 편집 기술과 개념도 배웠다. 그리고 혼자 영상을 찍어 올리기 시작했다. 유튜브에 '멘탈리환'이라고 검색하면 나오는 채널이 바로 이 채널이다. 이때까지도 회사에서는 여전히 유튜브 채널을 개설한다면 누가 운영을 해야 할지, 언제 시작하면 좋을지 등의 이야기가 오갈 뿐 구체적인 계획은 나오지 않았다. 나는 그런 말들을 무시한 채 내 시간과 돈을 투입해 채널 운영을 시작했다. 적어도 1년은 누구 하나 발 벗고 나설 만한 여유가 생기지 않을 듯했다.

처음 채널을 개설했을 때는 아무도 관심을 보이지 않았다. 하지만 곧 몇 가지 공식들을 찾아냈고 한 달 만에 5만 명의 구독자를 모았다. 상담을 하면서 만난 내담자들에게는 채널의 존재를 알리지 않은 상태였다. 순수하게 오직 채널의 힘만으로 구독자 5만 명을 모은 것이다. 심지어 이 채널을 발견한 누군가가 "아트라상의 이론을 베껴서 만든 영상이냐"라고 물을 정도였다.

유튜브 채널을 한 번이라도 운영해 본 사람은 알겠지만 처음으로 영상을 올릴 때 느끼는 심리적 부담감은 실로 어마어마하다. 실제로 수많은 유튜브 채널 중에서 구독자 1만을 넘기는 비율은 대략 잡아 1퍼센트가 채 되지 않을 것이다. 당신이 100만 유튜버들의 채널만 보이는 이유는 당신도 알고 있겠지만 알고리즘의 선택을 받은 일부 영상들만 추천되기 때문이다.

더욱 놀라운 사실은 구독자가 50만 명이 넘는 메가 유튜버들은 이런 말을 하면 고개를 끄덕이며 공감하는 반면 유튜브를 시작조차 안 해본 사람들은 1만 명을 모으는 일 따위는 별일도 아니라며 무시한다는 점이다. 구독자 수가 5만 명에 도달하자 갑자기 회사에 상담을 문의하는 수요가 폭발적으로 증가했다. 정확히 5만 명을 돌파했을 때 내가 처음으로 회사를 언급했기 때문이었다. 회사에서는 갑자기 문의가 밀려드는 원인을 분석하기 시작했고 자연스럽게 「연애심리학멘탈리환」이라는 유튜브 채널을 발견했다. 곧 내가 유튜브 채널을 만들고 운영한 장본인이라는 사실이 밝혀졌고, 상사들은 내게 언제 이런 유튜브 채널을 만들었냐고 거꾸로 묻기 시작했다. 선 입증 후 요구 전략, 바로 내가 의도한 상황이 순서대로 전개되고 있었다. 나는 이렇게 답했다. "확실하게 성공시킨 뒤 말씀드리려고 했습니다."

이러한 전략이 언제나 유효한 것은 아니다. 하지만 당신의 잠재력과 진정성을 충분히 이해하는 현명한 리더와 함께 일하고 있다면 이 전략은 아주 큰 효력을 발휘한다. 바로 내가 그랬다. 나의 상사들은 내가 유튜브 채널을 개설해 운영하기까지 어떤 고민을 했을지 충분히 이해했고, 사비까지 들여 회사 몰래 채널을 운영한 그 진정성을 알아봐 줬다. 겉으로는 "도대체 왜 그랬냐? 진작 지원을 요청했어야지"라고 잔소리하면서도 더없이 흐뭇해했다. 회사 지시로 유튜브 채널을 개설했다면 받았을 포상보다 훨씬 더 큰 포상을 받았음은 물론이다. 그 후로 회사에 상담 문의가 폭증해 감당하기 어려울 정도로 고객들이 늘어나 지금은 전략적으로 유튜브 운영을 중단했다.

회사를 위하는 이타적인 마음으로 이런 일을 벌였느냐고? 아니다. 처음에는 아무도 알아봐 주지 않더라도 시간이 지나고 자연스럽게 나의 성과가 회사에 알려지면 훨씬 더 큰 이득이 돌아오리라는 사실을 머릿속으로 혼자 여러 번이나 시뮬레이션을 돌려봐 알고 있었기 때문이다. 나만의 펜트하우스에 올라선 채 말이다. 최악의 경우 유튜브가 완전히 망하더라도 그 과정에서 값진 경험을 얻을 테니 어떻게 되든 손해를 보지 않는 '설계'였다. 단기적 보상에 연연하지 않고 장기적 관점에서 상황을 조망하고 전략을 짜는 행위, 이것이 바로 악인의 성공 방식이다.

이런 나를 보고 "회사에 돈 한 푼 요구하지 않고 혼자 모든 걸 배워서 했다는 거죠? 매출은 듬뿍 불려주고요? 그건 악인이 아니라 오히려 선인이 아닌가요?"라고 묻는 것 같다. 음, 듣고 보니 합당한 비판 같기도 하다. 모르겠다. 나는 그냥 스스로를 악인이라고 믿고 가려고 한다.

지금 당장	일주일	1개월	3개월

당신의 회사가 꽉 막히고 꼰대들로 가득한 집단이라고? 그렇다면 '선 요구 후 입증 전략'을 따르라. 회사에서 자아실현을 하려 하지 말고 배울 것만 배워감으로써 개인의 이득을 챙기는 데 초점을 맞춰라. 만약 당신의 상사가 매우 똑똑하며 당신의 가능성을 알아보는 사람이라면 또는 당신의 기업이 도전 정신을 강조하고 새로운 실험을 장려한다면 '선 입증 후 요구 전략'이 먹힐 수 있다. 지금 다니고 있는 회사에서 오랫동안 해결하지 못한 장기 보류 미션이 있다면 당신의 가능성 안에서 그 미션을 수행하라. 그리고 그들이 당신의 성과를 발견할 때까지 묵묵히 실행하라. 아이들이 마시멜로를 먹지 않고 참고 기다렸듯이!

"아무 이유 없습니다, 회사에 800만 원을 내겠습니다"

당신에게 미리 약속하겠다. 지금부터 당신을 아주 지루하게 만들어보겠다. 내 이름을 걸고 맹세한다.

유튜브 채널을 크게 성공시켜 회사의 매출을 끌어올렸으나 내게는 무언가 더 큰 한 방이 필요했다. 유튜브 채널을 보고 회사를 찾아온 사람들은 백이면 백 담당 상담사로 나를 지목했기 때문에 그것만으로도 내 브랜드 가치는 점점 더 커지고 있었다. 그러나 나의 야심은 거기서 멈추지 않았다.

책을 쓰기로 했다. 당시 나는 아트라상의 대표였으며, 이와 동시에 프드프라는 전자책 플랫폼 회사의 대표 편집자이기도 했다. 프드프는 10만 원이 넘는 초고가 프리미엄 전자책을 제작해 판매하는 사업 구조였는데, 나를 동업의 길로 이끈 박쥐가 쓴 전자책이 당시 엄청난 매출을 올리고 있었다. 그러나 그 누구도 그다음 후속작을 쓰지 못하고 있었다. 아, 오해하지 말기 바란다. 당시 우리 회사에서 일하던 직원들은 하나같이 매우 똑똑하고 성실한 사람들이었다. 그만큼 책 쓰기가 쉬운 일이 아니라는 사실을 말하고 싶었을 뿐이다.

내 능력을 또다시 증명하고 싶었다. 상담이라는 한 분야에서만 보면 오히려 그보다 내 경력이 더 길었다. 박쥐는 한때 내게 스승과도 같은 존재였다. 그러나 적어도 인간관계와 심리 상담에서는 내가 앞설 수도 있겠다고 생각했다. 아니, 그래야 했다. 훨씬 더 많은 시간을 들여 부단히 노력했는데 적어도 그 분야에서만큼은 내가 그를 압도해야 했다. 그러지 못한다면 재능이 없다는 소리가 아니겠는가? 분노일기에 이렇게 적고 나자 미친 듯이 의욕이 불타오르기 시작했다.

전자책을 쓰기 시작했다. 여태껏 블로그에 쓴 글들만으로도 내담자들에게 언제나 좋은 평가를 들어왔지만, 책을 쓰는 일은 그것과는 차원이 달랐다. 어떤 글로 시작하고 어떤 글로 마무리할지, 어떤 순서로 쓸지, 하나하나의 에피소드들을 어떤 형식으로 연결할지, 독자들이 반박할 만한 대목은 어떻게 보강할지 등등 수많은 고민들이 나를 괴롭혔다. 한 달에 수십 건씩 처리하던 상담도 그대로 하고 있었다. 시간을 아무리 쪼개고 쪼개도

도저히 탈출구가 보이지 않았다.

그러던 어느 날 나는 완전히 탈진하여 1박에 수십만 원을 호가하는 조선 팰리스 호텔에 숙박을 예약했다. 리프레시가 필요했고, 결단을 해야만 하는 순간이었다. 문득 몇 년 전 반지하 방에서 끙끙대며 책을 읽던 시기가 떠올랐다. 커피값을 아끼던 그때에 비하면 인생이 참 많이 바뀌었구나 하고 잠깐 생각했다. 어쨌든 나는 그곳에서 '어떻게 하면 이 상황을 극복할 수 있을까?' 다시 내 머릿속에만 존재하는 펜트하우스로 올라갔다. 그리고 한 발 물러서서 손수현라는 인간을 관찰했다. 회사에 입사한 순간부터 지금까지 어떤 과정을 거쳐 문제를 해결하고 성과를 내왔는지 되짚어 봤다. 마침내 지난 성공 경험들을 관통하는 공통점을 찾아냈다. 머릿속에 번쩍하고 섬광이 스쳐 지나갔다.

이때 내가 고안한 이론이 바로 '대미지 이론'이었다. 어떤 과제에 실패했을 때 자신에게 엄청난 피해(대미지)가 돌아가게끔 상황을 설계하는 것이다. 입사 당시 나는 '만약 여기에서마저 잘린다면 먹고살 일거리가 없다'는 대미지를 스스로에게 부여함으로써 남들보다 더 독하게 죽기 살기로 일에 매진할 수 있었다. 실패했다간 백수가 되는 것은 물론이고 다른 회사에도 취업하기 힘든 상황이라는 대미지가 나를 기다렸다. 학사 경고를 세 번 받아 대학교에서 제적된 처지였고, 따놓은 공인 자격증 하나 없었다. 유튜브를 시작할 때도 초기 비용을 모두 내 사비로 충당했기에 실패했을 때 그 비용을 회사에 청구할 수도 없었다. 돌이켜 보면 어떤 과제를 수행할 때 나는 언제나 실패에 따른 손실을 내가 모두 떠안는 구조를 설계해 그 안에 나 자신을 몰아넣었다.

어떤가? 나는 성공하였다. 당신을 아주 지루하게 만들 수 있다고 말하지 않았던가. 당신은 '또 그놈의 배수의 진 이야기구나'라고 생각했을 것이다. 맞다. 자기계발서를 단 한 권이라도 읽은 사람이라면 아마 98퍼센트 이상은 알고 있을 바로 그 이야기 말이다. 하지만 그걸 아는가? 당신이 그동안 쳐왔던 배수의 진은 자기 변명에 불과했다는 것을?

한 뱀파이어가 있었다. 뱀파이어는 영생을 누리는 존재다. 그는 끝나지 않는 삶에 지루함을 느꼈고 날마다 자살을 시도했다. 그러나 죽지 않았다. 그러던 어느 날 한 용사가 등장해 뱀파이어를 죽이겠다고 선언했다. 뱀파이어는 크게 기뻐하며 그를 기다렸다. 무료했던 삶에 파장이 일었다. 치열한 싸움 끝에 뱀파이어의 목에 용사의 칼끝이 다가왔다. 그토록 기다려왔던 죽음 앞에서 뱀파이어는 갑자기 태세를 전환해 용사에게 사정했다. "제발 나를 살려주세요." 용사는 말했다. "넌 사실 죽고 싶었던 게 아냐. 자살 시도도 일종의 유희거리에 불과했지. 아무리

죽으려 해도 죽지 않는다는 걸 알고 있었으니까."

지금까지 당신이 친 배수의 진이란 실상 영생하는 뱀파이어의 자살 시도 같은 것은 아니었을까? 냉정하게 되물어 보라. 매번 배수의 진을 친답시고 공언했던 벌칙이 실은 당해도 큰 타격이 없는 유명무실한 벌칙은 아니었을까? 아니면 어차피 이 사람들은 나중에 내가 다짐을 어기더라도 정색하며 당장 벌칙을 수행하라고 닦달하지는 않을 거라고 은연중에 생각하지는 않았는가? 그러다가 정말 없던 일이 되어버리진 않았는가?

지금부터 설정할 대미지는 이런 일차원적 배수의 진과는 달라야 한다. '진짜 이러다가 폭망할 수도 있겠다!'라는 생각이 들 정도로 치명적인 무언가를 걸어야 한다. 그리고 계약서를 써라. 농담이 아니다. 당신의 실행력을 상위 0.1퍼센트 수준으로 끌어올리는 데 돈 한 푼 쓰지 않겠다는 욕심을 버려라. 이 마음을 버리지 못하는 한 당신은 야망 없는 악인에 그칠 것이다.

호텔에서 묵고 난 다음 날 회사에 출근해 전 직원들을 불러 모았다. 그리고 그들 앞에서 말했다. "제가 만약 세 번째 전자책을 2주 안에 완성하지 못한다면 3개월에 걸쳐 매달 800만 원씩 회사에 기부하겠습니다. 아니, 제가 말을 바꿀 수도 있으니 앞으로 받을 급여에서 알아서 까주세요." 실패한다면 세 달 동안은 돈을 내면서 회사를 다녀야 할 판이었다. "만약 실패하면 회사에 100만 원을 내겠습니다!" 이런 말랑말랑한 헛소리는 집어 치워라. 그 정도는 누구나 감당할 수 있는 대미지다. 그런 공약으로는 아무것도 바꿀 수 없다. 나는 그길로 프드프 부대표를 찾아가 계약서를 썼다. 지장도 찍었다. 실패한다면 내가 입을 대미지는 무려 2400만 원이었다. 참고로 당시 내가 거주하던 집의 월세는 250만 원이었다.

사람들에게 집필을 선언하고 나자 평생 경험해 보지 못한 엄청난 집중력이 발휘되었다. 입사하고 인턴끼리 경쟁하던 때처럼 무의식에 있던 잠재력이 폭발하듯 솟아올라 나를 돕기 시작했다. 간신히 페이스만 유지하며 달리던 마라톤 선수가 결승점을 눈앞에 두고 전력 질주를 하듯 미친 듯이 달렸고 결국 5일 만에 세 번째 전자책『연애의 자유: 여자 편』을 출간하는 데 성공했다. 해당 도서는 2억 5000만 원이라는 프드프에서 손꼽히는 매출을 기록했으며 내 통장에는 지금까지 1억 원에 가까운 수익이 들어왔다. 대미지 이론에 관해 전체 계열사 직원들을 대상으로 강의까지 했다. 이 이론은 이제 계열사의 문화가 되었다.

당신이 가진 모든 능력을 극대화하고 싶은가? 대미지 이론을 적용하라. 눈앞의 이익만을 생각하며 영혼 없는 인간처럼 살지 말라. 한발 떨어져서 펜트하우스에 올라라. 당신을 관찰하라. 어쩌면 당신에게 닥칠지도 모르는 '단기적 손실'이 당신이 '장기적 이득'을 취하게끔 돕는 데 엄청난 자극제가 될 것이다.

이제 회사 사람들은 누가 시키지도 않았는데 저마다의 대미지를 선언한다.

"이번 달 안에 기획서를 제출하지 않으면 모든 팀원에게 100만 원씩 주겠습니다."

"매주 아이디어를 열 개 이상 내지 않으면 이번 달 월급을 절반만 받겠습니다."

지금 이 글을 적는 나조차도 믿기지 않는 상황들이다. 그리고 이들은 지금 회사 안의 치열한 경쟁 구도 속에서 선두를 달리고 있다.

물론 지금 생각해보면 나의 배수의 진은 너무나도 수위가 강했다는 생각도 든다. 그러나 지금 내가 무슨 이야기를 하려는지 이해했을 것이다. 언제든 어길 수 있는 배수의 진은 무의미하다. 그냥 무작정 큰돈을 걸라는 것이 아니다. 적은 돈을 걸더라도, 효력이 있게끔 형식상 각서라도 쓰라는 뜻이다.

지금 당장	일주일	1개월	3개월

밖으로 나가 주변 사람들에게 당신의 목표를 선언하라. 한발 더 나아가라. 돈, 자존심을 걸라. 목표를 어긴다면 당신에게 어마어마한 대미지가 닥치는 제안을 하라. 일반적인 자기계발서는 여기서 그친다. 하지만 우리는 뱀파이어의 자살 시도 같은 뻔한 거래는 하지 않는다. 실패하면 몇 달간, 아니 인생 전체에 엄청난 위기를 불러오는 거래를 하라. 단기적으로는 극도의 스트레스를 받게 될 것이다. 그러나 대미지 이론은 당신을 가장 빠르게 성장과 성공의 길로 이끌 것이다. 실패할까 봐 두렵다고? 그럼 실패해서 돈을 잃는 경험도 해보라. 다시는 실패하고 싶지 않을 것이다.

회사는 망해도 나는 망하지 않는다

내담자들에게 '악인론'이 무엇인지 설명하면 사람들은 되묻는다. "저도 상담사님이 말씀하는 것처럼 악인으로 살아가고 싶습니다. 그런데 저희 회사에서는 그게 불가능합니다. 새로운 의견을 제시해도 묵살되는 꽉 막힌 집단이고, 직원의 성장을 장려하는 분위기도 아닙니다. 하루하루 연차만 쌓여가는 구조죠. 게다가 선배들은 하나같이 무기력하고 권위적이기만 합니다. 도대체 어떻게 해야 할까요?"

이런 한계점을 고백하는 사람이 의외로 정말 많다. 아마 이 책을 읽고 있는 당신도 이런 구조에서 자유롭지 못할 것이다. 하지만 해결책은 매우 간단하다. 당신의 회사와는 별개로 당신을 찾아오는 고객에게 최선을 다하라. 회사의 이미지가 아니라 자기 자신의 이미지를 위해 일하라. 그것이 당신의 브랜드가 된다. 회사라는 미로에 갇혀 잠재력을 봉인당한 채 일하지 말고 일의 꼭대기에 올라가 시야를 넓혀라. 한 달 앞, 두 달 앞을 보지 말고 1년 뒤, 2년 뒤 당신에게 펼쳐질 미래를 상상하라.

아트라상의 모체가 된 회사에서 일할 때였다. 나를 스카우트한 '박쥐'가 군대를 간 후 회사는 망해가고 있었다. 박쥐에게 경영권을 위임받은 미친 공동 경영자의 빌어먹을 활약으로 매출은 반 토막이 났다. 그는 분노를 조절하지 못하고 고객에게 전화를 걸어 화를 내기도 했다. 어떻게든 회사를 원래대로 되돌려 놓기 위해 그를 설득하고 어떤 때는 다른 사람들의 비난으로부터 오히려 그를 변호하려 애썼지만 그는 전혀 말을 듣지 않았다. 나는 되레 그에게 미움만 더 살 뿐이었고 직원들은 줄줄이 회사를 떠났다. 고민했다. 가장 현명한 수는 회사를 나간 이들을 따라 함께 퇴사하는 것이었다. 그러나 나는 상담일을 너무나 사랑했고, 그럴 수가 없었다.

전략을 바꿨다. 다시 한번 하늘 위에서 상황을 바라보려고 애썼다. '내 삶에서 회사는 중요하지 않다. 오직 내 일이 중요할 뿐이다. 그래, 회사가 아닌 나에게 집중하자.' 경영자의 폭정으로 회사가 망해갈지라도, 힘들게 모은 고객들 사이에 회사에 대한 안 좋은 이미지가 굳어갈지라도, 적어도 '나'라는 상담사로서의 브랜드에만큼은 금이 가지 않도록 최선을 다했다.

오히려 회사 경영이 악화하기 전보다 더 열정적으로 상담하고, 더 치열하게 고민하고, 내담자들에게 다가가려고 더 노력했다. 이토록 열심히 일해 회사에 벌어다 준 돈은 모두 공동 경영자의 유흥비로 쓰였고 월급이 2주 넘게 밀리는 일이 다반사였지만 신경 쓰지 않았다. 펜트하우스에서 내려다보자면 이런 단기적 손실은 나중에 더 큰 이득으로 돌아올 것을 잘 알고 있었다.

나에 대한 내담자들의 신뢰와 지지는 점점 두터워지고 있었다. 회사에는 실망을 느꼈을지라도 손수현이라는 상담사에게 매력을 느끼는 사람이 하나둘 생겨났다. 몇몇 내담자들과는 업무를 떠나 개인적으로 친분을 쌓기도 했는데 그들 중에서는 "왜 자기 사업을 하지 않으시나요?"라고 묻는 이도 있었다. 그때마다 "회사를 생각하면 그럴 수는 없죠"라고 답하며 때를 기다렸다. 그리고 박쥐가 군대에서 복귀했다. 수십 개의 마시멜로가 한꺼번에 쏟아질 순간이 빠르게 다가오고 있었다.

여태껏 구축한 상담사로서의 브랜드를 크게 펼쳐야 할 때가 왔음을 직감했다. 모든 고객에게 새로운 홈페이지를 오픈했다고 연락을 돌렸다. 정신병에 걸린 경영자는 내가 떠나도 자신에게 별다른 손해가 없으리라고 생각했던 모양이다. 그는 나를 순순히 놓아주었다.

내 예상은 정확히 들어맞았다. 기존 회사의 고객 중 절대다수가 새로 만든 회사로 몰려왔다. 그리고 3개월 만에, 그래도 매달 수천만 원에 달하는 순수익을 내던 기존 회사는 폐업했다. 하지만 내가 회사를 떠난 이유는 경영자의 무능이나 회사의 매출 감소 때문이 아니었다. 나는 하루걸러 미친 경영자에게 뺨을 맞곤 했다. 그럴 때마다 속으로 '같은 정신질환자끼리 왜 이러는 거지?'라고 생각하며 분을 삭혔지만 그에게 저항할 뾰족한 방법은 없었다. 이런 이야기들을 하면 사람들은 믿지 않는다. 나조차 믿기지 않으니까.

지금 당신이 몸담고 있는 조직에서 인격적으로 존중받고 있지 못하다고 생각한다면, 하루에도 수십 번씩 영혼이 갈기갈기 찢기는 기분이라면, 오히려 잘됐다. 회사라는 감옥에서 벗어나 당신의 가능성을 펼칠 환경이 조성된 것이니까. 회사라는 명함을 뗐을 때 당신에겐 무엇이 남는가? 진정한 악인은 '회사'라는 조직이 아닌 '나'라는 개인으로 존재하는 사람이다. 누구나 회사에서 시작하지만 언젠가는 회사를 떠나야 한다. 악인은 그 순간이 찾아왔을 때 망설이지 않기 위해 꾸준히 자신의 것을 축적한다.

지금 당장	일주일	1개월	3개월

소속된 집단에서 배울 것이 없고 꽉 막힌 상사들 때문에 혁신의 에너지가 흐르지 않는다면 선택지는 두 가지다.

첫째, 바로 대체할 수 있는 집단으로 옮겨 타라. 침몰하는 타이타닉에서 내려 구명보트로 갈아타라. 콩밭에서 팥을 찾지 마라. 애초에 자기효능감을 찾을 수 없는 곳에서 그걸 찾으려고 노력해 본들 무기력과 번아웃으로 귀결될 뿐이다.

둘째, 갈아탈 수 없는 상황이라면 그곳에서 머물며 '나만의 팬'을 만들어라. 그들은 먼 훗날 당신이 무엇을 하든 당신이라는 브랜드를 믿고 도울 것이다. 회사는 망해도 당신이라는 가치는 망하지 않을 테니 징징대지 말고 눈앞에 놓인 일을 해치워라. 길게 볼 때, 당신 회사의 수명보다 당신의 수명이 훨씬 길다.

경제적 자유는 운이 아니다, 극도로 안전한 루트를 타라

한 분야에서 오래 일하다 보면 성과가 쌓이기 마련이다. 자신을 존경하는 후배나 동료가 생겨나고, 더 크게 확장하는 데 필요한 소중한 자원들이 모이기 시작한다. 나도 그랬다. 점차 나를 추종하는 이들이 많아지고 명성이 쌓여갔다. 누구나 그러하듯이 인터넷 검색창에 내 이름과 필명을 종종 검색해 본다. 참 유치한 취미다. 그러다가 한 블로그에서 누군가 나에 대해 평가한 글을 보았다.

"왜 손수현은 자신만의 사업을 시작하지 않는 걸까? 남성 호르몬이 적은 걸까? 리더의 위치에 서고 싶은 마음이 없는 걸까? 의아하다."

재밌는 평가라고 생각했다. 그러나 그는 하나는 알고 둘은 몰랐다. 나는 인생에서 늘 '펜트하우스 시야'를 적용한다는 것을. 그리고 지금의 회사에 입사하기 아주 오래전부터 펜트하우스 시야는 언제나 나와 함께한 무기였다는 것을. 어떤 사람들은 내가 살아온 인생을 보고 '참 신기하게도 술술 풀렸다'고 생각한다. 하지만 내가 물 흐르는 대로 흘러가다가 운 좋게 여기에 닿았다고 넘겨짚는다면 그것은 오산이다. 철저한 계산과 분석에 의거해 위치를 바꿔가며 여기까지 도달해 눌러앉아 버틴 것이다.

경제적 자유를 얻고자 하는 사람들을 성향에 따라 분석하면 크게 다섯 가지 유형으로 나눌 수 있다. 나는 이를 '악인론'이라는 거대한 세계관에 참여한 다섯 가지 플레이어 유형으로 부르기도 한다.

레벨 5: 성공한 대표

레벨 4: 실패한 대표

레벨 3: 성공한 추종자

레벨 2: 실패한 추종자

레벨 1: 게임 불참자

가장 높은 곳에 있는 레벨 5는 '성공한 대표'의 자리다. 여기서 대표라는 단어는 비단 기업이나 회사의 CEO만을 뜻하지는 않는다. 회사의 실질적 실세로 불리는 사람일 수도 있고 다양한 추종자를 거느린 리더일 수도 있다. 이들 아래에 있는 것이 '성공한 추종자'와 '실패한 추종자'다. 가장 아래, 레벨 1의 '게임 불참자'는 애초에 경제적 자유에 관심이 없고 그저 균형 잡힌 삶만으로 만족하는 사람들이다.

다섯 가지 유형 중에서 가장 큰 리스크를 감수하는 이는 누구일까? 혹시 '실패한 추종자'나 '게임 불참자'를 떠올렸는가? 틀렸다. 정답은 '실패한 대표'다. 축구팀이 성적을 못 내면 누가 가장 먼저 화살을 맞을까? 주전 플레이어? 벤치 멤버? 아니다. 감독이다. 오히려 '실패한 추종자'는 생각보다 손실이 크지 않다. 타격이 전혀 없지는 않겠지만 투자한 자원이 없으므로 피해가 심각하지는 않다. 사람들은 흔히 기업이 망할 때 설립자나 CEO가 나름의 안전장치를 만들어둔 다음 회삿돈을 갖고 나올 수 있다고 착각한다. 실제로 그런 일은 거의 벌어지지 않는다. 빚더미에 올라앉는 건 '의외로' 대부분 대표들이다.

'게임 불참자'는 해석이 간단하다. 그냥 투자하지 않은 사람들이다. 비트코인이 올라갈 때 돈을 넣지도 않았고, 비트코인이 떨어질 때 돈을 빼지도 않았다. 그냥 이득과 손실이 없는 사람들이다. 매우 안전한 의사결정을 한 셈이다. 하지만 '실패한 대표'는 자신만의 추종자들을 만들기 위해 자원을 가장 많이 투자했을 가능성이 크다. 쉽게 말하면 망한 회사를 설립한 사람이다.

'악인론'에 관해 이야기하면 종종 어떤 사람들은 황당할 정도로 큰 위험을 감수하는 계획을 들려주곤 한다. 악인의 개념을 완전히 잘못 이해한 것이다. 그들은 시작부터 대표가 되려고 한다. '진정한 악인이라면 욕심도 크게 가져야지!' 틀렸다. 악인이라고 하면 어쩐지 엄청난 리스크를 짊어지고 세상에 정면으로 덤벼드는 모습을 떠올리는 듯한데 그건 내가 생각하는 악인과는 거리가 멀다. 진정한 악인은 철저한 계산 아래 자신에게 가장 유리한 입지를 차지한다.

아무런 경험도 없는 상태에서 한 조직이나 회사의 대표가 되면 어떤 일이 벌어질까? 99퍼센트의 확률로 그 회사는 망하고 말 것이다. 성공을 경험해 보지 않은 사람은 의사결정 능력이 미숙하며 전문 지식이 부족해 주변 사람들에게 이리저리 휘둘릴 것이 분명하다. 장담하건대 시작부터 '리더'의 위치에 자리를 잡는 건 엄청난 손해다. 당신의 인생을 '실패한 대표'로 시작하지 마라. 추종자로 시작하라. '성공한 대표' 역시 한때는 '추종자'였다. 대표가 아니라 추종자로 시작하면 실패하든 성공하든 적어도 재기 불가능한 손실을 겪지는 않는다. 이 과정에서 그들은 가장 소중한 것을 얻는다. '경험'이다.

나도 처음엔 추종자로 시작했다. 나를 응원하고 믿어주는 소수의 추종자들과 함께 회사를 세워 리더로 시작할 수도 있었지만 그보다는 먼저 회사에 들어가 용의 꼬리로서 경험을 쌓는 것이 더 안전하고 가치 있는 일이라고 생각했다. 회사를 잘못 만나 '실패한 추종자'가 되지 말라는 법도 없었지만, '실패한 리더'가 되느니 '실패한 추종자'가 되는 것이 다음을 기약할 수 있는, 좀 더 리스크가 적은 길이라고 판단했다. 비록 누군가의 밑에서 일하지만 지금 내게 주어진 이 시간을 온전히 내 것으로 만들겠다고 결심한 뒤 초심자의 마음으로 하나부터 열까지 배워 숙달하려고 노력했고, 눈치 보지 않고 공격적인 아이디어들도 계속 제안했다. 잠깐 쪽팔리는 것 말고는 손해 볼 것도 없었다.

결국 나는 단기적으로 보자면 '실패한 추종자'가 되었다. 나를 스카우트한 '박쥐'는 군대로 떠나버렸고 회사를 장악한 미친 경영자는 내 뺨을 때리고 가스라이팅을 일삼으며 나를 학대했다. 그러나 잃은 것은 없었다. 미친 경영자에게 4억 원의 빚이 생길 동안 나 역시 돈 한 푼 모으지 못했지만 적어도 빚을 지지는 않았다. 반대로 엄청난 것들을 얻었다. 몇 년간 살인적인 스케줄로 상담 업무를 하다 보니 순간적인 의사결정 능력이 몰라보게 좋아졌으며, 누군가를 설득하거나 상대방에게 공감하며 말하는 능력 역시 압도적으로 향상했다. 좋든 싫든 날마다 꾸역꾸역 블로그에 칼럼을 써야 했기에 이제는 호흡이 긴 글도 숨을 쉬듯 편하게 쓴다. 상대적으로 잃을 것이 없는 '안전한' 추종자의 위치에 머무른 덕에 나는 새롭고 다양한 것들을 원 없이 실험할 수도 있었다. 실패하더라도 내게 돌아오는 치명적인 불이익은 전혀 없었기 때문이다.

그렇게 2년의 시간을 버티자 박쥐가 돌아왔고 나는 다시 한번 추종자가 되는 노선에 내 운명을 베팅했다. 결과는 어땠을까? 예상대로 '잭팟'이 터졌다. '성공한 추종자'로 거듭난 것이다. 그 낙수 효과로 월급을 훨씬 뛰어넘는 엄청난 액수의 돈을 벌기 시작했으며 종국에는 자연스럽게 한 사업체의 '대표'로 추대되었다.

이래도 나의 성공이 운의 영역에 있었던 것 같은가? 글쎄, 나는 내 주변의 모든 인간군상을 분류하고 분석함으로써 결코 내가 손해 보지 않을 판을 설계했던 것이다. 내가 만약 추종자 생활을 적당히 하다가 건방지게 '사업가'의 길을 택했다면 어떻게 되었을까? 나는 분명 처참하게 실패했을 것이다. 물론 운이 좋아 대성공을 거뒀을 수도 있다. 하지만 나는 확률에 내 삶을 맡기고 싶지 않았다.

악인론

사업을 하며 자주 느끼는 것이지만 알아야 할 것들이 정말 셀 수 없이 많다. 추종자 시절의 나는 지금 내가 가진 경험과 지식의 5퍼센트도 갖고 있지 않았다. 나는 분명 99퍼센트의 확률로 실패했을 것이다.

누군가는 '무자본 창업은 말 그대로 돈이 전혀 들지 않는다'라고 말하며 반론을 제기할 것이다. 실제로 서점에 가면 무자본 창업을 다루는 책들이 쏟아져 나오고 있다. 그러나 자본을 들이지 않아도 수익성을 확보할 수 있는 '아이디어'는 대체 어디에서 나올까? 바로 추종자로 일하면서 쌓은 경험이다. 회사에 다니는 직장인들이 투잡으로 자신만의 작은 사업을 시작해 무자본 창업에 성공하는 것도 우연이 아니다. 아무런 경험이 없는 백수가 어느 날 갑자기 리더가 되어 한 방에 그 사업을 성공시킬 확률은 제로에 가깝다. 제발 이 위험한 환상에서 깨어나라(그리고 조금이라도 무자본 창업을 준비해 본 사람은 알 것이다. 이 세상에 '무'자본 창업이란 존재하지 않는다는 것을. 현실적으로 보자면 '소자본 창업'이 좀 더 정확한 표현이다).

남들은 어린 나이에 대표가 되어 승승장구하는데, 여전히 직원의 삶에 머물러 있어서 불안하고 절망스러운가? 축하한다! 아직 대표가 되지 않은 사람들은 축복받은 이들이다.

- 아직 경제적 성공을 향한 치열한 '무한 경쟁 리그'에 뛰어들지 않고 회사를 비롯한 일종의 조직에 소속되어 훈련받고 있는 사람.
- 당장 돈벌이가 되지 않더라도 자신만의 전문 지식을 키울 수 있는 배움에 힘쓰고 있는 사람.
- 무작정 사업에 뛰어들지 않아서 빚이 없는 사람. 여기서의 빚이란 비단 금전적인 빚뿐만 아니라 인간관계, 시간, 에너지 등 사업(창업)을 하며 잃을 수 있는 모든 기회비용을 뜻한다.
- 누군가의 밑에서 일하며 봉급을 받아 생활하는 사람.
- 공무원 조직 등 절대 해고당하지 않는 직장을 다니면서 자신만의 사업을 꿈꾸는 사람.

이상은 모두 자본주의라는 게임에서 최선을 다해 노력만 한다면 결코 잃을 것이 없는 사람들이다.

악인의 관점으로 보자면 소위 '대표 선언'으로 얻어지는 것은 그저 한순간의 만족과 그에 따라 잠깐 동안 가질 수 있는 자존감이 전부다. 찰나의 축하 파티가 끝나면 언제든 침몰할 수 있는 위태로운 배의 선장으로 살아가야만 한다. 하루하루 언제 터질지 모르는 리스크를 끌어안은 채로 말이다.

당신은 혼란스러울지 모른다. '앞에서는 돌아갈 수 없는 상황을 조성하라면서? 그런데 이제는 안전한 루트를 타라니? 이게 무슨 모호한 기준이야?' 냉정하게 구분하라. 이미 맞닥뜨린 상황 속에서 최선을 다해 질주하는 것과, 애초에 실패할 수밖에 없는 상황으로 스스로를 내모는 일은 전혀 다르다. 내가 작고 초라했던 '3인 소수 기업'에 2년을 올인한 것은 단편적으로만 보면 큰 도박이었다. 그러나 다각도로 보면 크게 잃을 것이 없는 본전 장사였다. 게다가 내가 노력만 하면 반드시 '소중한 경험'이라는 예정된 이득을 보는 장사였다.

악인이라고 하면 늘 과감한 의사결정을 하는 사람이라고 생각할 수 있다. 그러나 리스크를 전혀 고려하지 않고 눈앞의 욕심 하나로 움직이는 사람은 그저 자의식이 과잉된 욕심쟁이일 뿐, 진정한 악인이 아니다.

악인의 쿠데타

더 큰 성공을 하고 싶은
당신에게

8장

잘못된 조언은 1년 걸릴 성공을
5년이 걸리게 만든다

자기계발서의 7가지 거짓말

성공은
방향성의 싸움이다

여기까지 읽느라 고생했다! 당신은 이제 악인이 갖춰야 할 최소한의 마인드와 능력을 파악했다. 이것들을 갈고닦으며 완전히 자신의 것으로 만드는 시간을 보내야 한다. 성장하라. 길이 보일 것이다.

그러나 알려줄 사실이 하나 더 있다. 성공은 '능력을 성장시키는 것'도 정말 중요하지만 '오류를 수정하는 것' 역시 중요하다. 성장을 꿈꾸는 당신은 지금까지 여러 자기계발서를 읽으며 그 책들이 전하는 다양한 팁과 솔루션을 학습해 왔을 것이다. 하지만 그중에는 나와 맞지 않는 방법은 물론, 심지어 성장을 저해하는 치명적인 오류도 포함되어 있다. 내가 이렇게 확신할 수 있는 이유는 나 역시 지난 시간 동안 무차별적으로 각종 자기계발서의 지식을 수용했다가 잘못된 길에 들어 한참을 돌아간 적이 있기 때문이다. 그렇게 내 삶에 물든 잘못된 상식은 오랫동안 내 무의식에 남아 나를 방해했다. 당신도 과거의 나처럼 온갖 자기계발서의 가르침에 무분별하게 노출이 된 상태라면 자신도 모르는 사이에 오류에 감염되어 있을지 모른다.

성공은 방향성의 싸움이다. 운전대만 제대로 잡으면 조금 더 디더라도 목적지에 언젠가는 도착하지만, 방향을 잘못 잡으면 완전히 엉뚱한 곳에 도착할 것이다. 다시 왔던 길을 돌아가, 다시 내비게이션을 보고, 다시 막히는 도로에 덤벼들어 처음부터 다시 시작하는 불상사가 벌어진다. 인생에서 잘못 배운 조언은 1년 걸릴 성공을 5년으로 늘리는 빌어먹을 능력이 있는 것이다. 자기계발서는 걸러서 읽어야 한다. 물론 『악인론』도 예외는 아니다.

자기계발서의 조언들은 당신을 성장시켜 주기도 하지만 때로는 발목을 잡기도 한다. 지금부터 언급할 자기계발서의 7가지 거짓말은 누군가에게는 인생을 바꿀 최고의 조언이 될 수 있지만, 다른 누군가에게는 인생을 낭비하게 만들 최악의 조언이 될 수 있다. 하나하나 살펴보고, 효과도 체감하지 못하면서 억지로 따르고 있는 것들을 깨부숴 나가보자.

미라클 모닝?
빌어먹을 모닝!

새벽녘에 일어나 누구보다 일찍 하루를 시작하라는 '미라클 모닝 챌린지'에 도전해 본 적 있는가? 나도 몇 년 전까지 이 신화의 열렬한 신봉자였다. 매일 아침 6시에 알람을 맞추고 일찍 일어나는 습관을 들이기 위해 이를 악물고 덤벼들었다. 결과는 어떻게 되었을까?

나는 매일 아침을 처절한 패배감과 함께 시작하게 되었다. "조금만 더…"하고 신음하며 눈을 감았다가 2시간을 더 자버린 날에는 온종일 기분이 좋지 않았다. 의욕은 땅으로 꺼져버렸다. 아침에 일어나는 일조차 지키지 못하는 한심한 인간이라는 생각이 24시간 내내 나를 따라다녔다. 하루가 완벽하게 망가졌다. '이미 날린 하루'라는 패배감이 아무것도 시작하지 못하게 했다. 그러나 이왕 시작한 것 끝까지 해보자는 마음으로 3개월간 미라클 모닝 챌린지를 이어가려 애썼다. 언젠가는 나의 체질이 변화하리라고 믿었다.

그러나 날이 갈수록 아침에 일찍 일어나는 것이 내 인생에 조금도 도움이 되지 않는다는 걸 깨달았다. 나는 이불 속의 투쟁 끝에 오전 11시가 다 되어 잠드는 사람이었다. 이런 수면 패턴이 바람직하다고 볼 수는 없다. 그러나 나는 사람마다 딱 맞는 수면 패턴이 모두 다르다고 생각한다.

가뭄에 콩 나듯 새벽 6시에 운 좋게 일어난 날에는 점심시간 즈음이면 미친 듯이 졸음이 몰려왔다. 오후 회의는 정말 죽을 맛이었다. 그 어떤 창의적인 아이디어도 나오지 않았고 '언제 회의 끝나지?' 하며 시계만 수십 번씩 확인했다. 책상에 엎드려 낮잠을 자고 싶다는 충동이 끝도 없이 밀려왔다. 결국 3개월 차가 되었을 때 나는 미라클 모닝을 완전히 때려치우고 자포자기하는 마음으로 내 마음대로 살기 시작했다. 그날은 참 우울했다.

그런데 놀라운 일이 벌어졌다. 아침에 일찍 일어나려 발악하던 날들보다 압도적으로 많은 양의 프로젝트를 성공시켰다. 물론 여전히 수면 장애 때문에 잠을 제대로 자지 못했으나, 억지로 미라클 모닝을 하지 않고 내 몸의 생체 시계가 시키는 대로 자고 일어나는 연습을 했더니 훨씬 더 기분이 나아졌다.

악인론

다른 무엇보다 '아침에 일찍 일어나지 못한 인간은 패배자'라는 오류에서 벗어나 하루를 그 누구보다 높은 효능감을 갖고 시작할 수 있었다. '푹 잤다!'라는 만족감은 나를 기분 좋게 해주는 것은 물론이고 '이렇게 충분히 잤으니 더 잘해야지!' 하는 건강한 욕심으로 이어졌다. 긍정의 선순환은 의욕을 더욱 고취했고 내 가슴속에는 자신감이 가득 들어찼다.

미라클 모닝이라는 전략을 완전히 부정하려는 것이 아니다. 사람에 따라서는 실제로 인생이 달라질 수 있는 강력한 무기다. 특히 철저한 계획형 타입에게는 선물 같은 전략이다. 그러나 세상에는 분명 나와 같은 유형의 사람도 있다. 이른 아침에 힘들게 일어나고선 정작 점심과 저녁 시간을 완전히 날려버리는 사람들 말이다. 실제로 인지심리학적 근거도 있다. 사람마다 자신에게 어울리는 수면 패턴이 있다는 연구 결과였다. 연구에 따르면 나는 완벽한 '올빼미형'이었다. 아침에는 힘을 발휘하지 못하고 초저녁부터 새벽까지 엄청나게 의욕이 넘쳐나는 타입이다.

당신이 아침에 못 일어나는 건 당신 책임이 아니다. 어쩌면 유전적으로 물려받아 당신의 뇌에 프로그래밍까지 된 '가장 자연스러운 수면 패턴'이 당신을 침대 속으로 다시 끌어당기는 것일 수 있다. 이것을 부정하면서 몸에 맞지도 않는 옷을 입으면 오히려 더 악순환에 빠질 것이 분명하다. 온종일 가수면 상태로

비틀거렸던 바로 나처럼 말이다. 그럴 시간에 스스로의 수면 패턴을 관찰하라. 언제 가장 능률을 발휘하는지, 얼마나 자야 하루를 무리 없이 보낼 수 있는지를 철저하게 객관적으로 분석하라. 자신이 미라클 모닝에 최적화된 아침형 인간인지 아니면 나와 같이 올빼미형 인간인지를 시간을 들여 차분히 살펴보라. 그리고 자신에게 꼭 맞는 옷을 입어라.

누군가는 이 글을 보면서 "매일 아침 정시에 출근해야 하는 사람인데 어떻게 올빼미형으로 성과를 낸다는 건가?"라고 되물을지 모른다. 인정한다. 단, 내 조언을 자고 싶을 때 자고 일어나고 싶을 때 일어나 망나니처럼 살라는 뜻으로 오해하지는 말기 바란다. 내가 자신에게 꼭 맞는 수면 패턴을 만들라고 말하면 수많은 사람이 이를 잘못 받아들인다. 새벽 4시, 5시까지 야동이나 유튜브를 보거나 게임을 하면서 늦게 일어난 후 "암, 난 올빼미형 인간이니까 괜찮아"라고 합리화하는 것이다. '졸려 죽겠다'는 악순환은 어디에서 오는가? 빌어먹을 스마트폰 때문이다. 제발 멀리 하라.

아침에 못 일어나는 자신을 절대 자책하지 마라. 예전에 '4당 5락'이라는 말이 있었다. 4시간만 자면 시험에 합격하고 5시간 동안 자면 불합격한다는 말이었다. 한마디로 잠을 줄이면 줄일수록 더 높은 성취를 이룰 수 있다는 뜻이다. 희대의 개소리다.

악인론

수능에서 최고 점수를 받은 학생들의 인터뷰를 보라. 공통적으로 나오는 답변이 "잠은 충분히 잤다"이다. 잠을 줄여 성공한 사람들을 비방하는 것이 아니다. 정말 대단한 사람들이라고 생각한다. 하지만 타고난 유전자가 처음부터 그렇게 프로그래밍이 된 사람들의 결과만 보고 그것을 따라 하지 못하는 스스로를 자책하는 어리석은 짓은 제발 멈추기를 바란다.

이미 충분한 수면을 취하고 있다면, 나는 당신이 너무나도 부럽다. 나에게 단 하루라도 그런 날이 주어졌으면 좋겠다. 아마 나는 훨씬 더 많은 일을 성공시켰을지도 모른다.

인생에서 수면을 정복하는 유일한 방법은 밤이 되었을 때 스마트폰을 완전히 차단하는 것이다. 혼자 잠들기가 외로워 침대에 누워 유튜브나 넷플릭스를 보거나 심지어 스마트폰에 영상을 켜둔 채로 잠드는 사람들도 적지 않다. 정 스마트폰을 차단하기가 힘들다면 자극적이지 않은 ASMR이나 빗소리 같은 백색소음을 틀어두어라. 혹은 성장에 도움이 되는 유튜브 채널이나 라디오 방송을 재생해 두고 귀로만 들으며 천천히 잠들어라. 눈으로 보는 것과는 천지 차이다. 빛이 들어오면 잠이 깰 수밖에 없다. 여러 시도를 하다 보면 결국 당신에게 가장 잘 맞는 수면 패턴을 찾게 될 것이다. 그리고 그 수면 패턴을 목숨처럼 사수하라. 그것이 수면을 정복할 유일한 방법이다.

방 정리를 못하는 사람치고 성공한 사람이 없다고?

두 번째 거짓말

미안하지만, 내가 있다. 나는 방을 깨끗하게 치우고 정리하는 것을 그 누구보다 못한다. 적재적소에 물건들이 배치되어 있고, 테이블 위에는 먼지 한 톨 없고, 수건들은 색깔별로 잘 개어져 있는 집에서 산 적은 인생에서 한 번도 없었다.

청소를 하면 아주 사소하지만 무언가를 해냈다는 성취감이 든다. 자신감이 높아지고 마음이 정돈된다. 그러나 이것이 매일 해야 하는 숙제처럼 굳어지면 애초에 정리정돈이 익숙하지 않은 사람들에게는 마음의 부담이 된다. 결국 1주일도 유지하지 못한 채 유야무야되기 일쑤다. 나는 한 자기계발서에서 크게 성공한 사람들은 언제나 방이 깨끗하게 정리되어 있다는 글을 읽고 '그것조차 못하는 나는 성공할 자격이 없는 사람인가 보다'

하는 우울감에 빠져들었다.

그러나 우울한 날들 속에서도 나는 하루도 빠짐없이 글을 쓰고, '초대박' 전자책을 연달아 성공시키고, 초고가 심리 상담을 매진시켰다. 물론 집에서 일하는 것이 여간 쉬운 일은 아니었다. 그래서 주로 카페를 찾아 글을 쓰고 제안서를 썼다. 청소조차 하지 못하는 인간이었지만 나는 카페에서 수많은 작품을 탄생시켰다. 문득 '청소를 제대로 못 하는 인간은 패배자'라는 주장이 어떤 철저한 계획형 인간이 성공 후에 만들어낸 거짓된 신화가 아닌가 하는 생각이 들었다.

청소에 너무 집착하지 마라. 꼭 하고 싶다면 10분 타이머를 맞춘 뒤에 딱 그 시간 동안만 청소하고 나머지는 내버려 두어라. 더 하고 싶으면 더 해도 된다. 그러나 딱 10분만 하겠다는 가벼운 마음으로 시작하라. 그리고 적당히 정돈된 방을 보면서 충분히 만족하는 습관을 들여라. 청소뿐만이 아니다. 사실 인생에서 잡다한 일들의 99퍼센트 이상은 지금 당장 안 해도 되는 중요하지 않은 일들이다. 나는 이런 일들에 대해선 철저하게 '적당히 만족하기'라는 태도로 접근한다. 아낀 시간은 1퍼센트의 진짜 중요한 일에 쏟아붓는다. 청소 같은 작은 일까지 완벽주의에 빠져 몰입하게 되면 정작 큰 성과를 내야 할 때 집중력과 에너지가 달릴 수 있다.

청소를 진정으로 즐기고 정리하고 정돈하는 습관이 몸에 밴 사람이라면 이 방법을 따를 필요는 없다. 깨끗하고 깔끔하게 정리된 공간에서 일해야 능률이 더 높아지고 창의성이 더 잘 발현한다는 연구 결과도 잘 알고 있다. 그러나 청소를 제대로 못 한다고 해서 스스로를 실패자라고 속단하지 마라.

나는 날마다 고통스럽게 청소를 하는 대신 이 일을 다른 사람에게 위임하기로 했다. 내 소득이 지금의 20분의 1에도 미치지 못했지만 청소 대행업체를 소개해 주는 어플리케이션에서 주 1회 청소 서비스를 신청했다. 미래를 위한 투자였다. 청소하는 행위가 싫었을 뿐 깨끗하게 정돈된 공간을 싫어하는 게 아니었다. 내가 못하는 것을 인정하고 그 일을 전문가에게 맡기고 나니 엄청난 해방감마저 느껴졌다. 그 시간에 나는 훨씬 더 생산적인 활동에 집중했다.

청소하기는 싫은데 집 안 환경이 도저히 손쓸 수 없을 정도로 망가져 있어서 아무 일도 손에 잡히지 않는가? 당장 전문가를 불러라. 약간의 투자로 일의 능률이 조금이라도 높아진다면 무조건 투자하라.

명상은 정말 우리의 삶을 더 나은 곳으로 데려다줄까?

세 번째 거짓말

"눈을 감고 3분 동안 마음속에 일렁이는 감정을 온몸으로 느껴보세요. 마음이 평화로워지고 잡념이 없어질 것입니다."

내게 명상은 지금 내가 수없이 먹고 있는 수면제 그 이상도 이하도 아니다. 눈을 감는 순간 졸음이 밀려오고, 마음의 고요니 평화니 느낄 겨를도 없이 나는 '가수면 상태'에 빠져들어 버린다. 억지로 미라클 모닝을 하던 시절 나는 명상도 병행했는데, 최악의 결과를 맞이했다. 죽을힘을 다해 기껏 일어났는데 다시 눈을 감고 명상을 하라니? 이거 할 시간에 10분이라도 더 자고 싶다는 생각만 가득했다.

누군가는 명상하는 방법을 깊게 배우지 않아서 그런 것이라고 반박할지도 모른다. 그럴지도 모른다. 그러나 명상이 그렇게 전문적으로 배우고 익히는 노력 끝에 제대로 할 수 있는 어려운 일이라면 이를 매일 실천하는 것은 너무나 어려운 일이 아니겠는가?

하루하루 자신의 마음을 정돈하는 일은 중요하다. 그러나 그런 관점에서 본다면 나는 차라리 글을 쓰며 자신의 마음을 되돌아보는 작업이 더 효과적이라고 생각한다. 마음속에 남은 정리되지 않은 언어들을 서툴게나마 글로 적으면 어떤 순간에 어떤 생각을 했는지 영구적으로 남길 수 있기 때문이다. '내가 이때 이런 생각을 하고 이런 고민을 품었구나.' 내가 쓴 글을 천천히 날짜별로 다시 읽어보며 두 눈으로 확인할 수 있다. 글을 쓰는 행위 자체가 답답한 마음을 해소해 주기도 한다. 누구에게나 그런 경험이 있지 않은가? 꽉 막혀서 도무지 해결책이 보이지 않아 깊이 고민하던 일들을 그저 글로 풀어냈을 뿐인데 어느 정도 마음이 진정된 적 말이다.

명상은 어떠한가? 기본적으로 명상이란 눈을 감고 생각에 잠기는 행위이기 때문에 내면에 가득 쌓인 감정이나 고민이 겉으로 발산되지 않는다. 그래서 수행이 부족한 사람은 오래 집중하기가 힘들다. 자꾸만 눈을 뜨고 무언가를 표현하고 싶어지기 때문이다. 무엇보다 기록이 남지 않기 때문에 그날 내가 어떤 생각을 했는지, 명상을 할 때 어떤 기분이었는지 등을 기억할 수가 없다. 생각은 휘발하기 때문이다.

미라클 모닝, 정리정돈 습관, 명상처럼 내가 부정하는 것들이 당신에게는 잘 맞는 방법이라면 폐기할 이유가 없다. 인생에 충분히 도움이 되고 있는 행위를 『악인론』이라는 근본도 없는 한 자기계발서의 주장만으로 폐기해서 되겠는가? 이 책 역시 누군가에게는 쓰레기일 수 있다.

다만 지금까지 애쓰며 따라 해봤으나 어딘가 불편하고 여전히 내 몸에 딱 달라붙지 않는 습관이 있다면 정말 나에게 맞는 방법인지를 생각해 볼 필요가 있다. 내 경우에는 명상을 할 시간에 분노일기를 적은 것이 내 삶을 발전시키는 데 더욱 큰 도움이 되었다.

자신의 마음을 돌아보고 한 번쯤 어지러운 생각을 비우고 싶다면, 곧장 명상에 돌입하기보다는 먼저 모든 전자기기를 차단해 외부로부터의 자극을 끊은 뒤 1~2시간 정도 온전히 사고를 정지해 볼 것을 추천한다. 당신 가까이 늘 켜져 있던 모든 전자기기의 전원을 내린 뒤 가만히 자리에 누운 채 이런저런 생각이 피어오르는 것을 조용히 음미하라. 따져보면 이것도 넓은 의미에서의 명상이다. 처음부터 너무 강박적으로 '나는 바른 자세로 앉아 명상을 하겠다!'라고 덤벼들지 마라.

4시간만 일하라고?
개소리도 적당히 해라 네 번째 거짓말

『타이탄의 도구들』의 저자 팀 페리스는 자신의 또 다른 베스트셀러『나는 4시간만 일한다』에서 하루에 4시간만 일해도 충분하도록 모든 업무 루틴을 최적화해 자유로운 인생을 살고 있다고 밝혔다. 하지만 그 내막을 들여다본 사람이라면 잘 알 테다. 적은 시간을 투입해 창조적인 결과물을 생산하는 노하우를 얻기 전까지만 해도 그가 하루에 14시간씩 미친 듯이 일했다는 사실을 말이다. 이렇게 고통스러운 시절을 경험하지 않았다면 팀 페리스는 과연 적게 일하고 많은 것을 생산하는 방법을 터득할 수 있었을까? 내게 딱 맞는 루틴을 찾을 때까지 무수하게 시행착오를 거치는 과정을 우리는 '최적화'라고 부른다. 언제 어디에서 내 시간이 새는지, 무엇이 정말 중요한 일이고 무엇이 덜 중요한 일인지는 직접 겪어봐야 알 수 있기 때문이다. 일에 파묻혀 살아가는 현실이 행복하진 않을 것이다. 하지만 극한까지 내몰리는 성장의 시간 없이는 그 어떤 성장도 기대할 수 없다.

'4시간만 일한다'라는 구호는 사람들을 옭아맨다. 이 시간보다 많은 시간을 일하면 자신이 비효율적으로 일하는 무능한 사람이 된 듯한 자괴감에 빠진다. 더 큰 문제는 반대의 경우다. 실력도, 재능도 없이 하루 내내 빈둥빈둥 살아가면서 '나는 하루에 딱 4시간만 일해!' 하고 자위하는 삶이란 끔찍하다. 어차피 대다수는 아침 9시부터 저녁 6시까지는 꼼짝없이 회사에 붙잡혀 있기 때문에 이렇게 적은 시간만 일하기란 애초에 불가능하다.

나는 입사하고 첫 3년은 휴일도 없이 일했다. 정말 말 그대로 모든 주말과 공휴일에도 회사에 출근하거나 집에서라도 각종 상담 사연 글을 읽고 답변을 보내고 해결책을 찾기 위해 책을 읽고 자료를 조사했다. 빈말이 아니다. 온전히 나만을 위해 보내는 주말 같은 건 없었다. 일주일 중 유일하게 숨통이 트인 날이 수요일이었는데, 상담을 일곱 건씩 맡던 다른 날들과 달리 수요일에는 상담이 다섯 건이었기 때문이다. 하지만 그런 날에도 어떻게 하면 더 효과적으로 글을 쓸 수 있을지 고심하며 보냈다. 업무 루틴 최적화니 짧고 굵게 일하는 문화니 하는 것은 애초에 고민할 겨를도 없었다. 아니, 그런 식으로 일하면 하루에 주어진 업무를 절대 수행해 낼 수 없는 환경이었다.

그렇게 3년을 일하면서 내게 가장 잘 어울리는 업무 노하우를 체득하게 되었다. 과거에는 하루에 일곱 건의 상담을 한다고 치면 아침에 세 건, 오후에 네 건을 처리했다. 밥을 먹고 남은 점심시간에도 오후에 처리할 상담 업무를 고심하느라 제대로 쉬지도 못했다.

나는 모든 상담을 아예 오전 시간에 몰아버렸다. 점심을 조금 늦게 먹더라도 중간에 쉬지 않고 상담 업무를 처리하기로 한 것이다. 오전에 상담을 몰기가 여의치 않은 날에는 저녁에 시작해 새벽까지 쉬지 않고 상담 업무를 진행했다. 전체 업무량이 줄지는 않았지만 적어도 쉬는 시간까지 상담을 생각하며 끙끙대는 비효율적인 현상은 사라졌다. 아침 상담이 있을 땐 빠르게 상담을 끝낸 뒤 나머지 시간에는 오직 나만을 위한 창조적인 일을 하며 보냈으며 저녁부터 상담이 잡혀 있을 때는 점심까지 충분히 잠을 잤다.

블로그에 올리는 칼럼을 쓸 때도 나름의 노하우가 생겼다. 예전에는 아무 재료도 없는 무無의 상태에서 끙끙거리며 나의 전문 지식을 쏟아내려 애썼다. 그러다 보니 금세 소재가 고갈되어 자주 글을 올리지 못했고 아이디어가 없는 상태에서 글을 쓰려니 글쓰기 자체가 무척 고통스러웠다. 칼럼 하나를 쓰는 데 무려 4시간여를 잡아먹었다. 그러나 '아트라상에서 상담을 받은 사람들이 올린 재회 후기'를 인용해 내 분석을 코멘트로 덧붙여 글을 쓰기 시작하면서는 칼럼 작성에 드는 시간이 눈에 띄게 줄었다. 이제는 하루에 딱 30분만 들여 칼럼 한 편을 작성한다.

슬슬 당신이 나를 꼰대라고 부를 것만 같다. "내가 '노오력'을 해서 나름의 성공을 거두었으니 당신도 그 길을 따라가라"는 지루한 훈계를 하는 인간 말이다. 맞다. 나는 꼰대 같은 사람이다. 그러나 나는 '환상'에 빠져 적당히 일하고 성공한다는 신화가 얼마나 어려운 일인지 수천 명을 상담하며 절실하게 느꼈다. 처음부터 4시간만 일하고 큰돈을 버는 방법은 환상에 가까운 일이다. 가능한 사람도 있겠지만, 그는 이미 월등한 천재일 것이기에 이 책의 논의 대상이 아니다.

처음 몇 년간은 무식할 만큼 비효율적으로 일해야 한다. 중요한 것은 무식하게 일하면서도 한편으로는 미래에는 이 일을 어떻게 최적화하고 불필요한 업무를 도려낼 수 있을지를 끊임없이 절실하게 고민해야 한다는 것이다. 아무런 경험도 없이 일만 줄이면 수입도 그에 비례해 낮아질 뿐이다.

이 글을 읽고 있는 지금 혹시 당신은 오랜 시간 일하는 것에 비해 산출물이 너무 적다고 생각하는가? 너무나 비효율적으로 일하고 있다고 생각하는가? 하지만 당장 사표를 내지는 마라.

지금 당장 일을 억지로 줄이겠다는 허황된 꿈을 품지 마라. 그러기 전에 먼저 지금 당장은 아니더라도 적어도 3개월 뒤 또는 먼 미래에 이 비효율적인 루틴을 어떻게 바꿀 수 있을지를 고민해라.

조던 피터슨 교수님, 난 열등감을 찬양하는데 어쩌죠?
다섯 번째 거짓말

2010년대를 지배한 분위기는 '힐링'이었다. 타인과 나를 비교하지 말고 자신을 사랑하는 데서 행복을 찾으라는 조언에 사람들은 안도감을 느꼈다. 열등감은 지우고 적당히 만족하는 삶을 살라고, 큰 욕심을 부리지 말고 현재의 삶에 감사하는 마음을 가지라고 했다.

나는 동의하지 않는다. 적당한 열등감은 성장하는 데 반드시 필요한 질 좋은 연료다. 자기계발 분야에서 신처럼 추앙받는 조던 피터슨 교수는 "내면의 비평가로부터 귀를 닫아라"라고 말했다. 최고 석학의 주장에 감히 태클을 걸어 미안하지만 인간으로서 느낄 수밖에 없는 열등감이라는 감정을 애써 무시하며 살라는 말이 오히려 더 부자연스럽게 느껴진다. 타인과 비교하지 않는 삶을 사는 것이 과연 가능할까? 방 안에 코끼리가 들어와 있는데 못 본 척하며 살아가라는 말과 다르게 들리지 않는다. 얼마나 부자연스러운가! '이제 더 이상 생각하지 말아야지!' 하고 마음먹는다고 해서 간단히 사라질 감정이었다면 그토록 오랫동안 우리의 마음 깊은 곳에 박혀 있지도 않았을 것이다.

21세기를 지배하는 자본주의는 남과의 비교에서 비롯한 질투심과 경쟁에서 비롯되었다. 고등학교와 대학교를 다닐 때 나는 늘 나보다 앞서나가는 친구들, 어린 나이에 크게 성공해 모두에게 주목받는 친구들, 어디를 가도 관심을 받고 축복을 받는 친구들에게 엄청난 열등감을 품으며 살아왔다. 그러한 감정에서 기원한 습관이 바로 분노일기다. 그들 덕분에 매일을 복수한다는 감정으로 살아왔다.

그들에게 어떤 해를 끼치려고 다짐한 것이 아니었다. 다시 한번 이야기하지만, 복수는 해를 끼치는 것이 아니라 먼 훗날 능력으로 증명하는 것이다. 정당한 방법으로 성공해 그들로 하여금 나를 보고 '얘가 어떻게 이렇게 컸지?' 하고 깜짝 놀라게 하고 싶었다. 그들의 감정에 어떤 파문을 일으키고 싶었다. 통쾌하게 웃으며 그 일을 기념하고 싶었다. 물론 그러한 복수심 덕분에 극도의 스트레스도 함께 찾아왔지만, 이와 동시에 나는 분노의 감정을 발판 삼아 크게 성장했다.

당신의 열등감을 부정하지 마라. 누군가를 시기하고 질투하면서도 '난 그런 열등감 따위는 느끼지 않아!'라며 애써 그 감정을 외면하지 마라. '친구가 잘됐는데 이런 마음을 가지면 안 되지. 남과 비교하지 말고 감사일기를 쓰며 오늘 하루에 감사하자!' 그러지 마라. 자연스러운 성장의 기회를 발로 걷어차지 마라.

나는 여전히 열등감을 느낀다. 나보다 잘난 사람들이 세상에 널려 있기 때문이다. 소득으로만 따지자면 나는 같은 또래 남자 사이에서 최소 상위 5퍼센트 안에는 들 것이다. 나는 아직 내가 햇병아리라는 사실을 너무나 잘 안다(그러니 내 조언은 걸러 들어라). 그런 열등감이 들 때마다 진심으로 스스로에게 감사한다. 항정신성 의약품 14알을 먹을 정도로 모든 정신이 열등감으로 도배된 덕에 날마다 내 머릿속에만 존재하는 라이벌들과 경쟁하며 그 누구보다 치열하고 성실하게 하루를 살아갈 수 있었기 때문이다.

다만 잊지 마라. 타인의 성취를 시샘해 키보드로 열등감을 분출하는 '악플러'의 삶과, 질투의 감정을 동력으로 삼아 끊임없이 발전하는 '악인'의 삶은 단 한 끗 차이다. 그 한 끗 차이가 몇 년 뒤 둘의 인생을 패배자와 승리자로 나눈다.

근거 없는 자신감을 가지라는 무책임한 조언에 대하여 여섯 번째 거짓말

사람들은 자신감 넘치는 사람을 사랑한다. 이들은 언제 어디서나 낙천적이며, 불가능해 보이는 일 앞에서도 용기를 잃지 않는다. 그래서 많은 사람들이 "나는 할 수 있다"라고 중얼거리며 자신감을 강제로 연습한다. 그러나 나는 이것이 매우 위험한 사고방식이라 생각한다. '근거 없는 자신감'이라는 단어는 '내실을 갖춰야 한다'는 성공의 대전제를 무너뜨린다. 진심으로 묻겠다. 당신은 의심해 본 적 없는가? 아무런 근거도 없이 '나는 잘될 거야'라는 자기 최면만으로 성공할 것이라는 말에 대해서 말이다. 이러한 말은 너무나 비현실적인 조언이 아닐까?

120킬로그램에 육박하는 초고도 비만이었을 때 나는 사람들을 만나는 게 두려워 골방에 틀어박혀 하루 종일 애니메이션만 봤다. 자신감은 밑바닥을 쳤다. 빵점짜리 인생이었다. 그러던 어느 날 "자신감만 가지면 인생이 달라진다"라는 조언을 어느 자기계발서에서 읽곤 이마를 탁 쳤다. '그래, 나도 할 수 있겠구나!' 깨달음을 얻었다고 생각했다. 그리고 세상 밖으로 나갔다. 일면식도 없는 여자였지만 용기를 내어 말을 걸었다. 자신감 넘치는 내 모습에 만족하며 장밋빛 미래를 상상했다. 결과는 어떻게 되었을까? 그 누구에게도 연락이 돌아오지 않았고 자존감은 바닥을 뚫고 박살이 났다. 빵점인 줄 알았던 내 인생이 실은 마이너스 인생이었음을 뼈저리게 느꼈다.

전략을 바꿨다. 늘 회피하던 운동을 시작했다. 다이어트에 돌입했고 도서관에 있는 모든 책을 정복하겠다는 마음으로 이를 악물고 서가에 살다시피 했다. 모든 걸 때려치우고 싶은 마음이 몇 번이나 찾아왔고 실제로 기진맥진한 채 안락한 골방으로 도망친 날도 있었다. 그래도 다음 날 다시 운동장에 나갔고, 도서관에 나갔다. 몇 달이 지나자 내 마음속에는 자기 최면으로 생긴 자신감이 아니라 가슴 깊은 곳에서 우러나온 진짜 자신감이 조금씩 차올랐다. 실제로 살이 빠져 전에는 맞지 않았던 옷들이 내 몸에 딱 맞기 시작했고 수많은 책을 읽으며 나눌 수 있는 대화의 소재가 풍부해지자 사람들은 점차 내게 호감을 느끼기 시작했다. 억지로 주입한 자신감이 아니라 내 손으로 쟁취한 자신감으로 인생을 지혜롭게 바라볼 수 있게 되었고 이를 기반으로 현실적인 전략을 세울 수 있게 되었다.

극도로 부정적인 현실 속에서도 자신감을 갖기 위해 노력하는 태도가 나쁘다고 주장하는 것이 아니다. 긍정적인 마음가짐을 유지하는 것은 너무나 중요하다. 하지만 누구나 그렇게 생각할 수 있는 것은 아니다. 자신감 역시 타고난 사람들에게만 허락된 특별한 재능에 가까울 수 있다는 말이다. 또한 불리한 상황을 이겨내고 성공한 사람들은 자신감을 갖추는 일뿐만 아니라 그에 상응하는 노력도 멈추지 않았다. 속이 빈 강정은 언젠가는 드러나는 법이다.

단기적으로는 극도로 현실주의적으로, 때로는 비관적으로 상황을 바라보라. 당신의 상황을 냉정하게 직시하고 그 문제를 해결할 방법부터 찾아라. 진짜 최악의 인생을 살고 있다는 생각이 당신의 등을 떠밀어 무언가를 시작하게 만들 것이다. 그러면서도 장기적으로는 이렇게 꾸준히 노력하면 모든 게 결국은 잘 풀릴 것이라고 낙관하라. 이때의 낙관은 아무런 노력도 하지 않고 개 같은 현실 속에서 모든 게 잘 풀릴 거라고 합리화나 하며 거짓 자신감에 인생을 낭비하는 낙관과는 완전히 다르다. 악인의 성공은 비관과 낙관의 절묘한 균형에서 출발한다는 사실을 잊지 마라.

파트 1에서 설명했듯이, 우리가 사는 자본주의 세상은 과거에 비해 압도적으로 많이 최적화되어 있다. 그러니 긍정적으로 생각해라. 하지만 아무런 노력 없이 성공할 수 있다는 대책 없는 낙관주의로 빠져선 안된다. 만약 그렇게 되면 당신은 1년 뒤에도 똑같은 자리에 앉아 '잘될 거야…'를 중얼거리고 있을 것이다.

목표 설정은 정말 목표 달성에 도움이 될까?

일곱 번째 거짓말

언젠가 피겨스케이팅 전 국가대표인 김연아 선수의 인터뷰 영상을 본 적이 있다. "스트레칭을 할 때 무슨 생각을 하시나요?"라는 질문에 김연아 선수는 이렇게 답했다. "뭔 생각을 해요. 그냥 하는 거지." 그녀는 무슨 그런 어이없는 질문이 있느냐는 듯 웃었다.

나는 이 답변에 매우 뛰어난 통찰이 담겨 있다고 생각한다. 목표는 때때로 사람을 필요 이상으로 경직시킨다. 어떤 사람들은 주간 목표, 월간 목표, 더 나아가서는 연간 목표를 미리 세워놓는다. 과연 그들은 목표를 다 완수했을까? 모두 이루기는커녕 자신이 세워놓은 목표들 때문에 그 기간 내내 극도의 스트레스를 받았을 것이다.

목표에 집착하면 상황에 따라선 오히려 그 목표와 멀어질 수 있다는 사실을 아는가? 어떤 사람은 목표를 달성하기 위한 완벽한 계획을 세우느라 정작 제대로 된 일은 오후에 시작한다. 그들은 자신이 하는 모든 행위에 지나치게 많은 의미를 부여한다. 목표를 세우고 계획을 수립하는 일에도 적지 않은 에너지가 소모된다는 사실을 모르는 것이다. 특히 사람들이 자주 취하는 방법이 대목표를 달성하는 시점을 정해두는 것이다. 그리고 그 시점을 기준으로 역으로 계산해 날짜별로 해야 할 일을 기록하고 실천하는 것이다. 작은 목표들을 적음으로써 큰 목표를 이루겠다는 발상이다.

완벽한 계획을 달력에 적었다는 사실만으로 엄청난 뿌듯함이 찾아온다. 오늘 하루 해야 할 일은 다 한 것 같다. 이렇게 하루가 날아간다. 하지만 이제부터 맞이할 것은 좌절감뿐이다. 완벽한 계획에는 늘 예상치 못한 변수가 개입하기 때문이다. 예를 들어 금요일 저녁 일찍 퇴근하고 읽어야 할 책들을 정해 놓았는데 갑자기 당신의 상사가 회식을 하자고 한다. 계획이 어긋났다는 생각에 주말 내내 불행한 감정을 느끼고 상사에 대한 불만을 갖게 된다. 이처럼 어쩔 수 없이 해야 하는 일들은 '싹 다 불필요한 일들'이라고 생각하게 되면서 자신의 일정에 불만을 가질 수밖에 없다.

바로 어제 뿌듯한 마음으로 손수 적은 빼곡한 스케줄을 보며 알 수 없는 분노를 느낀다. 이때부터 계획은 목표를 달성하는 '도구'가 아니라 자신을 감시하고 괴롭히는 '벌'이 된다.

회사에 다니면서 경제적 자유를 꿈꾸는 사람들은 모든 기본적인 업무가 지루하고 쓸모 없는 시간들로 느껴질 수 있다. 그러나 실제로 대성공을 하려면 의미 없어 보이는 업무들도 배우고 익혀야 할 때가 있다. 하지만 대다수의 사람이 이 과정에서 '나는 이런 사소한 일을 할 만한 사람이 아니야. 미래의 목표를 이루려면 이 따위 일들은 때려치워야 해'라고 생각하면서 자아가 너무나 강해지고 소위 '맛탱이'가 가는 것이다. 결국 이런 내적 갈등 끝에 퇴사 등 너무나 리스크가 큰 선택을 내려버린다. 물론 이렇게 해서 성공하는 사람들도 있겠지만, 객관적으로 바라보면 위험 부담이 너무나 큰 결정이다.

더 큰 문제는 이때부터 발생한다. 처음에는 큰 의욕을 갖고 프로젝트를 추진했지만, 그 원대한 목표를 수행하기 위해 스스로 짜놓은 세부 목표와 계획들이 너무나 하찮고 지루한 업무처럼 느껴지는 것이다. '나는 이런 사소한 일이나 하려고 이 회사에 들어온 게 아닌데'라는 비대해진 자아가 불쑥 고개를 든다. 열정 가득했던 젊은 직원들은 갑자기 번아웃을 느끼며 프로젝트 도중에 도망치거나 회사를 그만둔다.

처음부터 목표 설정과 계획 수립에 목숨을 걸지 마라. 굳이 목

악인론

표를 세워야 한다면 유연하게 세워라. 정말 중요한 일정만 달력에 듬성듬성 적어놓거나 두세 달에 한 번씩 목표를 점검하는 식으로 가볍게 접근하는 것이다. 일상을 그저 충실히 살아가는 것만으로도 목표에 한 걸음씩 다가서고 있다는 사실을 잊지 마라.

오해하지는 말자. 목표 설정과 계획 수립의 효용성을 완전히 부정하려는 것이 아니다. 철저한 '계획형' 인간이라면 오히려 꼼꼼하게 일정을 관리하는 것에서 엄청난 안정감과 만족감을 얻기도 한다. 사람들은 종종 내게 "사업에 도움도 되지 않는 인문학 책을 왜 읽으세요?"라고 묻는다. 나는 김연아 선수의 말을 빌려 대답한다. "그냥 읽는 거죠. 책을 읽는 데 무슨 이유가 필요한가요."

나는 언제나 미래에 대한 방향성 정도만 설정한다. 하나하나의 행위에 너무 강박적으로 의미를 부여하거나 그것들을 통제하려 하지 않는다. 인문학, 역사, 과학, 심리학, 실용 등등 다양한 분야의 책을 폭넓게 읽어두면 언젠가 내게 도움이 되리라는 어렴풋한 감각만이 존재할 뿐이다. 그리고 이렇게 계속 독서를 지속하다 보면 적어도 어제의 나보다는 똑똑해질 테고 미래에 성공할 확률이 높아질 것이라는 매우 합리적인 생각 속에서 유연하게 움직이려고 애쓸 뿐이다.

9장

진정한 악인은
추종자로 완성된다

저평가 유망주의 법칙

이제 당신은 악인의 삶을 방해하는 내부(감정)와 외부(타인)의 방해꾼을 숙청했다. 그리고 성공을 향해 전력으로 질주하기 위한 다양한 스킬도 알아보았다. 마지막으로 성급한 일반화의 오류에 빠져 무분별하게 유포된 자기계발 공식들도 낱낱이 검증했다. 여기까지 잘 따라왔다면 세상으로 나갈 준비는 어느 정도 완성되었다. 책 한 권 읽는다고 한순간에 인생이 변하지는 않겠지만 당신은 적어도 방향성은 찾은 셈이다.

그러나 악인의 삶은 혼자서 완성할 수 없다. 더 큰 성장과 더 큰 성공을 바라고, 나아가 클래스가 다른 성취를 원한다면 언젠가는 반드시 여기로 돌아와 책장을 넘겨야만 한다. 악인으로서의 성공은 추종자로 완성되기 때문이다. 팀 페리스는 자신의 저서에서 "1000명의 팬만 있다면 무조건 성공할 수 있다"라고 주장했다. 그러나 1000명의 팬을 만드는 데는 매우 긴 시간이 필요하다. 지금 당장 이룰 수 있는 목표가 아니다. 그래서 나는 좀 더 실현 가능한 목표를 제시하고자 한다. 당신이 어떤 짓을 해도 믿고 따르는 '네 명의 추종자'를 획득하는 것이다. 중요한 것은 '멘토'가 아니라 '추종자'다. 존경할 만한 멘토를 곁에 두고 영감과 자극을 얻는 것도 중요하다. 하지만 큰 성공을 거둔 많은 사람을 관찰해 보라. 그들에겐 모두 추종자가 있었다. 나는 앞서 '성공한 대표'가 되기 위해서는 반드시 '성공한 추종자'라는 단계를 거쳐야 한다고 말했다. 이제는 당신 주변에 추종자를 심어야 한다.

추종자는 당신의 마음을 변화시킨다. 인간은 자신과 뜻이 맞는 사람들을 만나 대화하고 어울리는 것만으로 옥시토신이라는 긍정 호르몬이 분비된다. 여기서 얻어진 마음의 안정은 당신을 더 열심히 일하도록 독려한다. 특히 적당한 인간관계가 아니라 영혼과 목적이 일치하는 사람들과의 만남은 우리를 끝없이 고무한다. 단순히 친구를 많이 만드는 것보다 비록 극소수일지라도 내가 하는 말과 행동을 추앙할 열광적인 추종자 집단을 만드는 것이 훨씬 더 중요하다.

또 한 가지 중요한 사실이 있다. 이미 완성된 추종자를 찾는 일은 불가능에 가깝다. 앞서 사회적 지능을 다룰 때 논하지 않았는가? 당신에게 파격적인 매력이나 능력이 없다면 이미 레벨이 높은 사람들은 당신과 함께 하지 않을 확률이 크다. 잔인하지만, 현실이다. 따라서 방법을 바꿔야 한다.

뛰어난 투자가들이 입을 모아 칭송하는 투자법으로 '가치투자법'이 있는데 이는 미래에 성장할 가능성이 높은 우량주를 골라 투자하는 전략이다. 이는 사실상 '추종자 우선주의'를 꿰뚫는 핵심 개념이기도 하다. 그들이 사회적 성공을 거두기 전에 그 능력을 알아보라. 지금 당장에 위대해 보이는 사람에게 다가가는 게 아니다. 언젠가 '함께 위대해질 사람'을 찾아 나서는 것이다. 그리고 확신이 섰다면 적극적으로 시간과 노력을 투자하라. 이들은 어느샌가 알아서 성장하며 당신에게 도움을 줄 것이다. 아직 꽃을 피우지 못한 새싹들을 찾아 접근하라. 그들에게 뻔뻔하게 다가가라.

저평가 유망주를 찾는 방법은 다양하다. 주변을 둘러보면 아주 가끔이지만 전혀 예상하지 못한 순간에 엄청나게 인상적인 장면을 연출하는 사람들이 있다. 대학교에서 글쓰기 수업을 들을 때였다. 아무도 주목하지 않던 평범하고 내성적인 동기 한 명도 그 수업을 듣고 있었다. 수업을 듣는 것조차 아무도 모를 정도로 존재감이 없던 친구였다. 적어도 그 사건이 있기 전까지

는 말이다. 과제가 어렵기로 소문난 그 수업에서 녀석이 당당히
A+를 받은 것이다. 쉰 명 중 A+를 받은 학생은 단 두 명이었다.
녀석은 자신이 왜 A+를 받았는지 의아해했다. 스스로도 자신의
능력을 몰랐던 것이다.

소식을 접한 뒤 나는 그에게 은밀히 접근했다. 얼굴에 철판
을 깔고 먼저 연락하며 친분을 쌓았다. 아쉽게도 그는 현재 자
신만의 길을 찾아 나와 함께 일하지는 않는다. 그러나 나는 결
코 그때 손을 내민 일을 후회하지 않는다. 저평가된 기대주를
발견하고 그런 새싹들에게 어떤 행동을 취하는 것 자체가 내 삶
에 큰 효능감으로 돌아오기 때문이다. 같이 일을 하지 않을 것
같다거나, 거절당할 것 같다거나 하는 잡다한 이유로 이들에게
투자하지 않는 건 바보짓이다. 투자라는 것은 반드시 돈을 의미
하지 않기 때문이다. 그들과 주기적으로 만나 격려하고 그들에
게 종종 편지를 쓰거나 안부를 묻는 것만으로도 충분하다.

베푼 만큼 피드백이 돌아오지 않을 수도 있다. 뭐 어떤가? 메
시지 하나 보내는 데 10분도 걸리지 않는다. 매일 연락할 필요
도 없다. 분기에 한 번 정도 '내가 당신을 잊지 않았다'는 인상을
주면 충분하다. 아낌없이 당신의 마음을 주어라.

나의 대표적인 저평가 유망주는 오래전부터 로스쿨 시험을
준비하고 있었다. 그는 몇 년간 좋은 결과를 얻지 못했다. 하지

만 나는 알 수 있었다. 그가 능력에 비해 자신감이 결여되어 있다는 것을. 그 부분만 채워준다면 반드시 결과를 낼 수 있는 사람이라고 믿었다. 나는 그가 로스쿨 시험을 준비하는 2년 동안 그에게 꾸준히 장문의 응원 문자를 보냈다. 그가 답장이 오지 않아도 상관하지 않았다. 누구보다 바쁘고 힘든 시기였을 것이다. 그럼에도 그의 생일에는 반드시 약간의 돈을 보내며 "선물을 잘 고르지 못해서 돈을 보낸다. 부담 없이 받아주면 좋겠다"라고 말해주곤 했다.

당신도 이 이야기의 결말을 알 것이다. 해피엔딩이 아니라면 무슨 이유로 책에 담았겠는가? 몇 년 뒤 그 친구는 로스쿨을 거쳐 변호사 시험을 패스했다. 그리고 그는 가장 힘들었던 시기에 마음의 위안을 주었던 나에게 먼저 연락을 해왔다. 결과적으로 나는 현재 각종 법률 상담을 평생 무료로 받을 수 있는 특권을 얻었다. 물론 내 회사 법무팀에는 대형 로펌 출신의 변호사가 근무하고 있지만, 법무팀에 공식적으로 문의를 할 수 없거나 개인적으로 법조 관련 조언을 구해야 할 때는 스스럼없이 그 친구에게 연락해 조언을 구한다. 그 친구는 물론 최선을 다해 나를 도우려고 한다. 과거 내가 그에게 그랬던 것처럼.

열정을 공유할 수 있는 무모한 도전가

첫 번째 추종자

그럼 우리 주변의 어떤 유망주들에게 가장 먼저 사랑과 관심을 주어야 할까? 첫 번째 선수는 열정을 공유할 '무모한 도전가'다. 성공적인 연설 장면을 본 적이 있는가? 누군가 처음 박수를 치면 다른 모든 이들이 연이어 박수를 치기 시작한다. 열정은 전염되기 때문이다.

평범한 선인들은 큰 야망을 품지 않는다. 혼자서는 아무리 원대한 목표와 비전을 제시해도 이를 지지하는 사람이 없다면, 즉 주변에 평범한 선인들만 가득하다면 공허한 외침이 된다. 따라서 당신의 야망만큼 큰 열망을 지닌 사람이 반드시 곁에 존재해야 한다. 단, 이들에게 엄청난 전문적인 능력을 기대해선 안된다. 오직 열정만을 보려고 노력해야 한다. 당신의 비전에 공

악인론

감하고, 주변 사람들에게 당신의 장점을 귀띔하고, 사기가 꺾여도 긍정적으로 뚫고 나갈 수 있다고 말하는 사람을 뽑아라. '뽑는다'는 말이 너무 계산적인 것 같다면 이렇게 고치겠다. 그들을 당신 곁에 친구로 두어라.

검색엔진 최적화 작업을 위해 이 분야 전문가를 채용한 적이 있다. 안 뽑으면 바보라는 소리를 들을 정도로 업계에서는 능력이 널리 알려져 있는 매우 유능한 사람이었다. 그러나 면접에서 그를 처음 봤을 때 무언가 석연치 않은 느낌을 지울 수 없었다. 그는 나의 야망과 내가 추구하는 가치에 딱히 관심이 없어 보였다. 불안했지만 나만의 '추종자 원칙'을 어기고 그를 채용했다.

결국 문제가 터졌다. 일을 시작한 지 한 달이 채 되지 않아 그는 제멋대로 행동하기 시작했다. 회사의 요구 사항을 듣는 둥마는 둥 하면서 월급은 꼬박꼬박 챙겨갔다. 계속 이런 식으로 무책임하게 일하면 해고할 수도 있다고 압력을 넣었지만 조금도 변하지 않았다. 오히려 반항하듯 업무를 평소보다 더 대충 처리했다. 결국 나는 6개월이라는 시간을 그에게 허비했다. 적지 않은 인건비와 함께. 게다가 검색엔진 최적화 작업도 완수하지 못했다. 한순간의 욕심으로 열정을 공유할 직원을 뽑지 못했다는 생각에 한참 동안 괴로워했다.

좌절만 하고 있을 수는 없었다. 다시 채용 공고를 냈다. 나를 제외한 경영진은 이번에도 능력과 성과를 기준으로 사람들을 평가했다. 하지만 나는 모든 경영진이 반대하는 단 한 사람에게 완전히 꽂혀버렸다. 경력이 전무한 지원자였다. 입증된 성과도 없었다. 그러나 열의가 넘쳤다. "저는 경력이 없습니다. 회사에서 저를 뽑을 이유가 없다고 생각합니다. 그래서 만약 허락해 주신다면 무급으로 2개월 동안 일하겠습니다. 성과를 평가해 저를 계속 고용할지 말지 결정해 주세요." 나는 모든 사람의 반대를 무릅쓰고 그를 채용했다.

그는 처음부터 두각을 나타내진 않았다. 다만 누가 시키지도 않았는데 야근을 하고 내게 수시로 회사의 비전에 관해 물었다. 검색엔진 최적화는 개인의 실력 차이에 따라 성과가 크게 달라지는 분야다. 이미 크게 한 번 실패를 맛본 경영진은 지체할 것 없이 그를 해고하고 새로운 사람을 뽑아야 한다고 말했다. 그러나 나는 흔들리지 않았다.

놀랍게도 그는 얼마 뒤부터 미친 듯이 성과를 내기 시작했다. 한 포털 사이트에서 우리가 지정한 키워드를 검색했더니 회사 홈페이지가 최상단에 노출됐다. 하지만 그는 회사에 아무것도 요구하지 않았다. 그 누구도 기대하지 않았던 그의 성과는 꾸준히 상승했다. 2개월이 다 되기도 전에 그를 정식으로 채용했고 무급 조건 따윈 무시하고 월급과 보너스를 두둑하게 챙겨췄다. 그는 정당한 대가를 받았다.

　그로부터 몇 달 뒤 그는 다른 회사에서 스카우트 제안을 받았다. 우리보다 조건이 좋은 회사였다. 예상된 일이었다. 세상은 열정 넘치는 도전가를 사랑한다. 다행히 그는 회사에 남겠다고 말했지만 나는 그에게 더 큰 보수를 제안하면서도 언제든 마음에 드는 회사가 나타나면 떠나도 좋다고 말했다. 이미 그에게 인간적으로 반한 뒤였다. 단순히 성과 때문만이 아니었다. 회사의 모든 직원이 그의 열정에 전염되었고 집단화한 열정은 회사의 새로운 '팀 스피릿'으로 정착했다. 그는 이미 우리 구단을 위해 홈런을 여러 번 쳤다. 그의 미래는 어떻게 되었을까? 독자들의 추론에 맡기겠다.

　만약 누군가와 동업을 해야 하거나 혹은 단 한 사람과 한 배에 타야 한다면 주저하지 말고 열정 넘치는 동료에게 베팅해라. 그는 당신이 생각하는 것보다 훨씬 더 많은 것을 가져다줄 것이다.

주변을 잘 관찰해 보자. 타고난 낙천주의자들이 있다. 현실 감각이 다소 떨어지더라도 이들은 '할 수 있다!'는 마음가짐으로 주변 사람들의 사기를 끌어올린다. 그러나 능력만으로 팀이 굴러가지는 않는다. 누군가는 불에 기름을 부어야 한다. 이들은 당신이 슬럼프에 빠져 있거나 거대한 도전 앞에서 몸을 웅크리고 있을 때 무기력을 쫓아낼 동력이 되어준다. 나는 이 글을 쓸 때 아주 사려심이 깊고 똑똑한 편집자를 만났다. 내가 몇 번이고 출간을 포기하고 싶을 때마다 그는 나를 직접 만나거나 전화를 걸어 진심으로 응원하며 용기를 불어넣었다. 『악인론』은 흠이 많은 책이다. 그러나 그가 없었다면 이 책은 세상에 나오지조차 못했을 것이다.

마침내 당신의 일을 완성시킬 철저한 설계자

두 번째 추종자

다시 찬물을 끼얹어 미안하지만, 열정 하나만으로는 성공할 수 없다. '무모한 도전가'들은 종종 너무나 큰 리스크를 짊어지는 선택을 한다. 감당할 수 없는 큰 규모의 사업을 무리하게 시작하자고 주장하거나 무슨 일에든 '할 수 있다!'고 외치며 가장 먼저 뛰어든다. 직원들의 사기가 고취되니 좋은 일이지만 이것을 실질적 성과로 이끌려면 두 번째 추종자가 필요하다. 바로 '철저한 설계자'다.

철저한 설계자는 극한의 계획형 인간이다. 붕 떠 있는 구성원들의 열정을 현실의 영역으로 끌어내리고 망상의 영역에 머물러 있는 꿈을 구체적인 실체로 프로그래밍하는 사람들이다. 그들은 회사의 재정, 업무 절차, 투자 비용 대비 예상 이익 등을 언제나 훤히 꿰고 있다. 이들을 뽑는 기준은 간단하다. 내가 사업 계획서를 제출하거나 신나서 비전을 발표할 때 표정이 굳어지는 사람, 그가 바로 가장 뛰어난 설계자다. 그들은 주변 분위기에 휩쓸리지 않고 실제로 이것을 달성하려면 무엇부터 해야 할지를 고민한다.

세상에 악인으로 데뷔하기 전, 내게도 이런 추종자가 곁에 있었다. 나와 함께 학생회 활동을 했던 그는 일간 계획부터 월간 계획에 이르기까지 모든 일정을 사소한 것 하나까지 노트에 적어 관리했다(나와는 너무나 다른 인간이다). 글을 써도 그 흔한 오탈자 하나가 나오지 않았고 맞춤법을 틀리는 일도 없었다. 무엇을 하든 정해진 기간 안에 완성하는 사람이었다. 비록 나중에 보강할지라도 말이다. 그야말로 막무가내로 사는 내게 없어서는 안 될 사람이었다. 나는 바로 그를 나의 집단(?)에 초대해 그의 능력을 칭송하며 즐거운 술자리를 보냈다.

지금까지도 그는 내 인생을 통틀어 가장 많은 것을 알려주고 있다. 한마디로 만능열쇠다. 리더가 아닌 추종자로서 능력을 단련하고 있을 때도 미래를 대비해 알아야 할 것들을 그에게서 배웠다. 사업에 필요한 제안서를 쓰는 양식과 요령, 현실적으로 가장 빠르게 실행할 수 있는 마케팅 방식, 그것을 실현하는 데 드는 재원을 얻는 방법 등을 늘 깔끔하게 한 페이지로 정리

악인론

해 내게 알려줬다. 그때마다 머릿속에 지도가 펼쳐지는 기분이었다. 그가 알려준 지식 중에는 악인의 무기와 부딪치는 내용도 더러 있었지만 그런 지식들조차 모든 것이 부족했던 내게는 큰 도움이 되었다.

철저한 설계자들을 내 편으로 만들려면 어떻게 해야 할까? 그들의 약점을 알아야 한다. 이들은 누구보다 현실적인 시각을 가지고 있기에 비관주의에 사로잡히기도 한다. 큰일을 도모하기도 전에 해야 할 수많은 일이 머릿속에 한꺼번에 펼쳐지는 것이다. 남들의 눈에는 보이지 않는 미비점과 개선점이 계속 눈에 밟혀 한 걸음도 나아가질 못한다. 바로 이때 당신은 그들 옆에서 '할 수 있다'고 용기를 불어넣어야 한다. 이번에는 거꾸로 그들에게 '무모한 도전가'가 되어주는 것이다.

단, 구체적인 플랜 없이 열정만 주입해서는 안 된다. 우선 그들보다 더 많은 지식을 알고 있어야 한다. 문제를 내는 선생님보다 교재를 많이 본 상황이 되어야 한다. 처음에는 그들의 능력을 매우 높게 평가하고 충분히 해낼 수 있다고 응원하라. 그들은 반드시 당신에게 문제의 해결책을 물을 것이다. 이때 미리 준비한 자료를 토대로 성공의 근거와 확률을 제시하라. 그들은 분명 당신과 사랑에 빠질 것이다.

주의할 점이 있다. 그들에게 창의성을 기대해선 안 된다. 사업을 하다 보면 나도 모르게 인간 유형을 분류하게 된다. 0에서 1을 만드는 사람이 있고, 1에서 10을 만드는 사람이 있고, 10을 잘 유지하는 사람이 있다. '철저한 설계자'는 현상을 유지하는 사람이다. 그들에게 0에서 1을 만드는 일을 요구해선 안 된다. 제 실력을 가장 잘 발휘할 수 있는 곳에 적임자를 배치하라.

이들의 역할은 참모다. 극도로 현실주의적인 관점에서 당신을 돕고 조언한다. 내가 철저한 설계자를 뽑을 때 생각했던 것은 두 가지다.

첫째, 시간 약속에 단 1분도 늦지 않는 사람. 더 과감하게 이야기하자면 약속 시간보다 훨씬 더 일찍 도착하는 사람. 아주 사소한 부분이지만 나는 그들이 얼마나 계획을 잘 이행하고 준비를 철저히 하는지 이를 통해 체크했다.

둘째, 깔끔한 글쓰기 능력을 지닌 사람. 우리는 앞서 좋은 글에는 스토리가 있어야 한다는 사실을 배웠다. 글을 쓸 줄 안다는 것은 자신의 지난 생각을 천천히 되돌아보고 그것을 토대로 어떤 논리를 전개할 능력을 가졌다는 뜻이다. 따라서 글쓰기 능력을 살펴보면 그 사람의 유형을 유추할 수 있다. 그들의 철저한 설계자의 현실주의적 사고를 알아볼 수 있는 가장 쉬운 분야가 바로 글쓰기다. 그들에게 화려하고 창조적인 글쓰기 능력을 기대하지 마라. 불철저한 설계자들의 글쓰기를 평가할 때 나는 문장 구조가 얼마나 탄탄한지, 이 글이 계획표라면 얼마나 논리적이고 꼼꼼한지, 맞춤법은 하나도 틀리지 않았는지 등을 기준으로 평가한다.

최악의 상황을 모면시켜 줄 윗집의 관찰자

세 번째 추종자

'박쥐'에게 처음 입사 제안을 받았을 때 나한테는 냉정하리만큼 상황을 객관적으로 분석하는 친구가 한 명 있었다. "지금 너를 고용하려는 그 사람에게는 수현이 너를 대체할 만한 인물이 없는 것 같다." 그런데 막상 제안을 받고 나서 2개월 동안이나 감감무소식이었다. 피가 마르는 시간이었다. 하지만 "걱정하지 마. 반드시 너한테 연락이 올 테니까"라고 말해준 친구 덕분에 그 시간을 견뎠다. 지금도 그는 내가 가장 신뢰하는 추종자 중 한 명이다.

실행 능력은 조금 부족하지만 언제나 정확하게 판단하는 사람들이 있다. 이들은 인생의 중요한 기로 앞에서 신기할 정도로 적절한 선택을 하며 빠르게 성공 가도를 달린다. 주식 투자를 예로 들면 시장이 폭락해 다들 공포에 떨 때조차 담대하게도 헐

값에 주식을 사들여 큰돈을 버는 사람들이다. 나는 이들을 '윗집의 관찰자'라고 부른다.

시간이 한참 흐른 어느 날 친구에게 그때 어떻게 나의 합격을 확신했는지 물었다. 그는 굉장히 현실적인 분석을 내놨다. 내가 재회 상담을 받을 때 올린 사연을 읽어보곤 박쥐가 내 글을 어떻게 봤을지 생각해 봤다고 했다.

"생각해 봐. 일반적으로 그 회사에 사연 글을 쓰는 사람들은 자신이 어떤 사람인지 명확하게 전하기 위해 무의식중에 자신의 스펙을 쓸 가능성이 높아. 하지만 너는 어느 학교에 다니는지, 어느 학과를 나왔는지 전혀 서술하지 않았지. 물론 네가 무신경해서 그렇게 쓴 것이란 걸 나는 알아. 하지만 회사 입장에서 그런 너에게 함께 일할 의사를 묻는다는 건 매우 위험성이 큰 선택일 거야. 스펙이라는 것은 어떤 사람을 판단하기 제일 간편한 루트니까. 그쪽이 급한 상황이 아니었다면 굳이 스펙도 쓰지 않은 너에게 손을 내밀 이유가 없었겠지."

살짝 기분이 나빴지만 구구절절 맞는 말이었다. 입사한 뒤 확인해 보니 실제로 그의 분석이 어느 정도 들어맞았다. 친구는 덧붙였다. "스펙이 압도적으로 뛰어난 지원자들을 그리 두려워할 필요는 없어. 그 정도로 스펙이 뛰어난 사람들이라면 어쩌면 아직 가치가 완벽하게 입증되지 않은 회사에 입사하기를 꺼릴 수도 있으니까. 그러니까 자신감을 갖고 도전해 봐."

결국 친구가 예상한 대로 합격했다. 이처럼 윗집의 관찰자들은 내가 놓치고 있는 부분을 주목해 상황을 객관적으로 분석해 준다. 단, 이들을 대할 때 주의할 점이 있다. 그들에게 성실을 기대하지 마라. 성실함까지 겸비했다면 더없이 좋은 카드가될 수 있겠지만, 이들은 기본적으로 얄미운 천재성을 가진 사람들이다. 우리는 지금 모든 것을 갖춘 단 한 명의 추종자가 아니라 분야마다 특화된 능력이 있는 네 명의 추종자를 찾고 있다는 사실을 잊지 말자. 이런 유형의 사람들과 업무로 엮이거나 함께 프로젝트를 추진하는 것은 생각보다 효과가 크지 않을 수있다는 점도 주의하라. 이들의 판단력은 자신에게 이해득실이 없는 상황에서 빛을 발한다. 윗집의 관찰자들과 함께 사업에 뛰어든다면 이들의 시야는 우리가 기대하는 것보다 훨씬 더 좁아질 것이다.

기본적으로 윗집의 관찰자 유형의 추종자들은 중립적인 시각을 지니고 있다. 그들은 무언가를 함부로 싫어하거나 좋아하지 않는다. 오직 자신이 파악하는 팩트로만 조언해 줄 뿐이다. 하지만 이들 중에도 매사 모든 것을 지나치게 비판적인 태도로 바라보는 극단적 비관주의자 유형의 관찰자들이 존재한다. 그들은 늘 최악의 상황을 염두에 둔다.

악인론

나의 부대표 Y가 바로 그러한 대표적인 비관론자다. 그는 모든 일에서 최악을 생각하고 뛰어든다. 가끔 그와 대화를 나누다 보면 신기할 정도로 별의별 걱정을 다하고 있다는 생각이 들 때가 있다. 그러나 나는 안다. 그의 과한 걱정으로 우리는 많은 위험을 피할 수 있었다는 것을.

앞에서 과거 내가 일했던 회사의 빌런이 4억 원의 빚을 졌다는 이야기를 했다. 당시 그는 우리에게 '마법처럼 경제적 자유를 이루게 해주는 자동 투자 프로그램'이 곧 출시된다며 더 늦기 전에 회사 자산을 그곳에 투자해야 한다고 역설했다. 멍청하게도 그의 말이 실현될 것이라고 믿었다. 빌런은 굉장한 달변가였다. 우리는 그의 말만 듣고 심지어 개인 사비까지 투자하려고 했다. 부대표 Y는 당시 나와 같은 위치에 있는 사원이었다. 모든 사원 중 유일하게 그만이 절대 성공하지 못할 것이라고 주장했다. 그런 프로그램은 꿈속 이야기일 뿐이며 제발 너만이라도 정신 차리고 돈을 빼라고 내게 말했다. 결국 나는 투자 직전에 내 돈을 회수했다. 그 빌런에게 나는 지독한 미움을 받게 되었지만 내 돈은 안전해졌다. 당연히 그런 프로그램 따위는 세상에 존재하지 않았다. 부대표 Y의 활약은 여기에서 멈추지 않았다.

얼마 뒤 그는 우리 회사 직원 중 한 명에게 매우 쎄한 감정을 느낀다고 했다. 나는 논리적인 대화를 좋아한다. 쎄하다는 그의 비논리적인 감정이 와닿지 않았다. 그러나 그의 조언을 받아들여 업무상 반드시 필요한 사항이 아닌 이상 회사의 핵심 정보를 그 직원에게는 공개하지 않았다. 몇 달 뒤 그 직원은 느닷없이 회사를 그만두고 모방 업체를 차리려고 했다. Y의 극단적으로 부정적인 생각 덕분에 엄청난 위험을 예방한 것이다.

인생이라는 이름의 항해는 매우 잔인하다. 아홉 개의 암초를 잘 피해가더라도 단 하나의 암초를 피하지 못하면 좌초되는 것이 현실이다. 극한의 비관주의자는 어디에나 존재한다. 그들이 하는 말을 다 믿을 필요는 없다. 그러나 가끔 그들이 놀라울 정도로 창의적인 걱정을 할 때는 한 번쯤 고려해 봐야 한다. 사원으로 시작한 Y는 특유의 꼼꼼함과 비관주의 덕분에 현재 전체 계열사의 부대표 자리까지 올랐다. 지적 수준이 뛰어난 덕분이기도 했지만 그 누구보다 치열하게 앞일을 고민하고 최악의 상황을 상상해 왔기 때문에 그러한 그의 관리자로서의 유능함을 사람들이 인정한 결과다.

그는 요즘도 "내가 해고당하면…"이라는 말을 습관처럼 반복한다. 가끔은 제정신이 아니라는 생각도 들지만, 그러한 비관주의 때문에 해고당하지 않으려 야근하는 그를 보면 역시 든든한 아군을 곁에 두고 있다는 생각도 든다.

마지막으로 가장 중요한 팁을 제시하겠다. 그들의 비관주의

악인론

적 조언은 일의 완성 단계에서 듣는 게 좋다. 최후의 단계에서 그들의 조언을 듣고 모든 걸 엎어버리는 한이 있더라도 반드시 그래야만 한다. 프로젝트 첫 단계에서부터 그들의 온갖 비관론을 반영하다 보면 일을 시작조차 할 수 없기 때문이다. 명심하라. 일을 시작하는 단계에서는 조금 경험이 부족하고 서툴더라도 첫 번째 추종자인 무모한 도전가들의 열의에 기대고, 일을 마무리하는 단계에서는 언제나 최악의 상황을 가정하며 프로젝트에 완성도를 더할 극단적 비관주의자들의 목소리에 귀를 기울여라.

잊지 말아야 할 것이 있다. 지능이 높다고 해서 판단 능력까지 무조건 좋은 것은 아니라는 사실이다. 지난 8년간 7000건이 넘는 상담을 하면서 스펙과 의사 결정 능력이 서로 비례하지 않는 사례도 수없이 관찰했다. 따라서 추종자를 평가할 때 그들의 출신 학교나 성적 따위는 고려할 영역이 아니다. 그들의 지능을 유추할 수 있는 가장 좋은 방법은 그들이 얼마나 책을 많이 읽었는지 확인하는 것이다. 독서는 기본적으로 판단력을 교정하고 개선하는 데 가장 효과적인 수단이다. 괜히 유비가 제갈량 같은 무스펙자에게 세 번이나 찾아가 자신의 군사가 되어달라고 한 것이 아니다. 그들과 대화를 나눌 때 그들이 책에서 읽은 내용을 얼마나 많이 인용하는지를 잘 살펴봐라. 나 역시 치사한 독서법으로 아주 많은 책의 핵심 내용을 파악하고 있었기 때문에 그들이 언급하는 이야기들이 어느 책에 나오는 내용인지 어렴풋이 알고 있었다. 물론 이는 어디까지나 내가 타인의 지능을 측정하는 데 활용하는 노하우일 뿐이다. 말하고 싶은 것은 유능한 추종자를 모으고 싶다면 당신 스스로도 어느 정도 지적 준비를 마쳐야 한다는 사실이다. 내공을 갖추고 나면 그만큼 내공이 있는 사람을 모으기도 쉬워진다.

내 모든 것을 맡길 수 있는 충성의 안정주의자

네 번째 추종자

아무리 뛰어난 역량을 가졌더라도 혼자서 여러 사람의 몫을 할 수는 없다. 내가 지금까지도 한 달에 90건의 상담을 하고, 아트라상의 모든 마케팅을 담당하고, 직원 관리까지 도맡아 했다면 나는 이미 탈진했을 테다. 다른 사람들과 분업해야만 한다. 이때 우리에게 가장 결정적인 도움을 줄 추종자가 바로 '충성의 안정주의자'다.

이들은 끈기가 뛰어난 사람이어야 한다. 보통 사업을 시작할 때 사람들은 능동적인 인재와 함께 일하기를 바란다. 그래서 자신에게 충성을 다하면서도 한편으로는 창의적인 아이디어까지 생산해 내는 인재를 찾아나선다. 결코 그렇게 생각해서는 안 된다. 설사 충성의 안정주의자들이 대형 프로젝트를 주체적으로 추진하는 데 애를 먹거나 번뜩이는 아이디어를 제시하지 못할지라도 그들을 비난하거나 무능하다고 탓해선 안 된다. 모든 추종자에게는 저마다의 능력이 존재함을 잊지 마라.

충성의 안정주의자들은 하루하루 자신에게 주어진 과업을 그저 성실하게 수행한다. 이들의 성실함을 저평가하지 마라. 그들은 당신의 성공에서 가장 중요한 단계인 '위임'의 대상이다. 불과 몇 년 전만 해도 나는 모든 일을 내 손으로 처리해야만 직성이 풀리는 사람이었다. 심지어 나와 직접적으로 관련이 없는 일에도 끙끙대며 문제를 해결하려고 덤벼들었다. 그 시간 동안 어떠한 창의적인 프로젝트도 추진하지 못했고 결과적으로 직원들을 믿지 못하는 사람이 되어버렸다. 엄청나게 큰 오류를 범했음을 깨달은 순간 나는 내 일을 대신 맡아 관리해 줄 추종자들을 고용하기 시작했다. 평소에 꼼꼼하게 챙기지 못했던 다양한 업무를 그들이 충실하게 처리해 주자 비로소 마음에 여유가 찾아왔고 뇌는 충분한 휴식 시간을 얻었다. 결과적으로 전보다 훨씬 더 많은 것을 이루었다.

더 중요한 일을 위해 상대적으로 덜 중요한 일을 이들에게 위임할 때 잊지 말아야 할 점이 있다. 첫째, 처음부터 그들에게 대단한 능력을 기대하지 마라. 그들에겐 교육이 필요하다. 그들은 종종 판단하기를 두려워한다. 정해진 규칙과 계획에서 벗어

악인론

나는 변수가 생겼을 때 혼란에 빠지는 것이다. 따라서 최소 3개월 이상은 철저하게 교육한 뒤에 일을 맡겨야 한다. 더 좋은 방법은 그들이 스스로 학습할 수 있는 매뉴얼을 만드는 것이다. 예전에는 직접 교육을 하느라 많은 에너지를 썼지만, 이제는 미리 만들어놓은 동영상을 활용한 온라인 강의로 이러한 교육조차 자동화했다.

둘째, 금전적인 보상을 철저히 하라. 사실 당신과 일을 함께하는 모든 추종자에게 해당하는 조언이지만, 충성의 안정주의자들에겐 더 신경을 쏟아야 한다. 그들은 당신이라는 선장이 이끄는 배의 가장 안전한 부분에서 노를 젓고자 한다. 그리고 차근차근 돈을 모아 경제적 자유가 아닌 경제적 안정을 얻으려 한다. 야망을 공유하는 것도 좋지만 이들의 가치관은 당신과 사뭇 다를 수 있다.

지금까지 읽으면서 '충성'이라는 단어에 거부감을 느꼈을지도 모르겠다. 마치 사람을 주인과 종처럼 구분하는 것 같아서 그렇게 느꼈을 테다. '삼인행필유아사三人行必有我師'라는 말을 들어보았는가? "세 사람이 길을 가면 반드시 그중 한 명에게는 배울 점이 있다"라는 뜻의 고사성어다. 추종자의 원리도 마찬가지다. 내게 충성을 바치는 사람에게서도 배울 점은 있다. 입사한 지 얼마 되지 않은, 내 상담 일정을 체크하고 여러 잡무를 나 대신 도맡아 처리하는 막내 직원에게도 일을 대하는 태도부터 그가 활용하는 업무 툴에 이르기까지 하루에도 여러 가지를 배우고 있다. 악인과 추종자는 수직적으로 연결된 주종 관계가 아니다. 악인과 추종자는 동반자적 관계다. 그들은 당신이 성공을 향해 직진하도록 일과 삶의 효율화를 돕고, 당신은 그들이 성장하도록 돕는 존재라는 사실을 잊지 마라.

이들은 의외로 당신에게 의존하는 것을 좋아하기도 한다. 테스토스테론과 같은 남성 호르몬 분비가 왕성한 사람이라면 이 말을 공감하기 힘들 것이다. 이런 사람들은 기본적으로 누군가를 따라가거나 누군가에게 의지하는 것을 혐오하기 때문이다. 그러나 충성의 안정주의자들은 악인의 카리스마나 리더십을 불쾌하게 여기기보다는 오히려 더 반가워한다.

모든 사람이 리더가 되고 싶어 하는 것은 아니다. 그럴 수도 없다. 무언가를 지시하거나 일하는 방식을 통제한다고 해서 상대방이 불편하거나 못마땅할 것이라는 편견에서 벗어나라. 오히려 그들은 당신의 지침과 통제를 바라고 있고 그 안에서 편안함을 느끼며 자신의 능력을 유감없이 발휘할 것이다. 단, 당신이 인격적으로 그들을 존중해 준다면 말이다.

추종자들은 어떻게 당신의 삶을 바꾸는가?

많은 사업가가 성공의 첫 번째 요인으로 독창적인 창의력과 사업 아이템, 굽히지 않는 열정과 추진력 등을 꼽는다. 그러나 다른 모든 것을 갖추었더라도 당신만을 지지할 팬덤이 없다면 사업체를 성장시키기는 불가능하다. 삼성에서 아무리 기능이 뛰어난 스마트폰을 생산해도 무조건 아이폰만 사용하는 사람들을 보라. 추종자의 힘이다. 너무 거창하게 시작할 필요는 없다. 네 명을 찾기가 힘들다면 그중에서 당신이 가장 필요로 하는 추종자 한 명만이라도 주변에서 찾아보아라.

추종자들은 어떤 방식으로 당신의 삶에 보탬이 될까? 아직 경험하지 못했기 때문에 잘 상상이 되지 않을 것이다. 추종자 덕분에 얻게 될 이득을 내 경험을 토대로 적어봤다.

평판 보호

추종자들이 당신의 평판을 알아서 높여준다. 보이지 않는 곳에서도 당신을 칭찬하거나 긍정적으로 묘사할 확률이 높다. 만약 당신에 대한 비판을 직면한다면 '내가 아는 그 사람은 그럴 사람이 아니다'라고 당신 대신 나서서 논리적으로 반박한다. 일종의 안전장치가 되어주는 것이다.

정보 제공

당신에게 도움이 되는 정보를 제공하려 한다. 냉정히 따져보면 그 사람에게는 조금의 이득도 없는 행동이지만 인간은 단순히 경제적 원리만으로 움직이지 않는다. 당신을 좋아하거나 존경하기 때문에 경제학적 논리를 벗어나서 기꺼이 돕고자 하는 것이다. 나는 어머니의 치매가 의심되는 상황에서 과거 내게 도움을 받았던 수많은 전문의 내담자들로부터 의학 정보를 제공받았다.

부익부

당신의 열망과 목적을 공유하는 추종자들이 곁에 있으면 부익부 현상이 벌어진다. 혼자 헬스장에서 끙끙거리며 지루하게 트레드밀 위를 뛰는 사람과, 함께 주기적으로 운동할 수 있는 팀이 있는 사람 중 누가 다이어트에 성공할 확률이 더 높을까? 후자일 것이다. 서로 의욕을 북돋우고 다잡아주기 때문이다. 그래서 추종자들과 함께 집단으로 행동하면 더 잘될 수밖에 없는 선순환이 벌어진다. 몸이 좋은 사람들 곁에는 몸이 좋은 사람들만 있는 것을 보라. 그들은 시간이 흐를수록 더 멋들어진 몸매를 자랑한다. 열정을 공유함으로써 부익부 현상이 일어나는 것이다.

'왕관 무게'의 축복

추종자들의 수가 늘어갈수록 당신은 발전할 수밖에 없게 된다. '자리가 사람을 만든다'는 말이 있다. 나는 그 어떠한 추종자도 없던 시절 외로운 싸움을 해나갔다. 네 명의 추종자가 처음 형성되자 왕관의 무게가 점차 무거워졌다. 내가 이들만큼 똑똑해지지 않으면 그들은 닥치고 성공해 누구에게도 지배받지 않는 악인의 삶에 대해 환상을 잃어버릴지도 모른다고 생각했다. 나는 더욱 책으로 덤벼들었다. 시간이 흘러 대표가 되자 어마어마한 책임감이 주어졌다. 그래서 실은 대표라는 사실이 그리 좋지만은 않았다. 왕관의 무게만큼 발전해야 했기 때문이다. 독서량은 더 늘었다. 지금은 전혀 공감할 수 없을지 모르지만 언젠가 당신도 나와 비슷한 경험을 하게 될 것이다. 타인의 시선이 부담스럽다며 회피하지 말고 그들의 뇌가 기립 박수를 칠 만큼 압도적인 지식을 갖추겠다고 결심하라.

추종자가 추종자를 부름

사람들은 언제나 멋진 집단에 소속되고 싶어 한다. 만약 당신이 철저한 검증을 통해 네 명의 추종자 집단을 획득한다면 곧이어 열 명의 사람이 다가올 것이다. 열 명을 추종자로 만들면 곧 백 명의 팬이 생길 것이다. 거짓말 같은가? 구독자 백 명을 보유한 유튜브 채널보다 십만 명을 보유한 채널의 구독 버튼을 더 누르고 싶어 하는 법이다. 추종자 우선주의는 시간이 흐를수록 성공할 확률이 높아지는 전략이다. 추종자가 추종자를 부르고, 팬이 팬을 부르기 때문이다.

집단 지성의 획득

좋은 결정은 비관주의와 낙관주의의 적절한 균형에서 출발한다. 당신이 사업을 준비하고 있다면 한 번의 결정과 판단이 성공과 실패를 가를 수 있다. 이때 추종자 집단은 당신이 혼자만의 생각에 빠져 전진하지 못할 때 구원군이 되어줄 것이다. 좁아진 시야에서 비롯한 잘못된 선택 역시 알아서 필터링해 줄 것이다.

아직 당신이 겪어보지 않은 미래라서 지금은 이런 장점들이 생소하게 들릴 수 있다. 성공하는 사람들은 미래의 모습을 그리며 현재를 다스리는 능력을 지니고 있다. 언젠가는 이러한 혜택

악인론

이 당신의 삶을 저절로 위로 끌어올릴 것이라는 사실을 믿고 미래를 그려나가길 바란다.

마지막으로 한 가지 확실히 해둘 것이 있다. 앞에서 나는 친해지고 싶거나 도움을 얻고 싶은 사람이 있다면 얼굴에 철판을 깔고 달려가 내 존재를 알리라고 말했다. 눈치 보지 말고 당신의 영혼을 추종자들과 교감하라고 말했다. 그러나 한편으로는 이렇게 말해주고 싶다. 추종자는 가벼운 마음으로 아무한테나 접근해 영업을 하거나 인맥을 관리해 모을 수 있는 사람들이 아니다. 그들을 그저 나의 성공을 위한 발판쯤으로 바라본다면 장담컨대 그들 역시 당신을 똑같은 시선으로 바라볼 것이다. 중요한 것은 그들과 영혼을 교감하는 것이지 인기를 구걸하는 것이 아니다.

10장

필요하다면 그들 앞에서
미치광이처럼 굴어라

이제 당신의
드림팀이 꾸려졌다

추종자들에게 접근하는 건 별로 어렵지 않다. 악인의 핵심 능력을 갖춘 뒤 그것을 꾸준히 드러내면 그들이 먼저 다가올 것이다. 그리고 사람은 자신의 가치를 알아보는 사람에게 끌리게 되어 있다. 그들의 단점에 집중하지 말고 그들이 지닌 뛰어난 능력을 칭송하라. 그리고 거절을 두려워하지 마라. 자존심을 내려두고 먼저 전화를 걸고 정 바쁘면 문자라도 남겨라. 밥을 사고, 함께하고 싶다는 진심을 전하라. 거절당하면 어떤가? 시도하지 않으면 확률은 0퍼센트다. 절반의 확률이라도 있다면 그들에게 먼저 뛰어드는 게 이득이다.

관심만 준다고 끝이 아니다. 그들을 철저하게 관리해야 한다. 그들이 늘 당신에게 충성심을 발휘하도록 세심하게 챙기고 보살펴야 한다.

내가 자꾸만 '관리'라는 단어를 쓴다고 해서 추종자를 마치 투자 종목처럼 여겨서는 곤란하다. 그들은 인격을 가진 한 명의 사람이다. 마치 어장 관리를 하듯 기계적으로 관리한다면 언젠가는 그들이 반드시 눈치를 채게 되어 있다. 그들을 진심으로 사랑해야 한다. 그들이 당신에게 주는 사랑만큼 당신 역시 그들을 아껴야 한다.

나는 평일과 주말의 경계를 두지 않고 일을 한다. 늘 업무가 쌓여 있고 눈뜨고 있는 시간 중 대부분은 일만 생각하며 보낸다. 물론 내가 원해서 택한 삶의 방식이다. 따라서 개인적인 시간을 할애해 일일이 추종자를 만나거나 친분을 쌓기가 쉽지 않다. 그래서 나만의 방식으로 그들과 정신적 교감을 이루고자 애쓴다. 그들이 사업이나 인생에서 겪는 고민에 대해 진심을 담아 조언하고 필요하다면 내가 아는 상위 1퍼센트의 인재에게 도움을 요청해 연결해 준다. 그들이 내게 제공하는 것만큼의 진정한 가치를 제공하기 위해서다.

악인으로서 우리가 추구해야 할 목표를 잠깐 다시 한번 되새겨 보자. 우리의 목표는 수많은 추종자를 만드는 것이다. 추종자는 앞에서 설명했듯 유형에 따라 네 가지로 분류할 수 있지만, 추종 수준에 따라 또 다른 방식으로 집단을 나눌 수 있다.

혐오 집단 〈 중립 집단 〈 호의 집단 〈 열광 집단

오른쪽으로 갈수록 당신에 대한 충성심의 정도가 높아진다('4인의 추종자'는 열광 집단에 속한다). 호의 집단과 열광 집단을 모았다면 이들이 곁을 떠나지 않도록 어떻게 당근과 채찍을 활용해야 할까?

고전의 힘을 빌릴 수도 있다. 마키아벨리가 쓴 『군주론』을 비롯한 저명한 역사서들을 읽어보면 적군이 아니라 자신의 신하, 즉 아군을 엄히 다스리고 권위를 드러내는 방법에 대해 자세히 논한다. 하지만 『군주론』은 암살과 배신, 반란과 전쟁이 빈번했던 오래전 과거에 집필된 책이다. 현대사회에도 온갖 암투가 도사리지만 과거와 비교하면 안전 수준이 매우 높아졌다. 누군가 당신에게 몰래 독약을 먹이거나 암살자를 보내 살해할 가능성이 희박한 현대사회에서, 나는 당신이 『군주론』 같은 책이 말하는 조언을 따르기보다는 좀 더 세련되고 현실적인 방법으로 추종자들을 곁에 모아두길 바란다.

추종자들에게 권위를 세우는 가장 좋은 방법은 능력을 입증하는 것이다. 그렇게 했음에도 누군가 당신의 권위를 인정하지 않거나 불협화음이 발생한다면 파트 2에서 배운 명분 이론으로 적절히 다스리면 된다. 분노는 최후의 수단이다. 단, 무조건 불같이 화를 내야 할 순간이 있다. 당신만의 호의 집단과 열광 집단이 타인에게 공격을 받았을 때다. 이때는 마치 내가 공격을 받은 듯이 격하게 분노하는 모습을 보여줘야 한다.

한 팀장의 평가가 소속 팀원들 사이에서 좋지 않았다. 팀장으로서의 리더십과 카리스마가 부족했던 것 같다. 그런데 어느 날 옆 팀 팀장이 자기 팀원을 훈계하는 것을 목격한 그는 단 1초의 망설임도 없이 옆 팀 팀장에게 맹렬하게 화를 내며 자신의 팀원을 보호했다. 악인의 추종자 관리란 바로 이런 것이다. 고작 이런 일로 다른 팀 팀장과 싸우는 행위가 다소 비이성적으로 느껴질지 모르겠지만 아무튼 이날 이후 그렇게 화를 낸 팀장에 대한 팀원들의 평가가 매우 좋아졌다고 한다.

악인은 늘 공격에 노출되어 있다. 따라서 권위를 세우려면 그러한 공격에 늘 방어 준비가 되어 있어야 한다. 권위를 세우기 위함이다. 그러나 더 크게 분노해야 하는 순간은 당신을 따르는 추종자들이 공격을 받았을 때다. 마치 가족이 공격을 당한 것처럼 강하게 맞서라. 실제로 싸우지 않더라도 언제든 싸울 각오가 되어 있다는 결연한 의지를 보여라. 만약 누가 봐도 당신의 추종자가 윤리적으로 잘못한 상황이라면 직접 지적하겠다고 말한 뒤 아무도 보지 않는 곳에서 단호하고 정중하게 이야기를 나눠라. 추종자는 이런 당신의 양면성을 접하며 '외부에서는 저렇게나 강인한 사람이 내 앞에서는 너무나 겸허하고 관대하구나'라고 생각하며 당신을 더욱 신뢰하고 사랑하게 될 것이다. 혐오 집단이나 중립 집단 따위는 신경 쓰지 마라. 당신을 따르는 추종자들만 철저히 보호하라.

　마음에서 우러나오는 감정으로 추종자들을 아껴라. 지금까지 설명한 것들은 빙산의 일각에 불과하다. 이제부터는 악인적 매력을 통해 추종자들을 완전히 당신의 사람으로 변화시킬 구체적인 방법들을 알아보자.

할 수 있는 모든 것으로 상징화하라

기업은 왜 로고를 만들까? 카카오톡은 왜 노란색과 검은색을 시그니처 컬러로 사용할까? 구글은 왜 검색 화면을 단순하게 유지할까? 애플은 왜 사과를 로고로 만들었을까? 모든 것은 상징이다. 친근한 느낌, 단순한 느낌, 새로운 느낌. 모든 기업은 그 느낌이라는 것에 목을 맨다. 악인 역시 자신만의 1인 기업을 이끄는 셈이다. 당신 역시 당신을 구성하는 느낌, 즉 이미지에 목숨을 걸어야 한다.

당신을 상징화하라. 추종자들이 당신을 쉽게 알아보게 할 표식을 만들어라. 나는 검은색 지샥 시계를 애용하는데 종종 내가 깜빡 잊고 사무실에 시계를 놔두고 가면 직원들은 그 시계를 보며 나를 떠올린다고 한다. 내가 부재한 상황에서도 시계가 내 상징이 되어 직원들로 하여금 나를 한 번이라도 더 생각하게 만드는 셈이다. 할 수 있는 모든 수단을 동원해 당신을 상징화하라. 사람들에게 당신은 어떤 이미지인가? 한 심리학 실험에서 남자들과 여자들에게 각각 자신만의 상징을 만들 것을 주문했다. 대다수의 남자는 멋들어진 외제 차를 상상했고 여자들은 주로 샤넬 가방 등 명품을 떠올렸다. 악인의 삶을 산다면 언젠가는 이것들을 소유하겠지만, 지금 당장 외제 차와 명품 가방을 손쉽게 획득할 수 있는 사람은 얼마 없을 테다. 큰돈을 들이지 않고 지금 당장 당신을 상징화할 몇 가지 방법을 설명하겠다.

첫째, 당신의 퍼스널 컬러를 정하라. 나는 해외 출장을 갈 때 반드시 맞춤 흰 셔츠에 검은색 바지를 입는다. 그리고 깨끗하게 관리한 갈색 구두를 신는다. 외국에서 알게 된 오랜 친구들은 나를 'White Shirt Guy'라고 부른다. 상징이란 이런 것이다. 스티브 잡스의 검은색 티셔츠를 떠올려 보라.

둘째, 당신만의 몸짓을 의식하라. 인간은 그 사람이 하는 말보다 표정과 몸의 움직임에서 더 큰 정보를 얻게끔 프로그래밍되어 있다. 다음은 내가 사람들 앞에서 늘 의식하며 취하는 몸짓들이다.

- 사람이 많은 곳에 등장할 때는 마치 영화 속 슬로우 모션처럼 아주 천천히 걸어서 등장한다. 이와 반대로 사무실 안에서는 늘 매우 바쁜 일이 있는 것처럼 빠르게 걷는다.
- 아주 가끔 가만히 서서 생각에 잠긴 듯한 모습을 보여준다. 또는 실제로 고민한다.
- 아랫사람과의 대화에서 권위를 세우고 싶을 때나 내가 말을 할 때는 반드시 상대방의 눈을 응시하고, 상대방이 말할 때는 잠깐 바라보다가 다른 곳을 쳐다본다. 시선을 의도적으로 통제하는 것만으로도 긴장감이 생기고 상대방은 내 말에 집중하게 된다.
- 일대일로 누군가와 대화를 나누며 주도권을 잡아야 할 때는 의도적으로 여유롭게 등을 의자 등받이에 기댐으로써 급한 사람이 누구인지를 다시금 생각하게 한다.
- 어떤 모임에 나가더라도 최대한 자연스럽고 능청스럽게, 또는 어쩌다 보니 자리가 이렇게 되었다는 듯이 가운데에 앉아 모든 대화의 중심에 선다.

　셋째, 당신만의 화법을 개발하라. 이 세상에 유일무이한 것은 없다. 주변 사람 중에서 나보다 성공했거나 똑똑한 사람 또는 말을 잘한다고 인정받는 사람의 말투나 습관을 그대로 따라 하라. 나 역시 대학교 시절 친구들 사이에서 최고의 달변가로

　　　　악인론

꼽히던 친구의 말투를 카피하는 데 적지 않은 시간을 투자했다. 몇 년 동안 연습한 끝에 나를 모르는 사람들과 대화를 나눌 때면 지적인 말투를 가졌다는 평가를 받게 되었다. 인간에게는 거울 뉴런이라는 것이 있다. 누군가의 말투나 행동을 아주 오랫동안 유심히 관찰하다 보면 나도 모르게 그의 말투와 행동이 몸에 밴다.

넷째, SNS의 가치를 무시하지 말라. 사람들은 인스타그램이나 페이스북 등 SNS에 시간을 낭비하는 것을 엄청난 죄악으로 여기곤 한다. 요즘 나오는 자기계발서들도 SNS야말로 인생을 망치는 지름길이라고 혹평한다. 편협한 관점이다. 물론 악영향도 있다. 나와는 아무런 상관이 없는 타인의 우월한 모습을 보며 열등감에 빠지기 시작하면 끝이 없기 때문이다. 그러나 나는 그것마저도 발전의 동력으로 삼을 수 있다고 생각한다.

그리고 더 큰 이득이 있다. 타인에게 당신을 구구절절 설명하는 귀찮은 과정을 생략해도 된다는 점이다. SNS는 당신이 잠을 자는 시간에도 당신의 존재를 세상에 알릴 새로운 본진이다. 인스타그램에 올린 사진 한 장, 페이스북에 올린 짧은 글, 블로그에 기록한 하루의 단상 등이 모여 당신만의 메시지가 되고 세계가 된다. 조금만 더 신경을 쓴다면 먼 훗날 당신의 추종자들을 사로잡을 수많은 이미지를 구축할 수 있다. 공들여 사진을 찍고 고심해 글을 써라.

한 가지 더 조언하자면 SNS에 어떤 모습을 올리든 균형을 갖춰라. 근육질 몸매 사진만 올리면 모을 수 있는 추종자의 집단은 편협할 수밖에 없다. 물론 당신의 매력적인 몸매 사진에 반응하는 사람들도 있겠지만, 같은 패턴이 반복되면 그들마저도 식상함을 느껴 떠날 것이다. 아이와 함께 찍은 사진, 반려동물 사진, 책을 읽는 사진, 수많은 친구에게 둘러싸여 있는 사진, 직원들과 일하는 사진 등 당신의 사회적 증거와 장점을 고루 어필할 수 있는 사진을 적절히 조합하는 게 중요하다.

미련하게 비효율적으로
진정한 가치를 제공하라

요즘도 나는 주변 사람들에게 "손수현은 너무 미련하게 일한다"라는 평가를 받는다. 일할 때 내가 추구하는 모토는 '극한의 효율 추구'다. 왜 이런 괴리가 발생했을까? 내가 정말 미련하게 일하는 영역이 따로 있기 때문이다. 바로 나의 추종자들에게 가치를 제공하는 일이다.

'가치'라는 추상어를 쓰면서 죄책감을 느낀다. 더 쉬운 단어로 대체할 수가 없다. 굳이 설명하자면 여기에서의 '가치'란 당신을 믿고 당신이라는 물건을 구매한 고객들, 즉 추종자들에게 돌려줄 이득을 총칭한다. 시간이 오래 걸리더라도 이 부분에서는 타협하면 안 된다. 고집을 부려라. 짧게 보면 손해다. 그 시간에 훨씬 더 생산적인 일을 할 수 있을 테니 말이다. 그러나 길게 보면 정반대다.

나는 상담을 할 때 내담자를 만족시킬 좋은 아이디어가 떠오르지 않으면 30분 정도 설명한 다음 며칠 후에 재상담을 진행하자고 먼저 제안한다. 경제성으로 판단할 때 내게는 아무런 득이 되지 않는 행위다. 이미 내 스케줄은 상담 예약으로 가득 차 있고 한 번 상담을 하려면 최소 3주일은 기다려야 하기 때문이다. 엄밀히 따지면, 약속한 1시간 동안 최선을 다해 상담해 주는 것만으로도 내 의무는 끝난다. 시간을 연장한다고 해서 상담료를 더 받을 수 있는 것도 아니다.

그러나 이렇게 하는 것이 나를 믿고 상담 신청을 한 내담자에게 '진정한 가치'를 제공하는 일이라 믿는다. 이것은 효율의 렌즈로 판단할 문제가 아니다.

'고객 만족'이라는 슬로건을 접하면 사람들은 이런 생각을 한다. '서비스로 굿즈를 만들어서 보내줄까? 연말이니 대량 발송 문자메시지로 안부 인사를 보내면 어떨까?' 아니, 나는 좀 더 고된 노동이 필요하다고 생각한다. 당신이 수고를 감당해야만 그것이 진정한 가치 제공이 되는 것이다. 고객은 당신이 생각하는 것보다 똑똑하다. 대량 발송된 안부 인사 메시지에 '와, 이 회사는 정말 서비스가 탁월하네! 이 회사의 완전한 팬이 됐어. 감동이야!'라고 생각하는 사람은 없다. 안 보내는 것보다야 낫겠지만 효과는 거의 없다고 장담한다. 다시 한번 강조한다. 고객은 당신이 생각하는 것보다 똑똑하다. 똑똑한 그들은 당신의 수고를 귀신같이 포착해 기억한다.

상담 결과 내담자의 재회 확률이 현저히 낮다고 판단하면 상황을 솔직하게 설명하고 환불을 권한다. 무리수를 두게 하거나 어설프게 재회 확률을 부풀려 상담을 마치려 하지 않는다. 그건 사기지 상담이 아니다. 한두 번은 수십만 원을 더 벌 수 있을지도 모른다. 그러나 사기가 습관이 되면 자신도 모르게 고객을 호구로 여기게 되고 자신이 하는 일을 '호구의 돈을 빨아먹는 짓'으로 정체화한다. 그리고 고객들은 이러한 미묘한 변화를 눈치챌 것이다.

나는 고객에게 전액 환불을 제안할 때조차도 평균적으로 40분 이상 사정을 설명한다. 왜 더 이상의 상담이 불가능한지, 내담자의 사례가 어째서 해결하기 어려운지, 상담사로서 어떤 전략을 구상했고 어떤 고민을 했는지 정직하게 이야기한다. 3주 넘는 시간을 기다려준 고객에 대한 최소한의 예의다. 내 마음도 편하지 않다. 그러나 이렇게 오랜 시간을 들여 진심을 전달하면 고객들은 먼 훗날 또 다른 상담을 받고자 나를 찾아온다. 내가 보인 성의를 기억하는 것이다.

뼛속 깊이 고객을 진정으로 보살피는 마음까지는 생기지 않아도 된다. 억지로 이런 마음을 먹을 수도 없는 노릇이다. 그렇게 되기까지 나도 몇 년은 걸렸다. 일단 처음에는 '추종자'가 인생의 성패를 결정할 수 있는 매우 중요한 요소라는 사실을 알아가는 것만으로도 충분하다.

추종자의 마음을 사로잡는 방법 중에서 많은 사람이 간과하는 치트키가 하나 더 있다. 우리 집에는 편지지와 펜이 항상 준비되어 있다. 가장 가까운 추종자들의 생일이 다가오거나 각종 명절이나 기념일이 되면 손수 편지를 적어 보내기 때문이다. 글씨가 비뚤거려도 상관없다. 편지에 적을 내용이 잘 떠오르지 않는다면 그것대로 솔직하게 적는다. "네게 편지를 주고 싶어서 책상에 앉아 있는데, 마음만큼 잘 써지지 않아서 속상하네?" 이렇게 적는 것이다.

바쁜 와중에 손 편지를 적어 전달하는 것이 쉬운 일은 아니다. 하지만 나는 아날로그에 엄청난 파괴력이 있다고 믿는다. 아날로그는 상대방으로 하여금 나의 수고를 느끼게 하는 최고의 도구다. 자신을 위해 수고스러움을 감당한 사람에게 감동하지 않을 사람은 없다.

매년 크리스마스가 되면 나는 몹시 바빠진다. 스무 명 정도의 핵심 추종자들에게 쓸 편지지를 고르고 온종일 책상 앞에 앉아 끙끙대며 편지를 적는 나를 보며 사람들은 미련하다고 말한

악인론

다. 하지만 나는 이 일만큼은 그만둘 생각이 조금도 없다. 해마다 편지를 보낸 사람들 중에서 내 곁을 먼저 떠난 사람은 지금까지 단 한 명도 없었다.

11장

무모하고 원대한 꿈을
세상이 알아볼 때까지

등급 이론, 보이지 않는 손은 당신을 배신하지 않는다

이 글을 읽는 그대여, 조급한가? 걱정하지 마라. 시장에 보이지 않는 손이 존재하듯 인생에도 보이지 않는 손이 존재한다. 이 손은 굉장히 섬세하고 공평하다. 능력에 비해 저평가된 사람은 위로 끌어올리고 실제보다 부풀려진 사람은 아래로 끌어내린다. 마치 유망주를 물색하는 스카우터처럼 바삐 움직인다. 『시크릿』이라는 책이 있었다. '인생은 믿는 대로 이루어진다'는 메시지를 전하는 책인데 나는 이 책을 좋아하지 않는다. 책 내용 중 몇 글자만 바꾸었다면 훨씬 더 과학적인 책이 되었을 것이다. 내가 만약 『시크릿』을 편집했다면 나는 그 책의 핵심 메시지를 '노력하면 세상은 당신을 알아본다'로 고쳤을 것이다. 물론 그 순간 『시크릿』이라는 제목을 쓸 수는 없게 되겠지만.

갑자기 웬 『시크릿』 타령이냐고? 게다가 '노력하면 세상은 알아본다'는 뻔한 말은 무슨 소리냐고? 『악인론』도 드디어 힘이 빠진 것이냐고 묻고 싶을 것이다.

아니다. 나는 이 책의 마지막 장에서 '등급 이론'을 소개하고 자 한다. 받아들이기 힘들지 모르겠으나 불편한 진실 하나를 말 하겠다. 사람들에게는 급이 있다. 수능 등급과 같은 원리다. 언 어, 수학, 외국어 등 각 탐구 영역의 등급을 종합해 한 학생의 평 균 등급이 결정되듯이 우리의 인생도 몇 가지 능력에 따라 레벨 이 결정된다. 앞에서 다룬 악인의 다섯 가지 필수 능력과 더불 어 타고난 지능, 외모 및 매력 자본, 카리스마, 의사 결정 능력 등 모든 것에는 등급이 있다. 이 모든 요소들의 평균으로 당신 의 레벨이 결정된다.

그나마 다행인 것은 이 성적표가 매우 공정하고 정확하게 작동한다는 사실이다. 당신이 실제로는 1등급인데 3등급에 속 해 있다면 보이지 않는 손이 조용히 움직이기 시작한다. 구체적 으로 예를 들어보겠다. 우선 3등급 집단은 당신의 등장으로 혼 란에 빠질 것이다. 1등급인 당신의 천재성 때문에 사람들은 당 신을 견제하고 자연스레 당신은 스포트라이트의 중심에 설 것 이다. 당신의 앞날에는 대략 두 가지 길이 놓인다. 3등급 집단 을 이끄는 1등급 리더가 되거나, 주변의 시기를 이기지 못하고 다른 집단으로 옮겨가거나. 설령 쫓겨난다고 해도 결국 시간이 지나면 1등급은 1등급의 자리로, 3등급은 3등급의 자리로 돌아간다. 정확한 원리와 구체적인 이론 따위는 없다. 그저 '보이지 않는 손은 노력하는 자를 배신하지 않는다'고밖에는 설명할 수 없다.

1985년 스티브 잡스는 자신이 만든 회사에서 쫓겨났다. 그의 등급이 너무 높았던 나머지 더 이상 회사가 잡스의 천재성을 감당할 수 없었던 것이다. 처음에는 스티브 잡스가 총명했던 초창기의 재능을 잃고 도태되는 듯해 보였지만 실상은 정반대였다. 보이지 않는 손은 그를 1등급의 위치로 되돌려 놓았다.

당신도 조급한가? 지금까지 아무것도 이루지 못했다고 생각하는가? 혹시 당신의 능력을 세상이 알아보지 못해서 불만인가? 회사나 집단에서 제대로 인정받지 못해 괴로운가? 걱정하지 마라. 보이지 않는 손은 너무 바빠서 조금 늦게 도착할 뿐 결코 고장 나진 않았다. 마침내 세상은 당신을 알아본다. 그러나 빌어먹을 보이지 않는 손은 그만큼 냉정하기도 하다. 당신의 그릇이 집단의 그릇에 비해 턱없이 작다면 당신은 도태된다.

사람들은 종종 창업가와는 거리가 먼 평범한 직장인의 삶을 저평가한다. 능력이 없으니 연차가 쌓여도 회사에 남아 있다느니, 자신만의 소명을 찾아 떠나지 않는 겁쟁이라느니 비판한다. 나는 이런 말에 동의하지 않는다. 그들은 수없이 많은 도태의 위험을 피한 사람들이다. 회사나 조직의 발전에 발맞춰 스스로를 채찍질하지 않았다면 보이지 않는 손은 무자비하게 그들을 해고로 이끌었을 것이다. 십수 년 이상 회사에 다니며 인정을 받은 사람들에게는 다 그만한 이유가 있는 것이다.

같은 논리로, 당신이 속한 회사의 평범해 보이는 과장님은 생각보다 존경받을 이유가 있는 사람이다. 그는 아직까지 용케 보이지 않는 손의 철퇴를 맞지 않은 사람이기 때문이다. 배울 점을 찾아라. 나는 지금 이 글을 쓰고 있는 지금, 부대표 Y에게 찾아가 뜬금없이 "당신이 참 존경스럽다"라는 말을 건넸다. 하지만 그는 보이지 않는 손의 존재조차 모르는 모양이다. 심지어 요즘 자신이 게을러졌다고, 열심히 일하지 않는 것 같다고, 눈치 주려고 그런 말을 건네는 것이냐며 자책한다. 매일 아침 9시에 출근해 새벽 2시까지 잠시도 쉬지 않고 일하다 퇴근하는 인간이 하는 말이다. 과연 보이지 않는 손의 사랑을 받을 자격이 있다고 생각하며 그의 방을 나왔다.

중요한 것은 회사 밖이냐 안이냐가 아니다. 명심해야 할 것은 우리가 어디에 속해 있든 보이지 않는 손에 붙잡혀 도태되지 않도록 쉬지 않고 달려야 한다는 사실이다. 악인은 이 정직하디정직한 원리가 365일 우리 곁을 지키고 있다는 믿음 아래 끝없이 노력한다. 오히려 '보이지 않는 손은 가차 없다'는 사실이 악인들에게 마음의 여유를 가져다 주기도 한다. 정말 치열하게 최선을 다해 높은 등급을 얻기만 하면, 운명의 오해로 잠시 엉뚱한 곳에 머물지언정 언젠가는 반드시 보이지 않는 손이 내가 있어야 할 곳으로 나를 끌어올려 주리라는 심리적 안정감 말이다. 그리고 이러한 마음의 여유가 악인으로서 당신의 매력을 더욱 빛나게 만들 것이다.

내가 가장 사랑하고, 혐오하는 '휴가'여

주변을 둘러보면 쉬고 싶지도 않은데 억지로 쉬는 사람들이 있다. 나는 몇 달 전에 튀르키예로 휴가 겸 여행을 떠났다. 여러 프로젝트를 성공시킨 보상으로 2주라는 넉넉한 휴가가 주어진 것이다. 비즈니스석에 앉아 와인을 마시며 창밖으로 펼쳐진 도시의 야경을 감상했다. 심장이 쿵쾅거리며 설렘으로 가득 찼다. '앞으로 얼마나 재미난 일들이 벌어질까?' 2주 동안은 모든 업무에서 해방된다는 생각에 너무나 즐거웠다. 튀르키예에 도착한 첫날에는 이스탄불의 명물 고등어 케밥을 먹었다. 근처 펍에 가서 시원한 맥주 한 잔을 들이켜니 세상이 아름다워 보였다.

딱 3일까지였다. 나흘째부터 무언가 굉장히 무력하다는 감정을 느꼈다. 모든 게 지루해지기 시작했다. '쉬어도 되는 충분한 자격을 갖췄는데… 왜 이러지?' 매일 새로운 관광 코스를 택해 이리저리 옮겨 다녔지만 마음속의 찜찜함을 지우기는 어려웠다. 솔직히 말하면 항공권을 발권하고 공항 라운지에서 비행기를 기다리던 시간이 가장 행복했다. 남들이 모두 부러워하는 휴가를 떠났음에도 정작 여행지에서는 아무것도 즐기지 못했다. 대체 왜 이런 불편한 감정을 느끼는 것인지 곰곰이 생각해 봤다.

놀라운 결론이 내려졌다. 나는 일을 하고 싶었다. 회사에 가서 글을 쓰고 싶었다. 회사 사람들과 만나 일에 관한 이야기를 나누고 싶었다. 어서 빨리 업무에 복귀하고 싶었다. 내가 정말 괴짜일지도 모르겠다. 그러나 인간은 의외로 일할 때 더 행복해진다. 은퇴한 사람들 중 돈을 떠나 소일거리라도 꾸준히 하는 사람들과 그러지 않는 사람들의 노후를 추적해 비교 분석해 보니 일하지 않는 사람에게서 훨씬 더 빠르게 노화가 진행되는 것으로 나타났다. 일을 안 하니 뇌가 어떠한 자극도 받지 않게 되었고 그 결과 회전할 필요가 없어진 것이다. 일이 사라진 그들은 빠르게 늙어만 갔다. 나는 귀국하자마자 차기작을 쓰기 시작했고 조금의 틈도 없이 모든 업무에 뛰어들었다. 그제야 가슴이 뻥 뚫리는 듯한 감정을 느꼈다. 다시금 휴가를 가고 싶다는 생각이 스멀스멀 올라오긴 했지만 잠시뿐이었다.

은퇴한 노인들이 다시 일거리를 찾는 이유는 가족들에게 부양의 책임을 지우고 싶지 않기 때문일 수도 있지만, 더 큰 이유는 잃어버린 효능감을 되찾고 싶다는 열망 때문이 아닐까? 일하지 않아도 되는 무한대의 휴가가 주어진다면 정말 행복할까? 상식적으로 본다면 이미 경제적 자유를 얻은 사람들은 모두 은퇴를 해야 맞다. 하지만 평생 놀고먹어도 될 정도로 엄청난 돈을 번 작가들이 꾸준히 차기작을 쓰는 이유는 무엇일까? 음원 수익만으로 노후가 보장된 작곡가들이 계속해서 음반을 내는 이유는 무엇일까? 이들이 돈이 부족해서 일을 놓지 못하는 것일까? 나는 아니라고 생각한다. 결국 인간은 죽기 직전까지 자기효능감을 추구하는 존재인 것이다.

나는 이제 휴가를 가기 전에 미친 듯이 일을 몰아서 한다. 내일 할 일도 오늘 해버리고 일이 없을 때는 새로운 일을 만들어서라도 한다. 평소보다 더 무리해서 일을 하다 체력이 거의 다 소진되어 기진맥진할 즈음 휴가를 떠나는 것이다. 평소 별다른 감흥 없이 봤던 넷플릭스 시리즈가 고된 일과 후 집에 돌아와 맥주 한 캔 마시면서 감상할 때 훨씬 더 재미있는 이유가 여기에 있다. 아침, 점심을 굶고 저녁을 먹으면 뭘 먹어도 맛있게 느껴지지 않던가? 미친 소리 같다고? 이제 와서 그런 소리를 해봤자 무의미하다. 『악인론』은 이런 미친 사람이 쓴 미친 책이니까.

다 알면서 여기까지 따라온 것이 아니었나?

　누군가는 이렇게 말할 수 있다. "저는 하루 종일 게임만 해도 행복한데요? 일요일에 집에서 밀린 영화를 몰아서 볼 때가 가장 행복하답니다." 당신의 소확행을 방해할 생각은 없다. 하지만 당신이 누린다고 믿고 있는 그 행복이 정말 당신이 진정으로 원하는 행복일까? 혹시 일이 사라진 공간을 억지로 채워 넣기 위해 쉬고 싶지도 않은데 억지로 쉬고 있는 것은 아닐까? 만약 조금이라도 뜨끔했다면 나를 믿고 주중에는 정말 이래도 되나 싶을 정도로 치열하게 일하거나 자기계발에 힘쓴 뒤 주말에 여가 생활을 즐겨보라. 분명 평소 느끼던 만족감보다 훨씬 더 진한 만족감을 느낄 수 있을 것이다.

나는 위기가 오면 더 행복해진다

혹시 스마트폰을 잃어버린 적이 있는가? 아무리 평점심이 뛰어난 사람일지라도 그 순간만큼은 극도의 불안감에 빠지고 만다. 얼마 전 나도 인천공항에서 스마트폰을 잃어버렸다. 스마트폰이 사라졌음을 인지한 순간 휴가고 뭐고 아무것도 머리에 들어오지 않았다. 지난 수년간 틈틈이 모아온 사업 아이디어가 담긴 스마트폰이 사라졌다는 사실에 정상적인 사고를 할 수 없을 정도로 혼란에 빠졌다. 그 넓은 인천공항을 몇 바퀴나 돌았는지 모른다. 몇 시간을 헤맨 끝에 어느 화장실 칸에서 그놈의 스마트폰을 발견했다. 그 순간 밀려오는 안도감에 취해 비행기를 놓쳤다는 사실조차 잊었다.

번지점프를 해본 사람들은 입을 모아 말한다. 점프대 위에 올라가기 전까지는 형언할 수 없을 정도로 큰 스트레스를 받지만, 한번 뛰어내리고 나면 그 쾌감이 말도 못 할 정도로 짜릿하다고. 그 극도의 쾌감을 잊을 수가 없어서 번지점프를 자꾸 하게 된다고도 말한다. 마치 스마트폰을 잃어버렸을 때는 미친 듯이 괴로웠다가 되찾는 순간 안도의 한숨과 함께 인생 최고의 행복을 맛보듯이 말이다.

인생에 닥치는 위기도 이와 비슷하다고 생각한다. 조금 괴짜 같다고 생각할지 모르겠지만, 나는 위기가 찾아오면 스트레스와 함께 묘한 기대감이 피어오른다. 이 위기를 잘 해결해 낸 뒤 '내 마음속의 스마트폰'을 되찾을 때 얼마나 행복해질지 기대에 차는 것이다. 이렇게 마음먹고 나니 인생에 닥치는 그 어떤 위기도 수용할 수 있게 되었다. 물론 매번 유쾌하지는 않다. 아니, 그때마다 도망치고 싶을 정도로 두렵고 불안하다. 하지만 적어도 불가피한 위기가 닥칠 때 모든 것을 내팽개치고 문제를 회피하는 짓은 하지 않게 되었다. 이 '압도적인 도전 과제'만 잘 해결하면 엄청나게 큰 보상이 돌아오리라는 것을 이제는 알기 때문이다.

위기가 닥치면 나는 책장에서 조용히 책을 꺼낸다. 문제 해결과는 아무런 관련이 없는 책이어도 괜찮다. 『해리 포터』 같은 책 말이다. 뇌를 잠시 쉬게 하는 것이다. 책을 읽다 보면 조금씩 자기효능감이 높아지기 시작한다. '이런 위기 속에서도 나는 책을 읽고 자기 발전을 하고 있다. 이런 사람은 세상에 많지 않을 것이다. 나는 상위 0.1퍼센트의 성공 자격을 갖추었다!' 이렇게 무의식을 조종하는 것이다. 반드시 이 방법을 따를 필요는 없다. 문제 한복판에 뛰어들어 위기를 극복하는 것이 더 중요하다고 생각한다면 그렇게 하라. 중요한 것은 위기 앞에서 주눅들지 않는 태도다. '그까짓 일쯤은 나를 흔들 수 없어!' 하고 주문을 거는 것이다. 위기 앞에서 태연하게 엉뚱한 책을 읽는 태도가 바로 같은 맥락이다.

위기를 해결하는 데 성공하든 아니면 실패하든 경험이라는 소중한 자산을 얻을 것이다. 며칠 정도는 멘털이 붕괴되어도 괜찮다. 어려운 상황이 닥쳐도 담대하게 무너진 정신을 다잡고 빠른 시간 안에 제자리로 돌아와라. 위기를 성숙하게 다스리는 연습을 하라. 그 끝이 성공이든 실패든 당신은 반드시 발전한다.

악인의 하루

'젠장, 또 오후 2시네…' 눈이 떠졌다. 수면 시간은 다 합쳐 3시간도 되지 않은 것 같다. 전날 먹었던 수면제 때문인지 머리가 지끈거린다. 월요일의 시작이다. 여느 사람들처럼 의욕이 솟아오르지 않는다. 자발적으로 일요일에도 일했지만 아무래도 월요일이란 시간이 주는 심리적 압박감이 있는 모양이다. 주방으로 가서 영양제 다섯 알을 입에 털어 넣은 뒤 의욕을 끌어올리기 위해서 **분노일기**를 펼쳐든다. 다시 의욕이 꿈틀대기 시작한다. 나를 분노하게 한 경쟁자들 중 대다수는 나보다 훨씬 일찍 일어났을 것이다.

빠르게 샤워를 마치고 오늘의 옷을 고른다. 새로운 직원들이 꽤나 많이 입사했다. 그들에게 분명한 이미지를 심어주려면 추레한 복장을 하고 가선 안 된다. 날씨가 다소 덥더라도 **상징**을 위해 고급 맞춤 셔츠를 입고 지샥 시계를 매치한다. 늦었지만 재빨리 택시를 잡아타고 회사로 향한다.

오랜 드림카였던 외제 차를 몰게 되었지만 요즘은 택시를 선호한다. 택시에 타서는 익숙하게 스마트폰을 열고 **전자책 앱**을 연다. 어떤 책을 읽어볼까? 요 며칠 쉽고 재미있는 책들만 골라 읽었다. 원칙에 따라서 『변화하는 세계 질서』라는 아주 어려운 책을 선택한다. 부담은 없다. 어차피 **치사한 독서법**에 따라 모든 구절을 읽을 필요가 없기 때문이다. 영감을 주는 몇 문장을 획득하다 보니 어느새 택시는 회사에 도착했다.

오늘은 세 개의 각기 다른 계열사에서 회의가 열린다. 악인은 늘 **한정된 시간**을 생각해야 한다. 회의 목록을 꼼꼼히 살펴보니 두 회의는 업무에 관한 회의가 아니라 업무 보고 및 근무 태도에 관한 회의였다. 비효율적이다. 두 회의를 하나로 합치고 직원들이 각자 자신의 보고가 끝나는 대로 자리를 뜨게 했다.

중간에 초고가 전자책 『연애의 자유』와 『선택하는 남자』의 매출표를 전달받는다. 여전히 꾸준한 판매를 보이고 있으나 내 관점에선 약간 더 내용을 추가하고 싶은 부분이 보인다. 이걸 한다고 매출이 상승하진 않는다. 그러나 **비효율적이더라도 진정**

한 가치를 제공하라는 원칙에 따라서 업데이트 버전을 서술하고자 하는 마음이 생겼다. 이런 행동이 결국 더 큰 득으로 돌아온다는 것을 계산하지 않았다고 말할 수는 없다. 그건 악인이 아니라 위선자다.

그러나 그냥 마음만 먹어서는 한 발짝도 나아갈 수 없다는 걸 안다. 결국 나는 **대미지 이론**을 다시 적용한다. 내기에 돈을 걸 수는 없다. 이미 경제적으로 너무나 큰 자유를 얻었기에 돈을 잃는 건 나에게 그다지 큰 대미지가 아니다. 나는 자존심을 걸기로 한다. 사람들 앞에서 "나처럼 천재적인 사람이 일주일 만에 업데이트 버전을 못 쓰면 그건 말이 안 된다"라고 말한다. 사람들은 나더러 또 자뻑이라고 웃는다. 나도 깔깔대고 웃으면서 머릿속으로는 생각한다. 일주일 뒤 빈손으로 돌아오면 나의 추종자는 떨어져 나갈 것이다. 이제 완성할 수밖에 없다. 그 말을 꺼내고 대표실로 돌아오자마자 나는 **나와의 채팅방**을 열고 거기에 적힌 아이디어 중 하나를 골라 미친 듯이 글을 쓰기 시작한다.

어느새 직원들은 모두 퇴근했다. 휴, 글을 쓰는 아웃풋 행위만 계속했더니 어느새 **일을 위한 일** 모드가 되었다. 괜히 블로그에 짤막한 글을 쓰고 싶은 욕심이 생긴다. 인풋으로 모드를 전

악인론

환할 타이밍이다. 스마트폰을 꺼내 다시 전자책 앱을 연다. 그렇게 조용한 대표실에서의 1시간이 흘러간다. 이제 퇴근해야겠다. 집으로 돌아오는 택시 안에서 오늘 전자책을 보면서 **밑줄**을 그으며 모아뒀던 인상적인 구절들을 쭉 훑는다. '내일 블로그에 칼럼을 쓸 때 이 문장들을 활용해야겠다.' 현관 비밀번호를 누르기 전에, 담배에 불을 붙이고 연기를 깊게 빨아들인다.

4인의 추종자가 모여 있는 단체 채팅방을 연다. 그들은 이런저런 대화를 주고받으며 농담을 하고 있다. 나도 끼어들어 대화를 나눈다. 그리고 단체 채팅방에서 묵묵히 침묵을 지키던 **극한의 비관주의자**에게 온 전화를 받는다. 그가 내가 쓴 전자책을 읽고 위험할 수 있는 대목을 지적한다. 음, 글을 다시 보니 확실히 일리 있는 말이다. 곧장 수정하고 담당 직원에게 새로운 버전을 보낸다. 추종자들이 알아서 내 인생을 도와주고 있다. 그들에게 보상을 해야겠다는 생각을 다진다. 시계를 보니 자정을 훌쩍 지나 새벽 1시다.

모든 **의지력**을 소모해서 딴짓을 할 마음조차 들지 않는다. 샤워를 마치고 바로 침대에 눕는다. 그 정체도 확실하지 않은 내 머릿속의 경쟁자들은 잠마저도 성실하게 잘지 모른다. 나 역시 바로 눈을 감고 스마트폰을 던져놓은 채 잠을 청하려 애쓴다.

아마 나는 늘 그랬듯이 아침 10시가 넘어서야 겨우 잠깐 잠이 들 것이다. 그렇게 이불 속의 투쟁이 계속되는 화요일의 새벽이 저물어간다.

당신이 뭐라고 평가하든
나는 앞으로 나아갈 것이다

당신은 이 책을 읽으며 어떤 감정을 느꼈는가? 피해 의식으로 가득하고 돈만 많이 버는 한 사람의 자기 자랑으로 느꼈는가? 자본주의가 만들어낸 괴물이 쓴 허점 많은 성공 공식집으로 받아들였는가? 책의 수많은 오류를 지적하고 싶어서 입이 근질근질했는가? 한 달에 고작 3500만 원 번다고 세상을 다 아는 듯 떠드는 '관종' 같았는가? 구체적인 사업 아이템은 알려주지 않고 그저 악인처럼 살라고만 주장하는 치사한 사람이라고 생각했는가?

무엇이든 좋다. 나 역시 그런 불완전한 책들을 보며 불만을 느꼈다. 그러나 시간이 흘러 경험과 지식이 쌓이고 나니 내가 읽은 책들이 불완전했던 것이 아니라 그 책들을 읽던 내 시야가 좁았음을 뒤늦게 깨달았다.

이 책은 위대한데 당신의 이해력이 한참 부족하다는 소리를 하려는 게 아니다. 아무리 똑똑한 사람도 이 세상 모든 지식을 소화할 수 없듯이 아무리 좋은 책도 이 세상 모든 사람을 만족시킬 수 없다. 그중에서도 이 책은 누군가에게는 강렬한 자극을 선사하지만 또 누군가에게는 엄청난 혐오감을 선사할 매우 괴상한 책이다.

아마 한쪽에서는 나를 좋아하는 사람들이 생길 것이고 다른 한쪽에서는 나를 비판하는 더 많은 사람들이 생길 것이다. 상관 없다. 악인은 그런 비난에 너무나 익숙하니까.

이 책에 어떤 평가가 달리든 나는 개의치 않고 언제나처럼 회사에 출근할 것이다. 그리고 늘 그랬듯이 각종 회의에 참석하고 일을 추진할 것이다. 당신 역시 당신만의 삶에 모든 것을 투자하기를 바란다.

이제 시간이 됐다. 나는 가봐야 한다. 저녁에 먹을 약을 입에 털어 넣을 때가 왔다. 이 책의 마지막에서 "난 과거에는 14알의 정신과 약을 먹었으나 지금은 깨끗이 완치되었다!"라는 잘 팔리는 역전 스토리를 얼마나 적고 싶었는지 모른다. 그러나 실패했다. 나는 여전히 약을 먹으며 불안하고 위태로운 삶을 이어가고 있다.

당신에게 적당히 만족하며 행복한 삶을 살아가는 방법을 제시하지 못해서 미안하게 생각한다. 분노와 자책을 동력으로 삼

악인론

아 살아가는 나 같은 인간은 도저히 그런 내용을 쓸 재능도, 소재도 없다. 당신이 만약 욕심을 줄이는 삶이 가치 있다고 생각하며 그에 맞춰 행복한 삶을 살아간다면, 진심으로 부럽다. 『악인론』이 아닌 다른 좋은 책들이 당신을 지탱해주기를 바란다.

그러나 나는 야망만큼은 누구보다 크고, 열등감조차 긍정적으로 활용하고 있다. 회사에는 나를 기다리는 직원들이 있으며, 내 머릿속에는 아직 책이 되지 못한 아이디어가 가득하다.

언젠가 많은 시간이 흐른 뒤에 이 책을 읽은 독자와 마주하는 상상을 해본다. 그들이 칭찬도, 비판도 아닌 책을 읽었다는 말만 해줘도 나는 반가울 것 같다. 나는 새로운 관계를 맺는 것을 그 누구보다 즐거워하는 사람이기 때문이다. 책에서 차마 다 다루지 못한 내용은 내 개인 블로그에 하나씩 올릴 것이다. 그곳에서 당신과 나의 인연이 계속 이어지길 기원한다.

고생했다. 이제 전장으로 나가라. 수없이 흔들릴 것이다. 순항하진 않을 것이다. 그러나 언젠가는 빛을 발할 것이라고 자신을 믿어라. 건투를 빈다.

손수현 작가 무료 칼럼

감사의 글

박쥐에게,

나는 여전히 당신이 참 신기합니다. 대학 시절 아무런 공인 스펙도 없는 사람, 일면식도 없었던 나를 보자고 했던 그날이 아직도 생생합니다. 내 인생을 바꿔주었는데 나는 그만큼 보답하지 못했다는 생각이 여전히 종종 나를 괴롭게 합니다. 뭐, 나를 뽑을 당시 마땅한 대체자가 없었던 것이리라 합리화하면 그나마 마음은 조금 편해집니다. 이 글을 보면 또 웃으시겠군요.

유튜브를 통해 당신을 알게 된 세상 사람들 중 극히 일부는 당신을 사기꾼이라 말하곤 합니다. 당신은 익숙해진 듯합니다. 그러나 나는 그 어느 때보다 격한 분노를 느낍니다. 나는 당신과 처음 만난 2012년부터 하루도 빠짐없이 당신에게 주의를 기울이고 관찰했기 때문입니다.

나는 기억합니다. 당신이 한 내담자의 사례를 해결하기 위해 오래된 책을 펼쳐들고 끙끙대며 며칠을 고생하던 시간을. 당신이 한 권의 책을 읽고는 "엄청난 책을 찾았다. 최고의 지혜를 얻었다"라며 어린아이처럼 기뻐하던 순간을. 때로는 당신에게 어마어마한 피해를 끼친 사람도 불쌍하다며 용서하려 했던 순간을. 소중히 일궈낸 사업체를 빼앗기고도 책을 읽었던 순간을.

오래전 제가 보냈던 편지를 기억하실지 모르겠습니다. 함께 살던 우리는 어느새 멀리 떨어져 살게 되었습니다. 함께 상담 일을 하며 울고 웃었던 날들은 이미 오래된 과거가 되었습니다. 우리는 각자의 일을 각자가 나누어 수행하며 종종 안부를 묻는 사이가 되었습니다. 쓸쓸하단 편지를 썼던 게 기억이 납니다. 이런 게 인생이겠지요.

이 책을 쓰고 당신이 했던 말이 생각이 납니다. 나의 글 쓰는 능력이 어느새 당신이 부러워하는 수준에 도달했다는 이야기 말입니다. 진심으로 부끄럽습니다. 예상컨대 다른 사람들은 공감하지 못할 이야기입니다. 모든 서점에서 베스트셀러 1위를 기록한 작가인 당신에게 받기에는 과분한 평가입니다.

그러나 만약 나에게 그런 능력이 실제로 있다면, 그 모든 것은 당신이 가르쳐준 것입니다. 다만 당신이 기억하지 못할 정도로 사소한 것들조차 내가 모두 기록하여 우리의 기억이 서로 다른 것뿐입니다. 고맙습니다.

부대표 Y에게,
당신은 하루에 세 시간밖에 못 자는 상황에서도 회사에 있었습니다. 아이가 태어나던 날에도 회사에 있었습니다. 결혼을 하고 신혼여행에서 돌아오자마자 회사에 나왔습니다. 나는 알 수 있습니다. 이 글을 쓰는 밤 11시 51분인 지금도 아마 당신은 회사에 있을 것입니다.

요즘 당신은 자신이 비효율적으로 일한다는 생각에 종종 자책하는 듯합니다. 어제 저녁에도 그런 이야기를 나눴지요. 그러나 나는 알 수 있습니다. 당신이 회사에서 일주일만 사라져도 모든 업무는 마비됩니다. 그러니 울며 겨자 먹기로 엉덩이로 일할 수밖에 없었을 것입니다.

내 인생에서 가장 크게 괴로웠던 순간이 있습니다. 바로 당신에게 "성실하지 못하다"라는 평가를 들은 날입니다. 그러나 그날 이후로 나는 다시 정신 무장을 할 수 있었습니다. 백번 맞는 말이었고 당신에겐 그렇게 말할 자격이 있습니다. 지금에 와서는 뒤에서 말하지 않고 나에게 직접 이야기해 준 것을 감사하게 여깁니다. 아마 당신의 성격상 나에게 지적을 하기 전까지 몇 주를 참고 망설였을 테지요.

물론 객관적으로 당신을 관찰해 보면 악인으로서의 정체성은 없습니다. 나와 너무나도 다른 사람입니다. 그러나 나의 가장 큰 무기인 직업윤리와 성실성은 당신에게서 배운 것입니다. 고맙습니다.

아버지와 어머니에게,

어린 시절 작은 원룸에서 우리 세 식구가 함께 살던 때를 기억합니다. 그때 아랫집에는 우리에게는 너무나 값비쌌던 숯불갈빗집이 있었지요. 기념할 일이 생기면 큰 용기를 내어 아주 가끔 그 집을 방문했던 시간이 떠오릅니다. 이제 그런 갈빗집에 매일매일 어머니 아버지를 모셔갈 만큼 여유가 생겼는데 우리는 1년에 한두 번 정도밖에 만나지 못하고 있습니다. 일에 대한 제 이상한 집착 때문입니다.

제가 30대가 되면서 두 분은 저에게 부쩍 '미안했다'는 말씀을 자주 하십니다. 어린 시절의 제게 너무 엄했었다고, 고등학생 시절의 제게 상처를 주었다고, 언젠가는 잘할 저를 믿어주지 못했다고, 어린 시절 많은 걸 배울 수 있게 학원에 보내주지 못했다고 말이지요. 심지어 제가 지닌 정신질환을 물려준 것이 자신들이라고 자책하시기도 했습니다.

글쎄요. 저는 지금 제가 밥벌이를 할 수 있게 해준 가장 큰 보물을 어머니 아버지께 받았다고 생각합니다. 어린 시절 철없이 쓴 소설, 시, 수필 등을 두 분께선 늘 진지하게 읽고 이런저런 고칠 점을 일러주시곤 했습니다. 그리고 잊으셨는지 궁금합니다. 저는 어머니 아버지 덕분에 수영을 배웠고, 클라리넷을 배웠고, 성악을 배웠습니다. 가끔은 그런 베풂을 다 잊고 미숙했던 일들만 떠올리는 두 분께 저는 슬픔을 느낍니다. 어머니 아버지도 부모님이 된 건 처음이었습니다. 저도 아버지가 되면 완벽하지 못할 테지요.

악인으로서 독립을 외치고 두 분께 크나큰 상처를 주었던 날들이 떠오릅니다. 몹시 가슴이 아팠습니다. 그때 그렇게도 독하게 말했던 제 자신을 생각하면 울컥 자책감이 몰려옵니다. 그러나 그때로 다시 돌아간다고 해도 저는 같은 선택을 할 것입니다.『악인론』이라는 이 허점 많은 책을 읽어주셨으니 저에 대해서도 이해해 주실 것이라고 생각합니다.

지난주는 아버지 생신이었습니다. 바쁘다는 이유로 또 멀리 떨어져서 선물만 전달하고 말았습니다. 부모님뿐만 아니라 모든 인간관계를 단절하고 글에만 몰두하고 있다는 변명을 해봅니다. 이제 이 글이 끝나면 두 분과 오랜만에 술 한잔하고 싶습니다. 보고 싶습니다.

아트라상 식구들에게,

나는 글을 쓰면서 자책감과 맞서 싸우곤 합니다. 내가 창의적인 글을 쓸 수 있는 것은 모두의 도움 덕분입니다. 묵묵히 하루에 여섯 개가 넘는 상담을 하고 더 좋은 해결책을 만들기 위해 서로 토론하는 모습을 보면서 나는 뭉클함을 느낍니다. 나의 글쓰기가 가능했던 건 여러분의 하루하루를 무이자로 빌린 덕입니다.

전자책 두 권이 성공한 뒤에 해주셨던 깜짝 파티를 기억합니다. 우스꽝스럽고 유머로 가득한 축하 영상을 봐도 나는 웃기지 않았습니다. 그래서 눈물을 보이고 말았습니다. 다들 의아한 표정을 지었지요. 예상과는 다른 반응이라며 저를 걱정했습니다. 이 자리를 빌려 그때의 감정에 대한 변명을 합니다. 나는 모두에게 빚을 졌습니다.

아마 두 명의 H와 S와 L 그리고 C 형님은 지금도 각자의 방에서 상담 사연을 읽으며 긴장감과 맞서 싸우고 있을 것입니다. 8년 동안 상담을 해온 나도 상담 직전에는 침이 마릅니다. K와 R과 M은 오늘도 찾아오는 고객들에게 비효율적인 것처럼 보일 정도로 길고 꼼꼼하게 맞춤 안내를 하느라 모니터를 쳐다보고 있을 것입니다. 거기다 불안해하는 내담자들에게 성심성의껏 답장을 하려고 몇십 분을 고민하고 있겠지요. 하루하루 분투해 주셔서 너무나도 감사합니다. 낯부끄러워 진심을 전한 것도 오랜 일이 되었습니다. 이 자리를 빌려 다시 한번 모두에게 고맙습니다.

프드프 식구들에게,

나는 우리의 역량이 아주 크게 높아졌다고 생각합니다. 프드프 홈페이지의 디자인, 사용자 편의성, 편집 능력 등이 처음 오픈했을 때와는 비교도 되지 않을 정도로 좋아졌습니다. 그리고 나는 알고 있습니다. 수면 위로 드러나진 않지만 한 명 한 명의 작가들을 섭외하고 데뷔시킬 때마다 팀장과 팀원들이 얼마나 많은 고민을 하는지 말입니다. '고객 만족'이라는 슬로건을 내걸고 이를 발전시키기 위해 일주일에 세 번씩 회의하는 걸 보면 뭉클하기도 합니다.

그러나 프드프엔 악인이 없는 듯합니다. 매출이 압도적으로 높아져도 그것을 보고하고 자랑하는 것을 민망해하는 사람들이 모여 있다 느낍니다. 미안하지만 악인의 관점으로 바라보면 참 바보 같다고 생각합니다. 그러나 그래서 더 정이 갑니다. 때때로 뻔뻔해졌으면 합니다.

프드프의 팀원들을 바라보면 밸런스 없이 '워크, 워크, 워크'만 했던 스물네 살의 제가 떠오릅니다. 그래서 시키지도 않았는데 주말을 반납하고 일하는 여러분을 생각하면 자꾸 걱정이 됩니다. 어느 날 의욕이 사라지진 않을까 하는 생각이 나를 괴롭히곤 합니다. 저의 가장 큰 목표는 언젠가 여러분에게 그에 걸맞는 보상을 하는 것입니다. 편하게 만드는 것입니다. 꼭 그렇게 만들겠습니다.

그리고 K 팀장은 겉으로 티를 내지 않는 사람입니다. 그녀는 모든 총알을 자신이 맞으면서 팀원들을 끌고 가려 노력하는 사람입니다. 제가 극도로 내향적인 것인지 모르겠지만 저에게는 일대일로 대화하며 칭찬하는 것까지는 아직 무리입니다. 팀원들이 먼저 알아봐 주고 격려해 주세요. 서로가 서로를 칭찬했으면 좋겠습니다.

나의 20대를 바꿔준 사람에게,

8년간 연애와 재회 상담을 하고, 지금은 글을 쓰는 작가로 세상에 나선 지금에도 나는 문득 궁금합니다. 나를 어떤 이유로 잠시나마 선택했는지가 의아합니다. 그때의 나는 게으르고, 비전 없고, 독기 없던 사람이었습니다.

언젠가 나에게 잠재력이 있다고 말했습니다. 아마 당신은 잊었는지도 모릅니다. 그러나 나는 그 한마디 덕분에 살 수 있었습니다. 문득문득 실패에 대한 걱정에 휘말릴 때면 나는 종종 그때를 떠올립니다. 학교 캠퍼스에서 얼마 떨어져 있지 않은 기찻길 너머에 있는 공간에서 맥주를 마셨던 날이었습니다. 기억하나요?

아마 당신의 성격상 이 글을 읽는다면 '내 얘기를 하는 건가? 아니겠지'라고 생각하겠지요. 당신의 이야기입니다. 고맙습니다. 길게 쓰지 않겠습니다.

끝으로,
아직 여러 사람에게 할 말이 많이 남아 있습니다.

하지만 이제는 그만 글쓰기를 멈춰야 할 때가 왔습니다. 대부분의 독자들은 '감사의 글' 따위는 읽지 않을 것입니다. 내가 독자라도 그럴 겁니다. 그래서 책을 통한 간접적인 감사는 이쯤 하고, 얼굴을 맞대고서 감사 표현을 해야 한다는 생각이 듭니다.

영원히 여러분과 함께하고 싶습니다. 『악인론』이라는 미친 제목을 지어놓고는 말도 안 되는 로맨틱하고 이상주의적인 생각에 과하게 빠져 있군요. 버림받지 않으려면 '다섯 가지 능력'을 더 갈고 닦아야겠습니다. 고맙습니다.

악인론

초판 1쇄 발행 2023년 2월 20일
초판 2쇄 발행 2023년 2월 24일

지은이 손수현
펴낸이 김선식

경영총괄이사 김은영
콘텐츠사업본부장 임보윤
기획편집 성기병 **책임마케터** 이고은
콘텐츠사업1팀장 한다혜 **콘텐츠사업1팀** 윤유정, 성기병, 문주연, 김세라
편집관리팀 조세현, 백설희 **저작권팀** 한승빈, 김재원, 이슬
마케팅본부장 권장규 **마케팅2팀** 이고은, 김지우
미디어홍보본부장 정명찬 **브랜드관리팀** 안지혜, 오수미 **뉴미디어팀** 김민정, 홍수경, 서가을
크리에이티브팀 임유나, 박지수, 김화정 **디자인파트** 김은지, 이소영 **유튜브파트** 송현석, 박장미
재무관리팀 하미선, 윤이경, 김재경, 안혜선, 이보람
인사총무팀 강미숙, 김혜진, 지석배 **제작관리팀** 박상민, 최완규, 이지우, 김소영, 김진경, 양지환
물류관리팀 김형기, 김선진, 한유현, 민주홍, 전태환, 전태연, 양문현, 최창우
외부스태프 표지 및 본문 디자인 디스커버 교정 신혜진

펴낸곳 다산북스 **출판등록** 2005년 12월 23일 제313-2005-00277호
주소 경기도 파주시 회동길 490
전화 02-702-1724 **팩스** 02-703-2219 **이메일** dasanbooks@dasanbooks.com
홈페이지 www.dasan.group **블로그** blog.naver.com/dasan-books
종이 IPP **인쇄** 민언프린텍 **제본** 다온바인텍 **후가공** 제이오엘엔피

ISBN 979-11-306-9749-9 (03190)

다산북스(DASANBOOKS)는 독자 여러분의 책에 관한 아이디어와 원고 투고를 기쁜 마음으로 기다리고 있습니다.
책 출간을 원하는 아이디어가 있으신 분은 다산북스 홈페이지 '투고원고'란으로 간단한 개요와 취지, 연락처 등을 보내주세요.
머뭇거리지 말고 문을 두드리세요.